U0817052

主　　编　蒋惠岭　国家法官学院副院长
　　　　　　　　　最高人民法院司法案例研究院负责人
副 主 编　关　毅　国家法官学院科研部主任
　　　　　刘　畅　最高人民法院司法案例研究院规划部主任
主编助理　边疆戈　国家法官学院科研部编辑
　　　　　朱建伟　国家法官学院科研部编辑
　　　　　赵文轩　最高人民法院司法案例研究院规划部编辑

《中国法院年度案例》编辑人员（按姓氏笔画）
边疆戈　朱建伟　刘　畅　关　毅　杨小利
罗胜华　赵文轩　胡　岩　袁登明　唐世银
曹海荣　梁　欣　蒋惠岭　程　瑛　谭　红

本书编审人员　梁　欣

中国法院

2020年度案例

国 家 法 官 学 院
最高人民法院司法案例研究院◎编

刑事案例一

（犯罪、刑罚的具体运用、证据、程序及其他）

中国法制出版社
CHINA LEGAL PUBLISHING HOUSE

《中国法院年度案例》通讯编辑名单

凌　巍　北京市高级人民法院
刘晓虹　北京市高级人民法院
董　扬　天津市高级人民法院
陈希国　山东省高级人民法院
王　佳　河北省高级人民法院
郭宇凌　河南省高级人民法院
杨智勇　内蒙古自治区高级人民法院
刘芳百　黑龙江省高级人民法院
刘洪颖　吉林省高级人民法院
周文政　辽宁省高级人民法院
牛晨光　上海市高级人民法院
马云跃　山西省高级人民法院
戴鲁霖　江苏省高级人民法院
张晓娟　江苏省高级人民法院
沈　杨　江苏省南通市中级人民法院
周耀明　江苏省无锡市中级人民法院
章光园　江西省高级人民法院
宋淼军　湖北省高级人民法院
杨晓彤　湖北省宜昌市中级人民法院
唐　竞　湖南省高级人民法院
童飞霜　湖南省高级人民法院
吴　婧　安徽省高级人民法院
杨　治　浙江省高级人民法院
蒋　莹　浙江省高级人民法院
李相如　福建省高级人民法院
林文君　福建省高级人民法院
文靖之　广东省高级人民法院
邹尚忠　广西壮族自治区高级人民法院
韦丹萍　广西壮族自治区高级人民法院
李周伟　海南省高级人民法院
杜玉兰　四川省高级人民法院
游中川　重庆市高级人民法院
杨新斌　陕西省高级人民法院
施辉法　贵州省贵阳市中级人民法院
郑天柱　云南省高级人民法院
饶　媛　云南省昆明市中级人民法院
石　燕　新疆维吾尔自治区高级人民法院
王　琼　新疆维吾尔自治区高级人民法院生产建设兵团分院
孙启英　青海省高级人民法院

序

坚持和完善中国特色社会主义法治体系，是党的十九届四中全会作出的一项重要部署。作为其核心组成部分，高效的法治实施体系所要实现的就是让静态的法律制度在实践中得到良好实施。《中国法院年度案例》丛书的价值追求，即公开精品案例，研究案例所体现的裁判方法和价值理念，提炼裁判规则，助推司法标准统一。

《中国法院年度案例》丛书，是国家法官学院于2012年开始编辑出版的一套大型年度案例丛书。丛书由国家法官学院案例开发研究中心具体承担编辑工作，每年年初定期出版。此前，该中心坚持20余年连续不辍编辑出版了《中国审判案例要览》丛书近90卷，分中文版和英文版在海内外发行，颇有口碑，享有赞誉。作为一种全新的案例研究产品，《中国法院年度案例》丛书旨在加强完善中国特色案例指导制度，探索编辑案例的新方法、新模式，以弥补当前各种案例出版物的不足。该丛书2012~2019年已连续出版8套，一直受到读者的广泛好评，并迅速售罄。为更加全面地反映我国司法审判执行工作的发展进程，顺应审判执行实践的需要，响应读者需求，2014年度新增3个分册即金融纠纷、行政纠纷、刑事案例，2015年度将刑事案例调整为刑法总则案例、刑法分则案例2册，2016年度新增知识产权纠纷分册，2017年度新增执行案例分册，2018年度、2019年度将刑事案例扩充为4个分册。现国家法官学院及时编撰推出《中国法院2020年度案例》系列丛书，共23册。

当前市面上的案例丛书百花齐放，又有裁判文书网，可以查询各级法院、各类的裁判文书，还有各种专门领域的案例汇编书籍，以及各种案例指导、案例参考等读物，各具特色。而《中国法院年度案例》丛书则以开放务实的态度、简洁明快的风格，试图把案例书籍变得“好读有用”，故在编辑中坚持以下方法：一是高度提炼案例内容，控制案例篇幅，每个案例基本在3000字以内；二是突出争议焦点，剔除无效信息，尽可能在有限的篇幅内为读者提供有效、有益的信息；三是注重对案件裁判文书的再加工，大多数案例由案件的主审法官撰写“法官后语”，高度提炼、总结案例的指导价值。

同时，《中国法院年度案例》丛书还有以下特色：一是信息量大。国家法官学院案例开发研究中心每年从全国各地法院收集到的上一年度审结的典型案例近万件，使该丛书有广泛的选编基础，可提供给读者新近发生的全国各地多种类型的代表性案例。二是方便检索。为体现以读者为本，丛书分卷细化，每卷下还将案例主要根据案由分类编排，每个案例用一句话概括裁判规则、裁判思路或焦点问题作为主标题，让读者一目了然，迅速找到目标案例。

中国法制出版社始终全力支持《中国法院年度案例》丛书的出版，给了作者和编辑们巨大的鼓励。2018年、2019年连续推出数据库增值服务，2020年继续提供数据库增值服务并充实完善数据内容。购买本书，扫描前勒口二维码，即可在本年度免费查阅往年同类案例数据库。我们在此谨表谢忱，并希望通过共同努力，逐步完善，做得更好，真正探索出一条编辑案例书籍、挖掘案例价值的新路，更好地服务于学习、研究法律的读者，服务于社会，服务于国家的法治建设。

本丛书既可作为法官、检察官、律师等司法实务工作人员的办案参考和司法人员培训推荐教程，也是社会大众学法用法的极佳指导，亦是教学科研机构案例研究的精品素材。当然，案例作者和编辑在编写过程中也难以一步到位实现最初的编写愿望，可能会存在各种不足，甚至错误，欢迎读者批评指正，我们愿听取建议，并不断改进，不断扩大案例研究领域，实现中国特色案例研究事业新发展。

从今年起，《中国法院年度案例》改由国家法官学院与最高人民法院司法案例研究院共同编辑。最高人民法院司法案例研究院是中编办批准设置的最高人民法院的司法案例专门研究机构，与国家法官学院合署办公，在最高人民法院领导下，秉持服务司法审判实践、经济社会发展、法学教育研究、中外法学交流、法治中国建设的办院宗旨，坚持“服务、创新、合作、开放、共享”工作原则，依托国家法官学院开展司法案例的收集、生成、研究、发布和国际交流工作。司法案例研究院的加入，必将使本套丛书的编辑力量更加壮大，案例质量将进一步提升。

国家法官学院副院长

最高人民法院司法案例研究院负责人

蒋惠岭

目　录

Contents

一、犯　罪

（一）犯罪与刑事责任

（二）故意犯罪的停止形态

（三）共同犯罪

（四）罪数形态

二、刑罚的具体运用

（一）量　　刑

（二）自首与立功

四、程序与其他

一、犯　罪

（一）犯罪与刑事责任

1

因客观因素导致火灾扑灭时间延长不能减轻被告人的罪责

——莫焕某放火、盗窃案

【案件基本信息】

1. 裁判书字号

浙江省高级人民法院（2018）浙刑终 82 号刑事裁定书

2. 案由：放火罪、盗窃罪

【基本案情】

浙江省杭州市中级人民法院经公开审理查明，被告人莫焕某因长期沉迷赌博而身负高额债务，为躲债于 2015 年外出打工。2016 年 9 月，莫焕某经中介应聘到朱某某（女，殁年 34 岁）、林某甲夫妇位于杭州市上城区蓝色钱江公寓某幢某单元某室的家中从事住家保姆工作。2017 年 3 月至同年 6 月 21 日，莫焕某为筹集赌资，多次窃取朱某某家中的金器、手表等物品进行典当、抵押，得款 18 万余元，至案发时，尚有价值 19.8 万余元的物品未被赎回。其间，莫焕某还以老家买房为借口向朱某某借款 11.4 万元。上述款项均被莫焕某用于赌博挥霍一空。

2017 年 6 月 21 日晚至次日凌晨，被告人莫焕某用手机上网赌博，输光了 6 万余元钱款，包括当晚偷窃朱某某家一块手表典当所得赃款3.75万元。为继续筹集赌资，其决意采取放火再灭火的方式骗取朱某某的感激以便再向朱某某借钱。6月22日凌晨2时至4时许，莫焕某使用手机上网查询“打火机自动爆炸”“家里突然着火什么原因”“沙发突然着火”“家里窗帘突然着火”“火容易慢燃吗”“发生火灾火怎样才能燃烧慢点”“起火原因鉴定”“火灾起点原因容易查吗”等与放火有关的关键词。凌晨4时55分许，莫焕某用打火机点燃书本引燃客厅沙发、窗帘等易燃物品，导致火势迅速蔓延，造成屋内的被害人朱某某及其子女林某乙（男，殁年10岁）、林某丙（女，殁年7岁）、林某丁（男，殁年4岁）四人被困火场吸入一氧化碳中毒死亡，并造成该室内精装修及家具和邻近房屋部分设施损毁。经鉴定，被焚毁的房屋及家具价值共计257万余元。火灾发生后，莫焕某即逃至室外，报警并向他人求助，后在公寓楼下被公安机关带走调查。

另查明，2015年7月至2016年2月，被告人莫焕某在浙江省绍兴市、上海市等地做保姆期间，盗窃三位雇主家及同住保姆的茅台酒、金银首饰及现金等财物，被发现后退还或退赔。

【案件焦点】

物业设施不到位、消防救援不及时是否是造成本案人员伤亡、财产损失的介入因素，对危害结果是否具有影响力，能否据此减轻被告人的罪责。

【法院裁判要旨】

浙江省杭州市中级人民法院经审理认为：放火罪系严重危害公共安全的犯罪，放火行为一经实施，就可能造成不特定多人伤亡或者公私财产损失的严重后果。被告人莫焕某不顾雇主及其年幼子女的生命安全，选择凌晨在高层住宅内放火，最终造成四人死亡及巨额财产损失的严重后果，其放火行为与犯罪后果之间存在直接的因果关系，依法应对全部后果承担刑事责任。本案火灾扑救时间延长，与案发小区物业消防安全管理落实不到位、应急处置能力不足及消防供水设施运行不正常，致使供水管网压力无法满足灭火需求有一定关联。但上述情况不足以阻断莫焕某本人放火犯罪行为与造成严重危害人身、财产安全犯罪后果之间的因果关系，故辩护人认为可以减轻莫焕某罪责的意见不能成立，本院不予采纳。被告人莫焕某在高层住宅内故意使用打火机点燃易燃物引发火灾，造成四人死亡和重大财产损失，其行为已构成放火罪；莫焕某还在从事住家保姆工作期间，多次盗窃雇主财物，数额巨大，其行为已构成盗窃罪。莫焕某犯罪动机卑劣、犯罪后果极其严重，严重危害公共安全，社会危害性极大，依法应予严惩。

浙江省杭州市中级人民法院依照《中华人民共和国刑法》第一百一十五条第一款、第二百六十四条、第六十九条、第五十七条第一款、第六十七条第二款之规定，作出如下判决：

被告人莫焕某犯放火罪，判处死刑，剥夺政治权利终身；犯盗窃罪，判处有期徒刑五年，并处罚金人民币一万元，二罪并罚，决定执行死刑，剥夺政治权利终身，并处罚金人民币一万元。

被告人莫焕某提出上诉。浙江省高级人民法院经审理认为：一个危害社会的行为如果必然导致危害结果的发生，只有当外力的介入加重或者促进这种结果的发生，才能认为是刑法上的多因一果。公安消防部门进行消防救援系阻断或者减少火灾损失的行为，是一项法定职责，如果不尽职尽责，应当承担责任，但从本案看，现有证据无法证实这一点。综观本案火灾的扑救过程，消防人员履行了法定职责，救援符合规程，不存在失职、失误、拖延的情况。火灾救援时间延长是由于水压不足、水泵结合器阀门锈死等客观原因造成的。故辩护人提出的相关意见不能成立，不予采信。

浙江省高级人民法院依照《中华人民共和国刑事诉讼法》（2012 修正）第二百二十五条第一款第一项之规定，作出如下裁定：

驳回上诉，维持原判。

浙江省高级人民法院依法对上诉人莫焕某的死刑判决，报请最高人民法院核准。

最高人民法院依照《中华人民共和国刑事诉讼法》（2012 修正）第二百三十五条、第二百三十九条和《最高人民法院关于适用〈中华人民共和国刑事诉讼法〉的解释》第三百五十条第一项的规定，作出如下裁定：

核准浙江省高级人民法院（2018）浙刑终 82 号维持第一审对被告人莫焕某以放火罪判处死刑，剥夺政治权利终身；以盗窃罪判处有期徒刑五年，并处罚金人民币一万元，决定执行死刑，剥夺政治权利终身，并处罚金人民币一万元的刑事裁定。

【法官后语】

本案案发后，引起媒体、网民广泛报道、关注，成为社会舆论关注的焦点，“杭州保姆放火案”成为人们议论不断的话题。关注的焦点有两个：一是与被害人朝夕相处的保姆放了“一把小火”，怎么却造成了一大三小四名被害人死亡的特别严重后果；二是案发小区定位高端，消防设施却存在故障，消防部门扑救一场室内火灾，为何需要近两个小时。两个焦点结合起来，不少社会公众认为，如果小区消防设施正常、消防部门及时扑灭火灾，或许可以避免死亡结果的发生，这就导致小区物业、消防部门处于舆论漩涡之中，备受质疑。辩护人也抓住此舆论焦点，提出本案特别严重后果的发生存在多因一果、公安消防部门扑救时间延长与危害结果之间具有因果关系，应据此减轻被告人的刑责等核心辩护观点。面对社会公众关注的焦点和辩护人的辩护意见，法院不能回避，更不能逃避，必须依据证据查清事实，还要依据法律明确责任，让公众能正确看待这起案件，以引导社会舆论。

根据在案证据，法院查清了两个层面的事实：第一，消防部门在此次火灾扑救过程中履行了法定职责，救援符合规程，不存在失职、失误、拖延的情况。第二，本次火灾救援时间客观上被延长，但这是由于案发小区水压不足、水泵接合器阀门锈死等客观原因造成的。法院结合刑法因果关系理论、消防救援行为的性质，分三个层面论述了本案为何不是多因一果、消防救援为何与危害后果之间不具有因果关系。第一，强调指出与危害结果之间具有因果关系的行为必须是具有加重或者促进危害结果发生的行为；第二，明确消防救援行为是阻断或者减少火灾损失的行为，是“止损”“减损”行为，是与危害结果的发生逆向运行的行为；第三，明确消防部门按照火灾救援规程开展火灾扑救，虽然因客观原因导致扑救时间延长，但与最终造成的危害后果之间没有因果关系；若消防人员故意不尽职尽责，则应承担责任。法院作出上述事实认定和责任判定，不仅回应了社会关切，更是为战斗在火场上的“逆行者”英勇的消防战士点赞，提升了社会正气。同时，也提醒了公安消防部门要严格按照消防救援规程开展火灾救援工作。

该案现已尘埃落定，社会公众已不再关注，但本案的判决为解决此类问题提供了权威范本，值得借鉴。

编写人：浙江省杭州市中级人民法院　刘宏水

2

本案应定为非法持有枪支罪还是非法买卖枪支罪

——陈祖某非法买卖枪支案

【案件基本信息】

1. 裁判书字号

河南省内乡县人民法院（2018）豫1325刑初334号刑事判决书

2. 案由：非法买卖枪支罪

【基本案情】

2017年，被告人陈祖某通过网络搜索买卖枪支信息，与枪支出卖人取得联系，先后以3500元、2700元的价格购买两支气枪，出卖人通过物流将枪支全部配件邮寄给陈祖某，并指导陈祖某组装，陈祖某同时从出卖人处购买制作铅弹模具，并通过网络购买铅丝，自行制作铅弹，用于平时打鸟。2017年12月16日，内乡县公安局刑警大队民警对陈祖某住所及其车辆进行搜查，现场扣押其气枪两支、铅弹140发。经南阳市公安局物证鉴定所鉴定，两支疑似枪支均为以压缩气体为动力的枪支。

对上述事实，被告人陈祖某在庭审中无异议，并有公诉机关提供的被告人陈祖某供述、基本人口信息及前科查询、到案经过、搜查笔录、扣押清单、鉴定结论、受案登记表、立案决定书等证据予以证实，足以认定。

【案件焦点】

本案被告人陈祖某通过网络购买枪支的行为应认定为非法持有枪支罪还是非法买卖枪支罪。

【法院裁判要旨】

河南省内乡县人民法院经审理认为：被告人陈祖某非法购买以压缩气体为动力

的非军用枪支二支，其行为已构成非法买卖枪支罪，河南省内乡县人民检察院的指控成立，本院予以支持。鉴于被告人到案后能够如实坦白自己的犯罪事实，当庭认罪，可以从轻处罚。辩护人的“被告人具有坦白、初犯、偶犯、主观恶性较小”辩护意见，与查明的事实相符，本院予以采纳，但认为被告人陈祖某构成非法持有枪支罪的意见，与查明的事实不符，本院不予采纳。河南省内乡县人民法院为了依法保护不特定公民的生命、健康和公私财产安全，打击犯罪，依据《中华人民共和国刑法》第一百二十五条第一款、第六十七条第三款、第七十二条第一款、第七十三条第二款、第三款之规定，判决如下：

被告人陈祖某犯非法买卖枪支罪，判处有期徒刑三年，缓刑三年。（缓刑考验期限从判决确定之日起计算。）

【法官后语】

本案被告人陈祖某通过网络购买枪支的行为应如何定性，主要有两种不同观点：

第一种观点认为，刑法中的“买卖”，应当理解为具有流转交易性质的行为，具体包括购买后的出售行为、以出售为目的的购买行为。对于不以出售为目的的单纯购买枪支的行为，其终极目的在于维持对枪支的持有，而不是实现对枪支的传播与流转，此类行为应认定为非法持有枪支罪。

第二种观点认为，“买卖”，一般指双方通过实物或者货币进行交换以换取自己所需物品，具体包括购买、出售、或购买后又出售。行为人实施了购买枪支的行为，其行为便符合非法买卖枪支罪的构成要件，因此，该行为构成非法买卖枪支罪。

笔者同意第二种观点。

首先，从文义解释的角度看，法律应当尊重社会公众对“买卖”一词的通常理解。根据《现代汉语词典》《辞海》等权威词典的解释，“买卖”的本质特征是一种买进卖出的商业经营活动，而正是这种流转交易破坏了国家对特定物品的管制秩序，成为刑事违法性的逻辑基础。据此，所谓非法买卖枪支，是指违反法律规定，未经有关部门批准许可，私自购买或者出售枪支、弹药、爆炸物的行为。“买卖”具体包括出售、购买或既买又卖，其本身具有的流转交易性质不应被简单割裂开来，片面地理解为仅仅包括购买后的出售行为、出售行为、以出售为目的的购买行为。

其次，从社会学解释的角度看，如果将单纯购买枪支行为认定为非法持有枪支罪，则非法买卖枪支罪的成立空间几乎被压缩殆尽。因为如果非法买卖枪支罪的买卖源头，不包括有偿的购买行为，而仅局限于购买后的出售行为、出售行为、以出售为目的的购买行为，而这些情形作为枪支买卖的来源形式是极其罕见的，特别是因个人爱好、收藏而购买枪支行为以非法持有枪支罪论处，这样一来，非法买卖枪支罪几乎无法成行。事实上，购买后的出售行为、出售行为、以出售为目的的购买行为与购买行为一样，作为枪支买卖的方式，均应当被界定为枪支买卖犯罪的概念范畴中，作为非法买卖枪支罪的题中应有之义，否则，非法买卖枪支罪就成为无本之木、无源之水。

再次，从目的论解释角度看，非法买卖枪支罪排除以出售为目的的购买行为，与立法目的相悖。关于枪支犯罪，其共性都是破坏了国家对枪支的管制秩序，而枪支管制秩序是社会公共安全保障的重要内容。但是，刑法相对于非法持有枪支罪而言，对非法买卖枪支罪配置了更重的刑罚，是因为买卖行为较之持有行为具有更重的梯度危害，即买卖行为引致了枪支的传播与流动性，导致国家对枪支管理的失控，继而成为各类暴力恐怖、黑恶犯罪案件的源头，对公共安全构成了实质的危害与威胁。而目的论解释作为具有终局意义的解释规则具有最高和最后的效力，是经由刑法的保护法益目的进行的解释方法。如果对于不以出售为目的的单纯购买枪支行为界定为其终极目的在于维持对枪支的持有，不仅对枪支犯罪有纵容之嫌，且会给公共安全带来严重的安全隐患，有违立法本意。

最后，从体系解释角度看，对于枪支犯罪，应严格采用体系解释的方法。目前，我国刑法对购买、出售特定物品的行为规定了三种立法释例：一是运用“购买”“收购”或者“出售”“贩卖”“倒卖”“销售”“转让”等概念，从而明确规定仅处罚购买或者仅处罚出售行为。如金融工作人员购买假币罪，非法收购盗伐，擅自出卖、转让国有档案罪，贩卖毒品罪等犯罪。二是运用“出售、购买”概念，从而明确规定同时处罚购买与出售行为。如出售、购买假币罪，非法收购、出售国家重点保护植物、国家重点保护植物制品罪等。三是运用“买卖”概念。如非法买卖枪支、弹药、爆炸物罪，非法买卖危险物质罪等。根据体系解释的规则，这里的

“买卖”就不应给予个别化论证。最高人民法院2001年5月15日发布的《关于审理非法制造、买卖、运输枪支、弹药、爆炸物等刑事案件具体应用法律若干问题的解释》第一条第二项规定：“个人或者单位非法制造、买卖、运输、邮寄、储存枪支、弹药、爆炸物，具有下列情形之一的，依照刑法第一百二十五条第一款的规定，以非法制造、买卖、运输、邮寄、储存枪支、弹药、爆炸物罪定罪处罚：（二）非法制造、买卖、运输、邮寄、储存以火药为动力发射枪弹的非军用枪支一支以上或者以压缩气体等为动力的其他非军用枪支二支以上的。”

综上，笔者认为，无论就解释规则还是刑事政策角度来考量，本案被告人购买枪支的行为均应按非法买卖枪支罪论处。

编写人：河南省内乡县人民法院　李华　杨慧文

3

传销活动组织者、领导者如何认定

——刘小某组织、领导传销活动案

【案件基本信息】

1. 裁判书字号

辽宁省沈阳市中级人民法院（2019）辽01刑终12号刑事裁定书

2. 案由：组织、领导传销活动罪

【基本案情】

2016年6月，被告人刘小某为获利经上线人员介绍发展成为“善心汇”传销组织成员，后刘小某通过微信好友聊天、发微信朋友圈等方式散播、宣传“善心汇”传销项目，并通过建立“善心汇”传销微信群、支付宝群等方式组织和领导其传销组织的下线人员。截至2017年7月末，经湖南省鉴真司法鉴定中心鉴定：刘小某的登录用户名为Lxx861589，ID为6794，属于B轮服务中心，账户创建时间为2016年6月13日。该账户在整个会员网络中处于第8层，其下级网络有18层，

37089 个会员账号。该账号共完成 332 次赠与，累计 3341300 元，41 次受助，累计 3128900 元。截至 2017 年 7 月 24 日，已支出善种子 8618 个，剩余善种子 141 个；已支出善心币 135531 个，剩余善心币 481 个；已支出善金币 16000 个，剩余善金币 549037 个，管理钱包已支出 396900 元，管理钱包剩余 165137 元。

2017 年 7 月 20 日，公安机关将被告人刘小某抓获。

【案件焦点】

刘小某是否是传销活动的组织、领导者。

【法院裁判要旨】

辽宁省沈阳市沈北新区人民法院经审理认为：被告人刘小某通过网络加入“善心汇”非法传销组织，属于 B 轮服务中心，在整个会员网络中处于第 8 层，其下级网络有 18 层，组织、管理三万多人进行扰乱经济与社会秩序的传销活动，情节严重，其行为已构成组织、领导传销活动罪，应依法惩处。被告人刘小某作为“善心汇”组织的 B 轮服务中心，了解该组织的运行模式和奖励制度，以直接或间接发展人员加入为基础，通过发展下线人员获利，并为下线人员的加入提供支持和便利，其积极参与“善心汇”组织，并且积极宣传“善心汇”组织入会、返利模式，对该组织的扩大起关键作用，属于《最高人民法院、最高人民检察院、公安部关于办理组织领导传销活动刑事案件适用法律若干问题的意见》规定的传销活动的组织者、领导者。

辽宁省沈阳市沈北新区人民法院依照《中华人民共和国刑法》第二百二十四条之一、第五十二条、第五十三条，《最高人民法院、最高人民检察院、公安部关于办理组织领导传销活动刑事案件适用法律若干问题的意见》第二条、第四条之规定，作出如下判决：

被告人刘小某犯组织、领导传销活动罪，判处有期徒刑五年六个月，并处罚金人民币八万元。

被告人刘小某以自己不知道是传销活动、发展下线人数不清为由提出上诉。

辽宁省沈阳市中级人民法院经审理认为：此案系通过网络组织、领导的跨区域传销活动犯罪，相关数据庞杂，并记录在组织数据平台中，刘小某对下线具体人数不完全掌握属情理之中；侦察机关依法调取涉及刘小某相关数据，并经具有相应资质的鉴定机构依据相关规范审计鉴定，所得出的鉴定意见应予采信。虽然有关部门提取数据前，平台数据已被部分破坏，但只是部分信息项目未能保持完整，不影响对刘小某定罪量刑所需基本数据的认定，且其发展下线人数远超情节严重的标准。行为人对行为性质是否明知属主观认识范畴，需通过其客观行为结合行为人年龄、社会阅历、文化程度、社会大众对该种行为的普遍认知等因素综合评价认定，传销活动已在社会出现和存在多年，并成为政府管控和法律打击的重点扰乱社会秩序的违法犯罪行为，刘小某作为具有高中文化程度的成年人，通过了解并加入“善心汇”传销组织后，通过微信、宣讲等方式发展下线成员，应认定为其具有组织、领导传销活动犯罪的主观故意。参与传销人员证人证言，被告人供述，结合刘小某部分银行卡交易明细的审计报告，足以认定刘小某在组织、领导传销活动中获利，只是收付款相关数据因客观原因未能搜集完整，及存在虚拟货币情况，无法认定具体获利数额。辽宁省沈阳市中级人民法院依照《中华人民共和国刑事诉讼法》第二百三十六条第一款第一项之规定，裁定如下：

驳回上诉，维持原判。

【法官后语】

组织、领导传销活动罪所打击的是组织、领导诈骗型传销活动的行为，一般参与传销的行为并不成立本罪。认定本罪的关键在于准确认定传销活动的组织者、领导者。具体到本案中，根据鉴定机构出具的鉴定意见，能够认定刘小某在传销组织中所处的层级、下级层数、下线人数，根据证人证言能够认定刘小某具有积极宣传传销组织入会、返利模式、奖励机制的行为，并为下线人员的加入提供支持，积极发展下线人员获利，其行为对于“善心汇”传销组织的扩大、发展具有关键作用，所以刘小某应认定为传销活动的组织者、领导者，依法应予惩处。

近年来，新式传销活动隐蔽性更强，很多传销组织打着“爱心互助”“消费投资”等名义从事传销活动，严重扰乱社会经济秩序。一方面，要让人们充分认识传销的危害，另一方面，要加大宣传力度，引导公众树立正确的致富观念。

编写人：辽宁省沈阳市沈北新区人民法院　赵迎娇

4

贩卖毒品罪不以牟利为构成要件

——郭振某等贩卖毒品、容留他人吸毒案

【案件基本信息】

1. 裁定书字号

福建省厦门市中级人民法院（2018）闽02刑终764号刑事裁定书

2. 案由：贩卖毒品罪、容留他人吸毒罪

【基本案情】

福建省厦门市海沧区人民法院经公开审理查明：

一、贩卖毒品罪

1. 2018年3月16日中午，被告人郭振某、黄红某在福建省厦门市海沧区沧翔路297号沙县小吃店以250元的价格将海洛因贩卖给陈某某。

2. 2018年3月17日中午，被告人郭振某、黄红某在上述地点以人民币300元的价格将海洛因贩卖给陈某某。

3. 2018年3月18日中午，被告人郭振某、黄红某在上述地点以人民币300元的价格将海洛因贩卖给陈某某。

4. 2018年3月19日中午，被告人郭振某、黄红某在上述地点将海洛因贩卖给陈某某，收取了200元。

二、容留他人吸毒罪

1. 2018年3月16日13时许，被告人郭振某、黄红某在福建省厦门市海沧区沧翔路297号沙县小吃店阁楼内容留经某某吸食海洛因。

2. 2018年3月16日至3月19日中午，被告人郭振某、黄红某在上述地点先后四次容留陈某某吸食毒品海洛因。

2018年3月20日下午，被告人郭振某、黄红某在上述地点被公安机关抓获。

到案后，被告人郭振某、黄红某如实供述容留他人吸毒的主要犯罪事实。

【案件焦点】

1. 被告人的供述是否受到侦查机关引诱；2. 被告人向陈某某提供毒品是两次还是四次；3. 被告人向陈某某提供毒品的行为是否构成贩卖毒品罪。

【法院裁判要旨】

福建省厦门市海沧区人民法院经审理认为：

关于二被告人的供述是否受到侦查机关引诱，二被告人均当庭辩解侦查人员称如实供述犯罪事实可以不对二人做出强制戒毒的行政处罚，还称陈某某说以每次300元向二人购买毒品，因此二人才供述3月17日、18日，以300元的价格向陈某某提供毒品海洛因。本院认为，侦查人员向犯罪嫌疑人宣传坦白从宽的刑事政策，并给予一定的劝导和教育，符合法律规定。在案证据表明，证人陈某某称以每次350元的价格向二被告人购买海洛因，与二被告人所辩称的300元并不相符，且二被告人供述3月16日、19日收取的毒资均非300元，二人明显属自主供述，而非受到引诱。二被告人的辩解无事实依据，不予采纳。

关于被告人郭振某辩解只卖过两次毒品给陈某某的意见，经查，被告人郭振某、黄红某在侦查和审查起诉阶段均稳定供述，四次贩卖毒品海洛因给陈某某，并让陈某某在二人小吃店的阁楼中吸食，上述供述与证人陈某某证言相互印证。被告人郭振某辩解称陈某某两次自行携带毒品海洛因到二人处吸食，与查明的事实不符，且明显不合常理。关于辩护人提出被告人黄红某不知情，不应认定为共同犯罪，被告人黄红某辩解不清楚3月17日、18日郭振某是否卖毒品给陈某某，与其原供述及在案证据矛盾，相关辩护辩解意见不予采纳。

关于二被告人辩解将自己购买的毒品分给陈某某吸食并收取成本价，并未牟利，二人行为不是贩卖毒品的意见。经查，被告人郭振某、黄红某于2018年3月16日以1100元的价格从经某某处购买约1克海洛因，3月16日至19日，二人每天都通过注射的方式吸食上述海洛因，少量海洛因由经某某吸食，部分分四次提供给陈某某，第四次因陈某某钱不够仅收取200元，总计收取1050元。在案证据可以证明，二被告人通过将购买的毒品部分卖给他人的方式，转稼二人吸毒的成本，应视为从中牟利；同时购毒者陈某某未和卖家联系，也未指定卖家，而是直接向二被告人求购，二被告人的行为属于居中倒卖，获利并非犯罪的构成要件，二被告人的行为应以贩卖毒品罪定罪处罚。对被告人相关辩解，不予采纳。

被告人郭振某、黄红某违反国家毒品管制法规，四次贩卖海洛因给他人，情节严重，其行为均已构成贩卖毒品罪。被告人郭振某、黄红某违反国家毒品管制法规，二年内四次容留他人吸食海洛因，其行为均已构成容留他人吸毒罪。公诉机关指控的罪名成立。本案系共同犯罪。贩卖毒品犯罪中被告人郭振某系主犯；被告人黄红某系从犯，依法应当减轻处罚。容留他人吸毒犯罪中二被告人作用相当，不区分主从犯。被告人郭振某、黄红某到案后如实供述容留他人吸毒犯罪事实，依法可以从轻处罚。被告人郭振某、黄红某系毒品再犯，且系累犯，依法应当从重处罚。被告人郭振某、黄红某判决宣告前犯数罪，依法应当对其所犯的贩卖毒品罪、容留他人吸毒罪，数罪并罚。

福建省厦门市海沧区人民法院依照《中华人民共和国刑法》第三百四十七条第一款、第四款，第三百五十四条，第三百五十七条，第二十五条第一款，第二十六条第一款，第二十七条，第六十七条第三款，第三百五十六条，第六十五条第一款，第六十九条之规定，作出判决如下：

一、被告人郭振某犯贩卖毒品罪，判处有期徒刑三年九个月，并处罚金人民币一千元；犯容留他人吸毒罪，判处有期徒刑七个月，并处罚金人民币一千元，决定执行有期徒刑四年，并处罚金人民币二千元；

二、被告人黄红某犯贩卖毒品罪，判处有期徒刑二年五个月，并处罚金人民币一千元；犯容留他人吸毒罪，判处有期徒刑七个月，并处罚金人民币一千元，决定执行有期徒刑二年八个月，并处罚金人民币二千元。

郭振某以原判认定其四次拿毒品给陈某某与事实不符为由提起上诉，黄红某以没有加价不能认定为贩卖，且其不知 17 日、18 日贩卖的事为由提起上诉。福建省厦门市中级人民法院经审理认为：黄红某和郭振某的供述与证人陈某某、经某某的证词能吻合一致，可以认定二人贩卖了四次毒品给陈某某；此外，贩卖毒品犯罪行为并非以牟利为构罪要件，只要实施了贩卖行为，是否加价都不影响本罪的成立。二上诉人提出的原判认定证据不足的意见理由不足，不予采纳。原判定罪准确，量刑适当，审判程序合法。

福建省厦门市中级人民法院依照《中华人民共和国刑事诉讼法》第二百三十

六条第一款第一项之规定，作出如下裁定：

驳回上诉，维持原判。

【法官后语】

最高人民法院2008年12月印发的《全国部分法院审理毒品犯罪案件工作座谈会纪要》规定："有证据证明行为人不以牟利为目的，为他人代购仅用于吸食的毒品，毒品数量超过刑法第三百四十八条规定的最低数量标准的，对托购者、代购者应以非法持有毒品罪定罪。代购者从中牟利，变相加价贩卖毒品的，对代购者应以贩卖毒品罪定罪。"2015年5月印发的《全国法院毒品犯罪审判工作座谈会纪要》规定："行为人为他人代购仅用于吸食的毒品，在交通、食宿等必要开销之外收取'介绍费''劳务费'，或者以贩卖为目的收取部分毒品作为酬劳的，应视为从中牟利，属于变相加价贩卖毒品，以贩卖毒品罪定罪处罚。"根据上述规定，不以牟利为目的，为他人代购少量仅用于吸食的毒品，不以贩卖毒品罪认定；而一般的贩卖毒品行为则不要求以牟利为要件。审判实务中，常有行为人提出为他人代购毒品且未牟利的辩解，因此，准确认定行为人的行为是代购还是一般贩卖行为对定罪至关重要。

一、毒品代购与一般贩卖行为的区别

贩卖毒品是指有偿转让毒品或者以贩卖为目的而非法收购毒品，贩卖毒品罪的主观构成要件为故意，但不要求以营利为目的，故不以营利为目的实施贩卖毒品行为，也构成本罪。毒品代购是指代为购买毒品的行为，实践中存在三种情况：第一种是托购者已与毒品卖家联系，然后委托代购者前去购买毒品；第二种是虽未联系但委托代购者到其指定的毒品卖家处购买毒品；第三种是托购者未和卖家联系也未指定卖家，而是直接向中间人求购，中间人辩解系帮忙代购。上述三种情况，第一种和第二种才能称为代购，在毒品数量较少仅用于吸食及代购者没有牟利的情况下，可以不认定为贩卖毒品罪。第三种情况则属于居中倒卖，即一般的贩卖毒品行为，不以牟利为犯罪构成要件，中间人辩解没有加价售卖，未牟利或者帮朋友带买，均不影响贩卖毒品罪的认定。

二、是否牟利的认定

参与法律严令禁止的毒品交易，往往是为谋取非法利益，如居间介绍者通过向交易一方或者双方收取酬劳的方式获利，居中倒卖者则通过低价买进，高价卖出的方式获利，当然这两种情况实际有没有获利不是犯罪的构成要件，也不要求行为人有牟利的意思。而为他人代购少量仅用于吸食的毒品，则要求行为人从中牟利，才构成贩卖毒品罪。代购牟利的“利”通常认为是物质利益，包括现金、毒品等财产性利益，具体表现有：交通、食宿等必要开销之外收取的“介绍费”“劳务费”，收取部分毒品作为酬劳等。

本案中，二被告人均辩解将自己购买的毒品分给他人吸食，仅收取了成本价，未牟利，二人行为不是贩卖毒品的意见。在案证据可以证明，购毒者既未和卖家联系，也没有指定卖家，而是直接向二被告人求购，二被告人以1100元的价格购得约1克海洛因，在之后的四天里，每天通过注射方式吸食，大部分分四次提供给购毒者，第四次因钱没带够仅收取200元，总计收取1050元。上述事实表明，二被告人通过将购买的毒品部分卖给他人的方式，转稼二人吸毒的成本，是典型的变相加价贩卖毒品行为，具有明显的牟利意图。同时，二被告人的行为是一般的贩卖毒品行为，而非代购，是否牟利并非犯罪的要件，二被告人的行为应以贩卖毒品罪定罪处罚。

编写人：福建省厦门市海沧区人民法院　牟燕

5

非法处置借用财物行为的定性

——徐瑞某诈骗案

【案件基本信息】

1. 裁判书字号

云南省玉溪市中级人民法院（2018）云04刑终83号刑事判决书

2. 案由：诈骗罪

【基本案情】

2017年10月13日18时左右，被告人徐瑞某以非法占有为目的，以借车为由，将纳少某停放在通海县纳古镇中沟街网吧门口的一辆价值人民币15000元的黑色本田PCX-150踏板摩托车骑走后低价销赃挥霍。

公诉机关认为应当以盗窃罪追究被告人徐瑞某的刑事责任，并认为被告人徐瑞某是累犯，具有坦白情节。

【案件焦点】

非法处置借用财物行为的定性是盗窃还是诈骗?

【法院裁判要旨】

云南省玉溪市通海县人民法院以盗窃罪判处被告人徐瑞某有期徒刑一年零六个月，并处罚金人民币二千元；责令被告人徐瑞某退赔被害人纳少某摩托车损失人民币一万五千元。理由是：被告人的欺骗行为让受害人做出了出借交通工具的处分行为，但被害人受骗后的出借行为处分的仅是财物的使用权，并非将所有权和控制权进行了处分与让与，被告人的欺骗行为仅是为后面秘密窃取作准备，被告人在受害人不知情的情况下将财物卖掉，使受害人失去对财物的控制权，符合盗窃罪的犯罪构成要件，故被告人徐瑞某的行为构成盗窃罪。被告人徐瑞某以量刑过重为由提出上诉，二审法院认为徐瑞某以借车为名，隐瞒其非法占有之目的，骗取他人数额较大财物的行为，符合诈骗罪的构成要件，改判徐瑞某犯诈骗罪，判处有期徒刑一年零二个月，并处罚金人民币二千元。

【法官后语】

虽然在通常情况下，所有权人因受骗而处分财物所有权，但在特殊情形下，所有权人仅处分占有也可以成立诈骗罪中的处分行为。刑法意义上的占有与民法意义上的占有不完全相同，刑法意义上的占有不但包括现实的物理管有、支配，更强调社会一般观念上财物的管有、支配。在根据社会一般观念判断占有时，应当考虑占有意思、时间、地点等因素，特别值得注意的是，占有弛缓并非处分占有。占有弛缓，是指占有从紧密支配状态舒缓为松散支配状态的情形，尤其是指从物理的现实支配状态舒缓为社会观念上支配状态的情形。就本案而言，被害人纳少某将摩托车交给被告人徐瑞某时，被害人纳少某仍然占有着财物，可以随时要求被告人归还，以恢复对摩托车的物理支配，这便是占有弛缓情形。在判断占有弛缓时，尤其要注意审查被害人主观上是否还具有占有的意思。当徐瑞某驾驶摩托车离开现场，被害人并未要求恢复对财物的物理支配或者保持占有驰缓的状态，而是默认同意被告人离开现场，致使被告人得以实现对摩托车的完全支配，这时应当认定被告人取得了刑法意义上的占有。而被害人之所以同意被告人驾驶其摩托车离开，是因为被告人虚构事实致使其产生错误认识，进而对财物占有作出了错误处分，也就是说，本案损失是因被害人受骗产生错误认识而“自愿”处分财物所致，符合诈骗罪的本质特征，二审改判认定徐瑞某的行为应构成诈骗罪是正确的。

编写人：云南省玉溪市通海县人民法院　杨春红

6

公证员在执业中重大失实导致严重后果而触犯刑法的具体法律适用

——蒋安某出具证明文件重大失实案

【案件基本信息】

1. 裁判书字号

吉林省长春市宽城区人民法院（2018）0103 刑初 164 号刑事判决书

2. 案由：出具证明文件重大失实罪

【基本案情】

蒋安某在长春市忠诚公证处任公证员期间，于 2014 年 7 月 2 日给刘喆某和张湘某出具一份（2014）吉长忠诚证民字第 5546 号公证书，内容是张湘某委托刘喆某出卖位于长春市中海莱茵东郡 D7 栋 8 × × 室的房子，这是他们两人的共同财产。后来张湘某找到蒋安某之后，蒋安某才知道刘喆某用公证书将上述房屋变卖了，蒋安某发现刘喆某当初提供的委托书上张湘某签字手印都是伪造的。具体经过，2014年6月30日，刘喆某和一个自称是张湘某的女子还有一个叫孙洪某的人来公证处，孙洪某是中介公司的，蒋安某跟他不熟，才认识几个月。那个女子说办一个委托公证，并提供了户口、刘喆某的身份证、结婚证二本、房产证、产权调档材料及张湘某新加坡身份证等证件，根据这些证件蒋安某给办理的委托公证手续，他们一共领取了三份公证书，蒋安某通过这些证件上的照片，觉得来这儿的女的和照片上的女子长得挺像，蒋安某当时认为就是张湘某本人，但并没有向相关部门对该女子的身份信息进行核实，蒋安某应该在场监督，但是没有看到那个女的签字、摁手印。做完这个公证后，7月中旬房屋交易中心给蒋安某打电话核实公证书是否是蒋安某办的，称张湘某的签字和买卖房屋档案上的签字不一样，让蒋安某核实，蒋安某就给刘喆某打电话让他带着公证书来一趟。2017年7月18日刘喆某来了，蒋安某问他签字为何不一样，刘喆某承认当天来的不是张湘某本人，蒋安某就把三份公证书收回并给刘喆某取了一份谈话笔录。2014年9月的某一天，张湘某本人来蒋安某公证处申请撤销公证书，还说刘喆某用蒋安某的公证书将房子给卖了。蒋安某就打电话给刘喆某，让他来公证处。刘喆某于2014年9月23日到公证处，蒋安某问他公证书都收回了，怎么还通过公证书在产权处更名，刘喆某说产权处用的公证书是伪造的。蒋安某就又给刘喆某取了一份谈话记录。刘喆某说给孙洪某十万元钱办理公证更名过户，办公证时蒋安某不知道，根本没有收取过刘喆某十万元钱，也不清楚孙洪某是否还给刘喆某了。刘喆某在办完公证后给蒋安某送过铂金浴宫的卡，刘喆某要找蒋安某儿子推销大米，约洗澡，蒋安某就在铂金浴宫洗的，卡是洗澡买完单后，刘喆某给蒋安某的，卡里好像就剩100多元钱。办理公证时，在对张湘某的身份核实上蒋安某没有仔细进行审查，要是认真审查就能避免张湘某的经济损失。从刘喆某处收回来的三份公证书蒋安某没有仔细核实是否为原件，才让刘喆某伪造了一份，掺在另两份公证书内，他自己留了一份原件。当时办理公证时，委托书签张湘某的名字刘喆某说是他代签的，当时签字时蒋安某没在，蒋安某的助手林丽某也没仔细看是谁签的，蒋安某应该监督本人签字，蒋安某有过失。审核张湘某的身份材料时审核的是复印件，刘喆某说有原件，拿在手里一晃，蒋安某也没看到是什么东西，蒋安某有疏忽和过失。

【案件焦点】

蒋安某在执业中重大失实导致严重后果而触犯刑法的具体法律适用。

【法院裁判要旨】

吉林省长春市宽城区人民法院经审理认为：被告人蒋安某作为公证员，在办理委托公证过程中，严重不负责任，出具的证明证件有重大失实，造成严重后果，其行为已构成出具证明文件重大失实罪，公诉机关指控的罪名成立。被告人蒋安某自愿认罪，可以酌情从轻处罚。辩护人认为被告人认罪态度好，要求从轻处罚的意见予以采纳，但要求对其判处缓刑的意见不予采纳。根据本案具体情节及危害情况，依据《中华人民共和国刑法》第二百二十九条第三款，第五十二条，第五十三条之规定，作出如下判决：

被告人蒋安某犯出具证明文件重大失实罪，判处有期徒刑一年，并处罚金人民币一万元。

【法官后语】

根据《最高人民法院关于执行〈中华人民共和国刑法〉确定罪名的规定》，《中华人民共和国刑法》第二百二十九条第三款规定罪名的全称是“出具证明文件重大失实罪”（2002年3月15日“两高”《关于执行刑法确定罪名的补充规定》将以前前缀“中介组织人员”字样取消）。最高人民检察院于2009年1月7日公告发布《关于公证员出具公证书有重大失实行为如何适用法律问题的批复》。该批复规定，对公证员在履行公证职责过程中，严重不负责任，出具的公证书有重大失实，造成严重后果的，依照刑法第二十九条第三款的规定，以出具证明文件重大失实罪追究刑事责任。最高检以司法解释的形式，明确了对公证员在执业中重大失实导致严重后果而触犯刑律的具体法律适用，从而对公证员在履行职责中的重大失实行为追究刑事责任提供了法律依据。第三款是关于第一款规定的人员，严重不负责任，出具的证明文件有重大失实的犯罪及处刑的规定。其中，“第一款规定的人员”，是指第一款规定的中介组织的人员；“出具的文件有重大失实”，是指所出具的证明文件，在内容上存在重大的不符合实际的错误或者内容虚假。这里规定的证明文件与第一款规定的证明文件的内容和范围是相同的。本款规定的犯罪与第一款规定的犯罪的主要区别在于行为人主观方面不同，第一款规定的犯罪是故意犯罪，而本款规定的则是过失犯罪。因此，本款规定造成严重后果的，才负刑事责任。所谓“造成严重后果”主要是指给国家、集体或公民个人造成严重损失的以及在社会上产生特别恶劣影响的等情况。由于本款规定的出具证明文件重大失实罪，是一种过失犯罪，较故意提供虚假证明文件罪在主观恶性上要轻一些。因此，在处刑的规定上也较之第一款规定的“提供虚假证明文件罪”的处刑要轻，最高刑期为三年。

本案对公证员再次敲响了警钟。如何做到忠于职守，遵纪守法，远离犯罪，这是摆在我们面前的一个既沉重而又不得不面对的话题。有业内人士说：“存在问题的公书犹如一颗不定时的炸弹，随时可能引爆。”此话中肯而形象。为不使公证这块圣洁的净土受到亵渎和玷污，要从预防犯罪方面重新梳理并认真审视公证员的工作，进一步强化防范意识，认真落实防范措施，切实扎牢预防犯罪这道“篱笆”。这就要求公证员不仅在口头上，更重要的是在行动上应有所作为，高度重视，认真对待，办法就在每个公证员的心中。可喜的是，尽管公证工作日益面临一些风险，但公证员亦能从容应对，做到不仅远离犯罪，而且能够以更加优质的服务为社会作出他们的贡献。

编写人：吉林省长春市宽城区人民法院审判员　李英烈

7

交通肇事中逃逸行为与如实供述的认定

——李挺某交通肇事案

【案件基本信息】

1. 裁判书字号

福建省厦门市中级人民法院（2018）闽02刑终528号刑事判决书

2. 案由：交通肇事罪

【基本案情】

2018年1月29日8时26分许，李挺某驾驶闽DBZ5××号小型越野客车行至东孚大道大溪路口时左转弯未提前开启转向灯，未让直行的由王宗某驾驶的闽EEH1××号正三轮载货摩托车先行，王宗某避让过程中车辆单偏侧翻，造成王宗某当场死亡及车辆损坏的交通事故。经事故认定，被告人李挺某负事故的主要责任，王宗某负事故的次要责任。事故发生后，李挺某驾车逃逸，后经民警通知回到现场接受调查。

【案件焦点】

1. 被告人的行为是否属于交通肇事后逃逸；2. 被告人对其驾车离开事故现场之行为的辩解是否影响如实供述的认定。

【法院裁判要旨】

福建省厦门市海沧区人民法院经审理认为：案发当天被告人李挺某接受询问时称其开车时精神状态良好，视力正常，且明确知道其驾车左转弯时被害人驾驶的三轮摩托车在其车前冲过摔倒，即被告人李挺某明知发生了交通事故。被告人李挺某在会车时采取了刹车的制动措施，两车仍有刮擦，被告人李挺某辩解未感觉到两车有碰到，但明知事故发生时两车处于会车状态，且应当知道对方车辆侧翻与两车会车有关。机动车驾驶人在发生交通事故后，应当立即停车、保护现场、立即抢救受伤人员并及时报案。被告人李挺某知道或者应当知道其系事故相关方，却驾车驶离现场，没有主动留下任何可以识别其身份的信息，明显是为逃避可能承担的法律责任。

福建省厦门市海沧区人民法院依照《中华人民共和国刑法》第一百三十三条、第六十七条第一款、第三十六条第一款，《中华人民共和国刑事诉讼法》第九十九条第一款，《中华人民共和国侵权责任法》第六条第一款、第十六条、第二十六条，《最高人民法院关于适用〈中华人民共和国刑事诉讼法〉的解释》第一百五十五条第一款、第二款及《最高人民法院关于审理人身损害赔偿案件适用法律若干问题的解释》第十七条第三款、第二十七条、第二十八条、第二十九条之规定，判决如下：

一、被告人李挺某犯交通肇事罪，判处有期徒刑二年四个月（刑期从判决执行之日起计算。判决执行以前先行羁押的，羁押一日折抵刑期一日。即自2018年6月28日起至2020年10月19日止）；

二、附带民事诉讼被告单位中国人民财产保险股份有限公司厦门市分公司应于本判决生效之日起十日内赔偿附带民事诉讼原告人房玉某、王平某经济损失人民币110000元；

三、被告人李挺某与附带民事诉讼被告单位厦门市海沧区天民园艺场应于本判决生效之日起十日内连带赔偿附带民事诉讼原告人房玉某、王平某经济损失人民币668456元；

四、驳回附带民事诉讼原告人房玉某、王平某的其他诉讼请求。

公诉机关以被告人李挺某未如实供述逃逸事实，属未如实供述主要犯罪事实，一审判决认定其如实供述主要犯罪事实，具有自首情节，属认定事实错误；原判适用法律错误，导致未在法定刑幅度内量刑，量刑畸轻；原判不符合自首的立法本意，与设立自首制度的目的相悖为由提起抗诉。

福建省厦门市中级人民法院经审理认为：（1）上诉人李挺某系自动投案。公安机关出具的到案经过和被告人李挺某的供述等证据可以证实，上诉人李挺某在接到公安机关的电话通知后立即驾车返回事故现场接受调查，系在尚未受到讯问、未被采取强制措施时主动向公安机关投案，应当认定为自动投案。（2）李挺某如实供述自己的罪行。在本案中，其一，李挺某交通肇事致死亡一人，负事故主要责任，已经达到构成交通肇事罪的标准，其还具有逃逸情节，系法定的加重量刑情节，逃逸的行为事实对其量刑有重大影响，属于主要犯罪事实。其二，李挺某到案后如实供述的行为事实。李挺某投案后在侦查阶段的3次接受询问笔录、3次接受讯问笔录，均承认在与被害人近距离会车的过程中有看到被害人驾驶车辆失控侧翻，且本案的痕迹鉴定报告显示李挺某所驾驶车辆出现右前雾灯右侧附近减层刮擦痕迹，可以证实李挺某车辆与被害人车辆存在轻微的刮擦。李挺某所作的其当时车速较慢、未感觉有撞击、以为已成功避让、为避免麻烦才驾车驶离现场的供述，系其在案发当时对自己行为主观认知的辩解，不影响本案交通肇事后逃逸情节的认定，且李挺某到案后直至一、二审庭审阶段均未对其逃逸的事实予以否认，也认罪悔罪，应认定为如实供述。（3）福建省厦门市人民检察院出庭检察员在发表出庭意见时亦表示认同李挺某接到民警电话后即返回现场接受调查，如实供述了肇事及逃逸的客观事实，认为一审判决认定李挺某具有自首情节并无不当。（4）经审理查明，李挺某到案后对于交通肇事逃逸的事实做了如实供述，其在案发时的逃逸事实行为与其到案后如实供述认定构成自首不存在冲突。

福建省厦门市中级人民法院依照《中华人民共和国刑法》第一百三十三条、第六十七条第一款、第七十二条第一款、第七十三条，《最高人民法院关于审理交通肇事刑事案件具体应用法律若干问题的解释》第二条、第三条及《中华人民共和国刑事诉讼法》第二百二十五条第一款第二项之规定，判决如下：

一、维持福建省厦门市海沧区人民法院（2018）闽0205刑初253号刑事判决第一项对上诉人李挺某的定罪判决部分；

二、撤销福建省厦门市海沧区人民法院（2018）闽0205刑初253号刑事判决第一项对上诉人李挺某的量刑判决部分；

三、上诉人李挺某犯交通肇事罪，判处有期徒刑二年四个月，缓刑三年。（缓刑考验期自本判决确定之日起计算。）

【法官后语】

本案的争议焦点有二：一是被告人的行为是否属于交通肇事后逃逸，二是被告人对其驾车离开事故现场之行为的辩解是否影响如实供述的认定。

根据《最高人民法院关于审理交通肇事刑事案件具体应用法律若干问题的解释》第三条的规定，关于被告人的行为是否属于交通肇事后逃逸，是指行为人具有本解释第二条第一款规定和第二款第（一）至（五）项规定的情形之一，在发生交通事故后，为逃避法律追究而逃跑的行为。结合《中华人民共和国道路交通安全法》第七十条关于交通事故处理的规定，交通肇事逃逸是为了逃避法律的追究或救助伤者的义务。因此，根据主客观相统一原则，逃逸行为应具备以下特征：(1) 在客观方面，实施了阻碍确认交通肇事人的行为，如逃离现场、给予假的联系方式、姓名等。(2) 在主观方面，首先要明知事故的发生；其次是为了逃避法律的追究或救助伤者的义务。

本案中，在客观方面，被告人李挺某在事故发生后驾车离开了事故现场。在主观方面，一方面案发当天被告人李挺某接受询问时称其开车时精神状态良好，视力正常，且明确知道其驾车左转弯时被害人驾驶的三轮摩托车在其车前冲过摔倒，即被告人李挺某明知发生了交通事故。另一方面被告人李挺某在会车时采取了刹车的制动措施，两车仍有刮擦，被告人李挺某辩解未感觉到两车有碰到，但明知事故发生时两车处于会车状态，且应当知道对方车辆侧翻与两车会车有关。机动车驾驶人在发生交通事故后，应当立即停车、保护现场、立即抢救受伤人员并及时报案。被告人李挺某知道或者应当知道其系事故相关方，却驾车驶离现场，没有主动留下任何可以识别其身份的信息，明显是为逃避可能承担的法律责任。

关于被告人对其驾车离开事故现场之行为的辩解是否影响如实供述的认定有两种不同的观点：一种观点认为，被告人关于自己离开事故现场的原因辩解为认为交通事故与自己无关才离开的，在主观上存在故意隐瞒其逃逸的事实，未能如实供述犯罪主要事实。另一种观点认为，被告人虽然对其离开事故现场是为逃避法律追究予以否认，但并未对其离开事故现场的行为予以否认，不影响逃逸事实的认定，构成如实供述。

实务中之所以存在以上不同的观点，是因为未能正确认识如实供述与被告人辩解之间的关系。如实供述是指被告人应交代主要犯罪事实及对定罪量刑有重要影响的身份信息。主要犯罪事实是指已供述的内容与刑法中具体犯罪的构成要件要素相对应的事实，具体到交通肇事罪，则需要供述的内容为交通肇事的主体，出于过失致使交通事故发生，导致他人人身、财产遭受侵害的事实。对定罪量刑有重要影响的身份信息包括姓名、年龄、职业、地址、前科等。被告人辩解是被告人对控告的犯罪事实所作的申辩与解释，是法律赋予被告人的权利，是维持控辩双方势力平衡，实现司法公正的要求。被告人的辩解分为正当辩解和不正当辩解。正当辩解是被告人基于自己的认知对犯罪行为进行的价值判断，不正当辩解是被告人为逃避或减轻法律制裁，故意歪曲或隐瞒犯罪事实，本质上是一种狡辩，翻供是最典型的不正当辩解。如实供述与被告人辩解的关系。根据《最高人民法院关于被告人对行为性质的辩解是否影响自首成立问题的批复》，被告人对行为性质的辩解不影响自首的成立，即被告人对行为性质的辩解不影响如实供述的认定。被告人对行为性质辩解展现的共性：一是被告人做出辩解前，其已自动投案并如实供述自己的罪行；二是被告人辩解的对象是行为性质与主要犯罪事实以外的事实，对于行为性质而言，其主张自己无罪或将此罪辩为彼罪，对于其他犯罪事实而言，其对犯罪目的、动机等对定罪量刑没有重要影响的事实予以辩解；三是被告人主张存在正当防卫、紧急避险等违法阻却事由或将重罪辩为轻罪，但法官仍可结合案件证据认定被告人的行为性质；四是被告人所作的辩解受认知能力、价值观念的制约。

本案中，应认定被告人如实供述了自己的罪行，理由如下：一方面，被告人在辩解前已如实供述了犯罪的主要事实。被告人投案后在侦查阶段的3次询问笔录、3次讯问笔录，均承认在与被害人近距离会车的过程中有看到被害人驾驶车辆失控侧翻而其未停车察看，因此，被告人的供述可以认定被告人驾车与被害人驾车进行了近距离的会车，且在会车后被害人驾驶的车辆失控侧翻，被告人未停车察看的事实。而根据本案的痕迹鉴定报告显示被告人所驾驶车辆出现右前雾灯右侧附近减层刮擦痕迹，可以证明因被告人车辆与被害人车辆存在轻微的刮擦，导致被害人车辆失控侧翻的事实，造成被害人当场死亡及车辆损坏的后果，足以认定被告人已构成交通肇事罪，并且存在逃逸的情节。另一方面，被告人辩解的对象是行为性质。在本案中，被告人的辩解是针对其离开事故现场的原因而非其是否有离开事故现场。从本案侦查阶段开始，至二审终审结束，被告人均未对其在发现被害人车辆侧翻时驾车离开的行为予以否认，被告人辩解的"当时车速较慢、未感觉有撞击、以为已成功避让、为避免麻烦才驾车离开现场"对其离开现场原因的辩解，是案件发生时被告人的主观认识，属对其离开事故现场行为性质的辩解，不影响本案交通肇事后逃逸情节的认定。

编写人：福建省厦门市海沧区人民法院　牟燕　杨惠美

8

企业内部分工不能免除作为投资人及法定代表人对企业安全生产全面负责的职责

——田某平重大劳动安全事故案

【案件基本信息】

1. 裁决书字号

福建省三明市中级人民法院（2018）闽04刑终245号刑事裁定书

2. 案由：重大劳动安全事故罪

【基本案情】

田某平系大田某建材公司（经营范围为石灰的生产和销售）法定代表人、投资人，该公司自生产以来，未设置安全生产管理机构，未配备安全生产专职管理人员，安全生产工作只停留在口头上，未制定安全生产操作规程和规章制度，未开展安全生产培训；未按照国家、省、市、县工作要求，开展有限空间条件确认工作，安全生产设施及安全生产条件均不符合国家规定。公司于2014年5月29日取得大田县环境保护局颁发的《排放污染物临时许可证》，有效期至2014年12月31日，但公司在临时排污许可证到期未办理新的排污许可证的情况下，仍然擅自不定时生产。2017年2月1日，田某平委托技术总监田某里全权代表其处理公司生产及安全事宜。2017年3月1日，公司内部达成承包协议，由田某里和柯某哲（厂长）承包生产作业和承担安全事故、劳资纠纷等事宜，田某平只负责销售，不再履行法定代表人职责，但始终未向工商部门进行变更登记。2017年4月17日，当地镇政府发现该公司未取得排污许可证进行生产，即于同日发出责令立即停止生产书面通知，田某平作为公司法定代表人签收该通知。2017年5月11日下午，公司停产整修，由田某里组织柯某哲、田某宽（窑工）等人对石灰窑窑底渣料进行清理，因田某里安全意识淡薄，违反有限空间作业规定，未“先通风、再检测、后作业”，未佩戴个人防中毒窒息等防护装备等措施进入石灰石窑内检修作业，其间田某宽违章指挥关闭除尘系统的引风机，导致大量一氧化碳气体在石灰石窑口与窑顶平台构成的有限空间内积聚，造成田某里、柯某哲、田某宽三人先后因吸入大量一氧化碳有毒气体中毒死亡，而路过的上京镇村民田某穗听到呼救后未采取任何安全防护措施即到窑顶参与施救，后也窒息死亡。经事故调查，除认定田某里、柯某哲、田某宽系事故直接责任人员外，还认定该公司违反环保法律法规，在排放污染物临时许可证失效被当地政府责令停产期间仍擅自违法生产，公司安全生产主体责任严重不落实等，被告人田某平作为公司法定代表人，未履行法定代表人、主要负责人的职责，对事故负有主要责任。

案发后，田某平自动投案，如实供述了自己的罪行，并分别向四名死者的近亲属各支付赔偿款人民币118万元，取得死者近亲属的书面谅解。

【案件焦点】

在企业内部承包期间，法定代表人将安全生产职责授权由其他股东行使，对所发生的重大劳动安全事故是否应承担刑事责任。

【法院裁判要旨】

福建省大田县人民法院经审理认为：被告人田某平作为公司的法定代表人、投资人，未按照《中华人民共和国安全生产法》的相关规定，履行其对本单位的安全生产工作全面负责的职责，导致公司生产管理混乱、未开展安全生产教育培训、未建立安全生产规章制度和操作规程、安全生产资金投入不足、未开展有限空间作业确认工作，且违反环保法律法规，在排放污染物临时许可证失效情况下仍擅自违法生产，安全生产设施和安全生产条件均不符合国家规定，因而发生多人死亡的重大伤亡事故，并对事故负有主要责任，属于刑法第一百三十五条所规定的“直接负责的主管人员”，其行为已构成重大劳动安全事故罪。虽然本起事故发生在股东田某里、柯某哲内部承包经营期间，但根据安全生产法的规定，应由生产经营单位对承包单位的安全生产工作统一协调、管理。也就是说，公司不能因为与田某里、柯某哲签定了内部承包协议就减轻自己在安全生产方面的责任，公司仍应对安全生产全面负责。法院同时还认定，死者田某穗是在事故发生后前往施救过程中毒身亡，其死亡后果与本案重大劳动安全事故不具有刑法上的因果关系，田某平不承担该后果的刑事责任。最后，法院综合考虑田某平有自首情节，并已对四名死亡被害人的近亲属进行赔偿并取得谅解，本起事故的发生系多个原因行为导致等情节，对其减轻处罚。依照《中华人民共和国刑法》第一百三十五条、第六十七条第一款及《最高人民法院、最高人民检察院关于办理危害生产安全刑事案件适用法律若干问题的解释》第三条、第七条第一款、第十三条的规定，作出如下判决：

被告人田某平犯重大劳动安全事故罪，判处有期徒刑一年六个月。

【法官后语】

2006年6月29日，第十届全国人大常委会第二十二次会议审议通过了刑法修正案（六），扩大了刑法第一百三十五条重大劳动安全事故罪的犯罪主体，考虑到安全生产设施、安全生产条件不符合国家规定一般都是单位行为（个体经营户仍是个人负责），将原条文中“直接责任人员”修改为“直接负责的主管人员和其他直接责任人员”，使应对重大伤亡事故负责的责任人员的范围更加明确。实践中，“直接负责的主管人员”包括生产经营单位的负责人、生产经营的指挥人员、实际控制人、投资人。

本案事故虽然发生在其他股东内部承包经营期间，但根据安全生产法的规定，应由生产经营单位对承包单位的安全生产工作统一协调、管理，更何况本案还是内部股东承包，因此，应由公司承担安全生产的全部责任。田某平不仅是公司的法定代表人，还是公司的投资人，有义务对本单位的安全生产负责，对本单位的劳动安全设施的配置和维护负全责，所谓的内部分工、授权并不能免除其对本单位安全生产负责的义务。

在当前的市场经济下，某些私营或民营企业片面追求经济效益，为了赚取更大的利润，在劳动安全设施方面投入不足，留下了极大的事故隐患，且心存侥幸，认为不会发生事故，但结果往往就是以牺牲工人的生命、财产安全为代价。因此，本案具有一定的警示作用。

编写人：福建省大田县人民法院　许剑萍

9

伤害行为致特殊体质被害人死亡性质的认定

——王某过失致人死亡案

【案件基本信息】

1. 裁判书字号

福建省厦门市中级人民法院（2018）闽02刑终687号刑事附带民事裁定书

2. 案由：过失致人死亡罪

【基本案情】

2016年7月5日17时许，寇洪某及其家人与西瓜摊主刘四某发生肢体冲突。刘四某遂打电话叫来其丈夫王某。王某到场后先打被害人寇洪某脸部一巴掌，接着两人徒手扭打。打斗中，王某拳击寇洪某头部、胸部、腹部等处，后二人被路人劝开，被害人寇洪某独自走到路边人行道上并缓慢倒地，经送医抢救无效死亡。经鉴定，被害人寇洪某系因外伤、争吵、情绪激动等因素诱发其所患冠状动脉发育不良伴粥样硬化斑块形成的心脏病急性发作致急性心功能不全死亡。案发后，群众报警，王某在现场等候处理，如实供述上述犯罪事实。起诉认为，被告人王某因琐事与寇洪某发生纠纷并对其进行殴打，应当预见可能造成被害人伤亡的风险，但由于疏忽大意没有预见，过失致被害人死亡，其行为已触犯《中华人民共和国刑法》第二百三十三条，应以过失致人死亡罪追究其刑事责任。

【案件焦点】

被告人王某是否构成过失致人死亡罪。

【法院裁判要旨】

福建省厦门市海沧区人民法院经审理认为：在案证据证明寇洪某摔刘四某西瓜摊上的西瓜，引发刘四某与其发生肢体冲突，刘四某抓、挠寇洪某手臂，寇洪某等人对刘四某进行殴打，寇洪某脚踹刘四某，将刘四某踹倒。第二阶段被告人王某与被害人寇洪某徒手互殴，被告人王某供述击打过被害人寇洪某头部、胸部、腹部等处。证人汪某、廖翠某等人证言亦证明，被告人王某有击打被害人寇洪某头面部。经鉴定，被害人寇洪某仅头部就有左侧颞部帽状腱膜下出血、右侧颞部帽状腱膜下出血、右颞肌中部出血三处伤情，系受两次钝性外力形成，该头部皮下出血损伤多处构成轻微伤，上述证据可以认定被告人王某在与被害人寇洪某徒手互殴期间，已造成被害人轻微伤的后果。被告人王某虽不知被害人寇洪某患有心脏病，也预见不到寇洪某患有心脏病，但应当预见击打他人头部可能导致他人伤亡的危害结果而没有预见，在主观方面属于疏忽大意的过失。经鉴定，被害人寇洪某系因外伤、争吵、情绪激动等因素诱发其所患冠状动脉粥样硬化性心脏病急性发作致急性心功能不全死亡，被告人王某与被害人寇洪某短暂互殴即造成被害人轻微伤，外伤系被害人死亡的诱因之一，被告人王某的行为与被害人的死亡结果之间具有刑法上的因果关系，其行为构成过失致人死亡罪。

福建省厦门市海沧区人民法院依照《中华人民共和国刑法》第二百三十三条、第六十七条第一款、第三十六条第一款，《中华人民共和国侵权责任法》第六条第一款、第二十六条，《最高人民法院关于适用〈中华人民共和国刑事诉讼法〉的解释》第一百五十五条第一款、第二款及《最高人民法院关于审理人身损害赔偿案件适用法律若干问题的解释》第十七条第一款、第三款、第二十七条、第二十八条、第二十九条之规定，作出判决如下：

一、被告人王某犯过失致人死亡罪，判处有期徒刑二年二个月；

二、被告人王某应于本判决生效之日起十日内赔偿附带民事诉讼原告人寇兴某、徐士某、廖翠某、寇哲某、寇芸某经济损失人民币379191元（已缴纳20000元）；

三、驳回附带民事诉讼原告人寇兴某、徐士某、廖翠某、寇哲某、寇芸某的其他诉讼请求。

附带民事诉讼原告人寇兴某、徐士某、廖翠某、寇哲某、寇芸某及被告人王某对原审判决结果不服提起上诉。福建省厦门市中级人民法院经审理同意一审法院裁判意见，依照《中华人民共和国刑事诉讼法》第二百二十五条第一款第一项的规定裁定如下：

驳回上诉，维持原判。

【法官后语】

过失犯罪是指行为人应当预见自己的行为可能发生危害社会的结果，因为疏忽大意而没有预见或者已经预见而轻信能够避免的心理态度。其中疏忽大意的过失有以下两个特征：（1）行为人应当预见自己的行为可能发生危害社会的结果，所谓“应当预见”，包括行为人有预见的义务、行为人当时有预见的能力；（2）行为人因疏忽大意而没有预见自己的行为可能发生危害后果。意外事件，是指行为在客观上虽然造成了损害结果，但不是出于行为人的故意或者过失，而是由于不能预见的原因所引起的。所谓“不能预见的原因”，是指行为人没有预见，而且根据当时客观情况和行为人的主观认识能力，也不可能预见的原因。

疏忽大意过失和意外事件的区别在于行为人对危害结果的发生是否应当预见。在意外事件中，对危害结果的发生是不可能预见的；在疏忽大意过失中，对危害结果的发生是应当预见并且能够预见，只是由于疏忽大意而没有预见到。

笔者认为在伤害行为致特殊体质被害人死亡的情况下，判断行为人的行为属疏忽大意过失还是意外事件，在具体实践操作中可从因果关系、伤害的方式、部位及所造成的损伤程度、行为人是否具有预见的能力和义务三大方面来做综合分析。

从因果关系看，在被害人存在特殊体质的伤害类案件中，行为人的行为往往不是被害人死亡的直接原因，而是促发被害人自身疾病的诱因，此时是否应当肯定行为人的行为与被害人死亡结果之间的因果关系在一定程度上也影响案件的整体判断。本案经鉴定，被害人寇洪某系因外伤、争吵、情绪激动等因素诱发其所患冠状动脉粥样硬化性心脏病急性发作致急性心功能不全死亡，被告人王某与被害人寇洪某短暂互殴即造成被害人轻微伤，外伤系被害人死亡的诱因之一，因此，被害人死亡虽系多因一果，但被告人王某的行为与被害人的死亡结果之间具有刑法上的因果关系。

从被害人损伤情况看，结合打击器械、打击部位、打击形式等因素综合判断行为人的伤害程度。本案经鉴定，寇洪某仅头部就有左侧颞部帽状腱膜下出血、右侧颞部帽状腱膜下出血、右颞肌中部出血三处伤情，系受两次钝性外力形成，该头部皮下出血损伤多处构成轻微伤，上述证据可以认定王某与寇洪某徒手互殴期间，已造成被害人轻微伤的后果，且王某虽无持械，但其击打寇洪某的部位主要在其头部。

从行为人的预见力看，判断行为人对被害人的死亡结果是否存在预见可能性，不能仅以是否明知被害人的特殊体质为依据，而是应当从行为人的客观行为判断其主观故意。本案中，被告人王某虽不知被害人寇洪某患有心脏病，也预见不到寇洪某患有心脏病，但其作为一名成年人应当预见人体头部属于要害部位，击打他人头部可能导致他人伤亡的危害结果，并且本案中其击打被害人头部还造成了多处轻微伤，证明其击打力度也达到一定伤害程度。

综上，本案被告人王某因琐事与他人互殴，在互殴中击打他人头部等部位，致他人轻微伤，并诱发他人疾病发作而致死，系因过失行为导致他人死亡的后果，其行为已构成过失致人死亡罪。

编写人：福建省厦门市海沧区人民法院　牟燕　陈淑芳

10

组织卖淫时间短也不影响组织卖淫罪的认定

——陆入某组织卖淫案

【案件基本信息】

1. 裁判书字号

新疆维吾尔自治区乌鲁木齐市天山区人民法院（2018）新0102刑初126号刑事判决书

2. 案由：组织卖淫罪

【基本案情】

2017年5月，陆入某组织卖淫女邢燕某、胡远某、罗祥某三人在新疆维吾尔自治区乌鲁木齐市如意酒店、百花村国际酒店进行卖淫活动。其间，被告人要求邢燕某、胡远某、罗祥某分别在上述酒店开好房间，被告人则通过微信搜索附近的人的方式联系嫖客，并通过规定卖淫时间、卖淫内容、卖淫价格、确定卖淫分成等方式控制和管理三名卖淫人员实施有组织的卖淫活动。2017年6月1日，公安机关在百花村国际酒店将涉嫌卖淫的三名卖淫女抓获，根据线索于2017年6月5日将被告人抓获。

【案件焦点】

对组织卖淫时间较短，尚未形成一定规模的能否认定为组织卖淫罪。

【法院裁判要旨】

新疆维吾尔自治区乌鲁木齐市天山区人民法院经审理认为：被告人陆入某采用纠集的手段，控制、管理三名卖淫女从事卖淫活动，其行为已构成组织卖淫罪。公诉机关指控的犯罪事实清楚，证据确实充分，指控罪名成立，本院予以支持。被告人及辩护人所持被告人未采取纠集手段，没有组织、管理、控制卖淫女，系介绍卖淫而非组织卖淫的意见与在案证据不符。在本案中，被告人经过前期的摸底和策划，将原本身处不同省份的三名卖淫女纠集到本市，将分散的卖淫行为进行集中管理，具有纠集性质。在案三名卖淫女的证言清晰、稳定，有关卖淫场所的选择、卖淫内容、嫖资价格及分成比例的确定均明确系被告人规定，与被告人在侦查阶段的供述在细节方面完全吻合，结合微信聊天记录、转账记录，可以形成完整的证据锁链，证实被告人对三名卖淫女的卖淫行为进行管理和控制。三名卖淫女虽然以不同的时间和方式来到本市，但到本市后即按照被告人的指示到指定酒店开房，按被告人确定的卖淫内容实施卖淫活动，形成稳定的卖淫团伙，继而按被告人确定的分成比例与被告人分成。被告人负责协调、确定卖淫场所，规定卖淫的内容、嫖资标准及分成比例，对卖淫女的卖淫行为进行统一管理，具有组织、管理和控制性质。被告人陆入某明知自己是在实施组织他人卖淫的行为，并且明知这种行为会造成危害社会的结果，从中牟取暴利，构成组织卖淫罪而非单纯的介绍卖淫罪，应当依照我国刑法组织卖淫罪的相关规定予以惩处。依照《中华人民共和国刑法》第三百五十八条第一款之规定，判决如下：

被告人陆入某犯组织卖淫罪，判处有期徒刑五年，并处罚金人民币30000元。随案移送的作案工具OPPO手机一部，予以没收。

【法官后语】

本案处理的重点在于组织卖淫罪与介绍卖淫罪的区别，对于组织卖淫时间较短的行为，如何认定的问题。组织卖淫罪体现为对卖淫人员和卖淫活动的组织、管理、控制。介绍卖淫主要是指在卖淫者和嫖客之间牵线搭桥、沟通撮合，使他人的卖淫活动得以实现，俗称“拉皮条”，对卖淫者不存在管理和控制属性。本案中，被告人经过前期的摸底和策划，将原本身处不同省份的三名卖淫女纠集到本市，将分散的卖淫行为进行集中管理，具有纠集性质。三名卖淫女虽然以不同的时间和方式来到本市，但到本市后即按照被告人的指示到指定酒店开房，按被告人确定的卖淫内容、价格实施卖淫活动，形成稳定的卖淫团伙，继而按被告人确定的分成比例与被告人分成。被告人负责协调、确定卖淫场所，规定卖淫的内容、嫖资标准及分成比例，对卖淫女的卖淫行为进行统一管理，具有组织、管理和控制性质。虽然组织卖淫的时间较短，被公安机关及时打击，但其性质仍然属于组织卖淫而非介绍卖淫。法院依法作出如上判决。

编写人：新疆维吾尔自治区乌鲁木齐市天山区人民法院　王振国

11

一般正当防卫的认定

——李某被控故意伤害宣告无罪案

【案件基本信息】

1. 裁判书字号

云南省文山州中级人民法院（2017）云26刑终207号刑事裁定书

2. 案由：故意伤害罪

【基本案情】

云南省文山州中级人民法院经审理查明：2016年12月1日14时，李某因与女朋友章某谈恋爱分手，打电话叫章某到文山市开化街道办事处河滨路淘宝女人街被告人李某母亲的商店内收理章某自己卖剩的衣服等物品。在收理衣物过程中，李某叫章某将她的东西全部收走，章某说有些东西不要了。李某将章某不要的几个小手包丢出商店，一个小手包打在与章某一起去收衣物的凌某身上，于是两方发生争吵。后章某、凌某二人带着收好的衣物来到淘宝女人街楼下入口处，章某、凌某二人分别打电话叫自己的男朋友过来。随后章某的男朋友王某（王进）与黄某超（小超）骑摩托车先到，凌某的男朋友魏某（小名杨某）步行到达，后五人到被告人李某母亲的商店内将李某叫到淘宝女人街楼下案发现场，就李某丢手包打着凌某一事，魏某要求李某向凌某道歉，因此双方发生争执。在争执过程中，即李某母亲张某来到现场之时，魏某先动手对李某的头部连续击打三拳，王某跳起来用脚踢打李某后腰部以及用拳头击打李某的头部，"小超"、凌某二人也参与对被告人李某进行殴打，并且"小超"手里拿着一把用刀壳包着的匕首（尼泊尔刀），李某母亲张某在旁进行拉劝。在魏某、王某等人对李某欧打过程中，李某被王某踢倒从地上爬起来，魏某从李某正面来勒其脖子，两人面对面抱在一起扭打，被告人李某用水果刀刺了魏某背部一刀。魏某、王某、"小超"、凌某四人继续对李某进行殴打，李某被魏某从后面抱住，在挣扎中二人摔倒在地上，魏某抢过李某手中的刀捅了李某的背部一刀。二人在地上扭打中魏某手中的刀甩出落在王某脚边，被告人李某挣脱爬起来跑离现场，魏某冲过去捡刀，刀被王某捡起拿着。魏某、凌某遂向李某跑离的方向追撵。李某跑到淘宝女人街一商店内躲藏并打电话给其父亲报警。经鉴定，魏某的伤情为重伤二级，李某的伤情为轻微伤。

【案件焦点】

正当防卫中防卫限度的合理分析。

【法院裁判要旨】

云南省文山州文山市人民法院经审理认为：李某的行为构成正当防卫，依照《中华人民共和国刑法》第二十条第一款、第三款，《中华人民共和国刑事诉讼法》第一百九十五条第二项，《最高人民法院关于适用〈中华人民共和国刑事诉讼法〉的解释》第二百四十一条第一款第三项、第一百五十四条之规定，判决如下：

一、被告人李某无罪；

二、被告人李某不承担民事赔偿责任。

一审宣判后，检察机关提出抗诉，附带民事诉讼原告人魏某提出上诉，云南省文山州中级人民法院经审理认为，一审判决并无不当，依法裁定：

驳回抗诉、上诉，维持原判。

【法官后语】

《中华人民共和国刑法》第二十条的规定将正当防卫分类为一般正当防卫和特殊正当防卫。特殊正当防卫主要针对的是严重危及人身安全的暴力犯罪，不存在防卫过当的问题；而一般正当防卫针对的是其他类型的犯罪，对于一般防卫则具有防卫限度的规定。在本案中，被告人李某所遭遇的围殴并不属于行凶、杀人等严重威胁其生命安全的不法侵害，故其行为应从一般正当防卫的角度进行分析。

正当防卫系法律赋予受到不法侵害者的有力武器，从“法不强人所难”的法律基本原则，结合正当防卫的法条字面和立法本意来看，正当防卫的规定的理解和适用应当侧重于保护防卫实施人的合法权益免受不法侵害，同时对一般正当防卫行为在防卫时间、防卫限度、防卫对象上进行限定，避免防卫行为被滥用。

在本案中，李某在双方人数、力量对比悬殊的情况下，在遭受围殴过程中（其本人受轻微伤）持刀进行自卫并将魏某刺致重伤的行为，并不能简单地以魏某重伤的受损程度显然高于李某轻微伤来认为李某的行为不构成正当防卫或是超出了必要限度。在遭受多人围殴这一自身法益正在受到不法侵害的紧急情况下，李某不借助一定工具显然不足以实现防卫目的，因此其持刀的防卫手段并未超出防卫手段的限度，此外，在当时的情况下，李某的人身权益已经处于危险之中，如果苛求李某必须准确地掌握运用刀具致伤的程度不得超过其自身所受之伤害程度，显然也违背了客观实际。综上，李某防卫行为的对象是不法侵害行为的实施者，持刀防卫时间也处于不法侵害正在进行的过程之中，在紧急状况下实施的防卫的行为造成多名不法侵害者中的一人重伤，未造成多人受伤或者不法侵害者死亡，并未超过必要的限度，对其行为依法认定为正当防卫符合立法原意，也能较好实现刑法保护法益、惩治犯罪的目标和任务。

编写人：云南省文山州文山市人民法院　陈浩

12

非法经营烟叶行为在无法查清销售、购买价格情形下的涉案数额认定

——雷某某等非法经营案

【案件基本信息】

1. 裁判书字号

广东省茂名市中级人民法院（2017）粤09刑终143号刑事判决书

2. 案由：非法经营罪

【基本案情】

2015年1月19日，雷某某、赵某某、刘某、王某合伙拉烟叶到广东省茂名市，

在等待买家时被抓获，现场查扣了车牌号码赣 CK3×××大货车一辆及烟叶一车，烟叶的重量为 10660 公斤。经茂名市发展和改革局价格认证中心鉴定被查扣的烟叶价格为 42 元每公斤，总价值为人民币 447720 元。经广东省质量监督烟草检验站检验被查扣的烟叶样品为陈烟、初烤烟，等级为不列等级占 100%，不列级的样品已经霉变，无使用价值。

【案件焦点】

涉案烟草价格的认定应如何适用法律法规，雷某某等人非法经营的行为是否达到刑事追究责任的标准。

【法院裁判要旨】

广东省茂名市茂南区人民法院经审理认为：被告人雷某某、刘某、赵某某、王某违反国家烟草专卖管理法律法规，未经烟草专卖行政主管部门许可，在未取得烟草专卖准运证的情况下非法运输烟草专卖品，价值人民币 447720 元，扰乱市场秩序，情节特别严重，其四人的行为均已构成非法经营罪。关于烟叶价格问题，四被告人及三辩护人提出认为烟叶价格认定不合理及不合法的意见。经查，根据《最高人民法院、最高人民检察院关于办理非法生产、销售烟草专卖品等刑事案件具体应用法律若干问题的解释》（以下简称《两高解释》）第四条、《广东省烟草专卖局关于发布 2015 年度全省涉案烟草专卖品价值估算的价格计算标准及有关事项的通知》（以下简称《通知》）中第二条的规定，本案中由于被查扣的烟叶无法查清销售或者购买的价格，所以对于查获的烟叶价格只能按照查获地广东省省级烟草专卖行政主管部门出具的上年度烤烟平均基准价格（2140.50 元/50 公斤）计算，被查扣烟叶的价格为人民币 447720 元，已经达到了非法经营罪的追诉标准，该四名被告人的行为均已经构成非法经营罪。

广东省茂名市茂南区人民法院依照《中华人民共和国刑法》第二百二十五条第一项，第二十五条第一款，第二十六条第一款、第四款，第二十七条，第六十七条第一款，第五十二条，第五十三条，第六十四条以及《两高解释》第三条第二款第一项，第四条第二项之规定，作出如下判决：

一、被告人雷某某犯非法经营罪，判处有期徒刑五年，并处罚金人民币二万元；

二、被告人刘某犯非法经营罪，判处有期徒刑三年，并处罚金人民币一万元；

三、被告人赵某某犯非法经营罪，判处有期徒刑二年，并处罚金人民币一万元；

四、被告人王某某犯非法经营罪，判处有期徒刑二年，并处罚金人民币一万元；

五、扣缴的10660公斤烟叶（该烟叶在茂名市烟草专卖局保管，未随案移送），由扣押机关依法处理；

六、扣押的车牌号码为赣CK3×××大货车一辆，发还给车辆所有人江西省高安汽运集团大发汽运有限公司。

雷某某、刘某、赵某某持原审辩解提出上诉。广东省茂名市中级人民法院经审理认为：上诉人雷某某、刘某、赵某某、王某某违反国家烟草专卖管理法律法规，未经烟草专卖行政主管部门许可，收购烟叶到茂名市销售，扰乱市场秩序，非法经营烟叶数额价值人民币447720元，属于情节特别严重，其四人的行为均已构成非法经营罪。原审判决定罪准确，主从犯认定正确，量刑适当，本应维持，但广东省茂名市茂南区人民法院（2016）粤0902刑初146号刑事判决在本院发回重审后，在没有新的证据事实的情况下，重新作出的（2016）粤0902刑初386号判决对各被告人提高了罚金刑。违反《中华人民共和国刑事诉讼法》第二百二十六条第一项“第二审人民法院审理被告人或者他的法定代理人、辩护人、近亲属上诉的案件，不得加重被告人的刑罚。第二审人民法院发回原审人民法院重新审判的案件，除有新的犯罪事实，人民检察院补充起诉的以外，原审人民法院也不得加重被告人的刑罚”的规定，应予以纠正。

广东省茂名市中级人民法院依照《中华人民共和国刑事诉讼法》第二百二十五条第一款第二项、第二百二十六条第一款之规定，作出如下判决：

一、维持广东省茂名市茂南区人民法院（2016）粤0902刑初386号刑事判决第五项、第六项；

二、撤销广东省茂名市茂南区人民法院（2016）粤0902刑初386号刑事判决第一项、第二项、第三项、第四项；

三、上诉人雷某某犯非法经营罪，判处有期徒刑五年，并处罚金人民币一万元；

四、上诉人刘某犯非法经营罪，判处有期徒刑三年，并处罚金人民币八千元；

五、上诉人赵某某犯非法经营罪，判处有期徒刑二年，并处罚金人民币八千元；

六、原审被告人王某某犯非法经营罪，判处有期徒刑二年，并处罚金人民币五千元。

【法官后语】

本案涉案烟叶的销售价格和购买价格无法查明，根据《两高解释》第四条规定："非法经营烟草专卖品，能够查清销售或者购买价格的，按照其销售或者购买的价格计算非法经营数额。无法查清销售或者购买价格的，按照查获地省级烟草专卖行政主管部门出具的上年度烤烟调拨平均基准价格计算。"《通知》第二项规定："涉案烟叶、烟梗及烟丝价格计算标准是2014年度全省烤烟调拨平均基准价格2140.50元/50公斤计算"，明确在无法查清销售或者购买价格的情况下的计算标准。经茂名市发展和改革局价格认证中心依法鉴定，涉案烟叶为42元每公斤，总价值为人民币447720元。由于上述司法解释和规定并不要求对非法经营的涉案烟草进行质量鉴定，因此，本案涉案的烟叶本身的品质如何，并不是本案考量的主要方向。

本案罪与非罪的争论，最核心的争论焦点是《关于被查扣烟叶的价格鉴定意见书》（以下简称《意见书》）的合法性问题。有些观点认为，本案涉案烟叶经抽取实物检验结论"均为不列等级占100%，属于废烟叶"，价格鉴定机构如依照《涉烟案件物品价格鉴定操作规范》（以下简称《规范》）的规定对涉案烟叶进行价格鉴定更为合理，现《意见书》依照《两高解释》规定所作价格结论过高，与现实不符。针对上述观点，我们首先需要厘清上文所提的《规范》与《两高解释》两者之间的效力比较。《两高解释》由最高人民法院、最高人民检察院联合公布施行，根据《中国人民共和国刑法》有关规定，就办理非法生产、销售烟草专卖品等刑事案件具体应用法律若干问题作出解释，其效力等同于它所解释的《中国人民共和国刑法》效力；《规范》由国家发展与改革委员会价格认证中心于2013年7月9日出台，属于行政规范性文件。由此可见，《两高解释》的效力高于《规范》。《规范》之中"不列等级烟叶按照下等、低次等级的平均调拨价格计算；无使用价值或废弃霉变烟叶按照低次等级（GY2）的平均调拨价格计算”的规定，与《两高解释》第四条、《通知》第二条的规定存在冲突。在这种情况下，由于《两高解释》的效力高于《规范》，本案关于涉案烟叶的价格鉴定标准应以《两高解释》的规定为准。

另外，应该如何考量广东省质量监督烟草检验站对本案被查扣的烟叶样品的检验结论，也是本案争议较多的一个焦点。广东省质量监督烟草检验站的检验结论为“陈烟、初烤烟，等级为不列等级占100%，不列级的样品已经霉变，无使用价值”。也就是说，涉案烟草实际上是霉变废烟，“无使用价值”。根据《两高解释》的规定，相关的法律法规并不要求对非法经营的涉案烟草进行质量鉴定，非法经营的涉案数额是根据行为付出的对价计算出来的，或者按照主管部门出台的统一标准计算出来的，这种计算并不考虑也不能反映涉案烟叶的使用价值，只能反映出涉案烟叶的法律价值。因此，我们认为，本案涉案烟叶的实际品质，并不影响非法经营罪的犯罪构成，不是本案考量的主要方向。

编写人：广东省茂名市中级人民法院　梁倍宁

13

非法收购、出售《濒危野生动植物种国际贸易公约》（CITES）保护动物的情节认定

——黄某等非法收购、出售珍贵、濒危野生动物案

【案件基本信息】

1. 裁判书字号

广东省广州市中级人民法院（2017）粤01刑终1835号刑事判决书

2. 案由：非法收购、出售珍贵、濒危野生动物罪

【基本案情】

2012年至2013年，黄某从广州市荔湾区芳村花鸟鱼艺大世界市场等地收购红

尾蚺8条、球蟒2条，再以收购的红尾蚺6条分别交换得球蟒2条、网纹蟒2条以及杜氏蚺2条，以用作饲养和销售，并将前述动物放置在广州市荔湾区浣花西路芬芳街76号6××房内，由郭某、黄某强协助饲养。

随后，黄某于2012年至2016年，在“爬行天下”论坛里，通过其注册的实名商家“恒宇爬宠”及其他账户发帖、跟帖，并在微信、QQ等网络平台发布前述动物的饲养、交易信息，以招揽客户。其中，2012年4月，黄某以人民币13000元的价格，向客户方某（另案处理）销售红尾蚺4条。2015年9月3日，黄某以人民币900元的价格，向微信上的客户“爬杨石良一哥红”（另案处理）销售红尾蚺幼体1条，并指使郭某与该客户现场交收。2015年9月11日，黄某通过邮寄的方式，以人民币3500元的价格，向微信上的客户“张某”（另案处理）销售红尾蚺成体1条。

2016年11月24日，黄某强在广州市荔湾区浣花西路芬芳街76号6××房被民警抓获，当场被查获杜氏蚺2条（经鉴定，该动物被列入《濒危野生动植物种国际贸易公约》附录一）、球蟒2条、网纹蟒2条、红尾蚺17条（经鉴定，上述三种动物均被列入《濒危野生动植物种国际贸易公约》附录二）、台式电脑主机1台、笔记本2本和快递单据8张等。随后，黄某在广州市海珠区革新路137号船舶太古酒店被民警抓获。2016年12月7日，被告人郭某经民警电话通知后，在亲属陪同下到案。

【案件焦点】

1. 涉案动物被列入CITES附录二，但司法解释附表中仅有同属或同科的国家一级保护野生动物，无同属或同科的国家二级保护野生动物，能否参照该国家一级保护野生动物认定标准执行；2. 涉案动物被列入CITES附录一、附录二，但司法解释附表中无同属或同科的国家一、二级保护野生动物，如何处理。

【法院裁判要旨】

广东省广州市荔湾区人民法院经审理认为：被告人黄某已构成非法收购、出售珍贵、濒危野生动物罪，应依法予以惩处。被告人郭某、黄某强已构成非法出售珍贵、濒危野生动物罪，应依法予以惩处。被告人郭某、黄某强协助出售红尾蚺的情节应认定为一般情节，两人在共同犯罪中起次要作用，是从犯，依法予以从轻处罚。被告人郭某接到公安机关通知后在亲属陪同下到案，如实供述自己的罪行，是自首，依法予以从轻处罚。三被告人如实供述自己的罪行，依法予以从轻处罚。综合本案的事实、性质、情节、社会危害程度及被告人的悔罪表现，依法对被告人郭某、黄某强予以从轻处罚并适用缓刑。

广东省广州市荔湾区人民法院依照《中华人民共和国刑法》第三百四十一条第一款，第六十七条第一款、第三款，第六十四条，第五十二条，第五十三条，第七十二条第一款、第三款，第七十三条第二款、第三款，第二十五条，第二十七条以及《最高人民法院关于审理破坏野生动物资源刑事案件具体应用法律若干问题的解释》第三条、第十条之规定，判决如下：

一、被告人黄某犯非法收购、出售珍贵、濒危野生动物罪，判处有期徒刑十年，并处罚金二万元；

二、被告人黄某强犯非法出售珍贵、濒危野生动物罪，判处有期徒刑一年，缓刑二年，并处罚金五千元；

三、被告人郭某犯非法出售珍贵、濒危野生动物罪，判处有期徒刑十个月，缓刑一年，并处罚金五千元；

四、依法扣押的蛇类、作案工具（详见扣押清单）予以没收。

黄某不服一审判决，提出上诉。广东省广州市中级人民法院经审理认为：鉴于涉案球蟒、网纹蟒被列入《濒危野生动植物种国际贸易公约》附录二，不能参照国家一级保护野生动物“蟒”的认定标准执行，司法解释附表中亦无同属或同科的国家二级保护野生动物可供参照，涉案杜氏蚺、红尾蚺也无可供参考的国家一、二级保护野生动物，不能认定上诉人黄某属于“情节严重”或“情节特别严重”。上诉人黄某犯罪数量较少、获利不多，未造成大量珍贵、濒危野生动物死亡的严重后果，属犯罪情节较轻；同时还考虑到上诉人黄某在抓捕过程中无反抗，到案后如实供述自己的罪行，有坦白表现等法定酌定从轻情节，原审判处其有期徒刑十年，并处罚金二万元属量刑畸重，本院二审予以改判。综上，原审判决认定事实清楚，证据确实、充分，确定的罪名正确，审判程序合法，唯适用法律不当，对上诉人黄某的量刑过重，本院予以纠正。

广东省广州市中级人民法院依照《中华人民共和国刑法》第三百四十一条第一款，第二十五条，第二十七条，第六十七条第一款、第三款，第六十四条，第五十二条，第五十三条，第七十二条第一款、第三款，第七十三条第二款、第三款以及《最高人民法院关于审理破坏野生动物资源刑事案件具体应用法律若干问题的解释》第一条，《中华人民共和国刑事诉讼法》第二百二十五条第一款第二项之规定，判决如下：

一、维持原审判决第一项的定罪部分及第二项、第三项、第四项；

二、撤销原审判决第一项的量刑部分；

三、上诉人黄某犯非法收购、出售珍贵、濒危野生动物罪，判处有期徒刑一年十个月，并处罚金一万元。

【法官后语】

《最高人民法院关于审理破坏野生动物资源刑事案件具体应用法律若干问题的解释》（以下简称《解释》）第十条规定："非法猎捕、杀害、收购、运输、出售《濒危野生动植物种国际贸易公约》附录一、附录二所列的非原产于我国的野生动物'情节严重'、'情节特别严重'的认定标准，参照本解释第三条、第四条以及附表所列与其同属的国家一、二级保护野生动物的认定标准执行；没有与其同属的国家一、二级保护野生动物的，参照与其同科的国家一、二级保护野生动物的认定标准执行。"但该条如何适用，各地法院做法不一，导致严重的"同案不同判"现象，笔者结合本案作如下分析：

1. 非法收购、出售 CITES 附录二所列的非原产于我国的野生动物，但在司法解释附表中仅有同属或同科的国家一级保护野生动物，没有同属或同科的国家二级保护野生动物，能否参照该国家一级保护野生动物"情节严重""情节特别严重"的认定标准执行？如涉案球蟒、网纹蟒。第一种观点认为，应参照《最高人民法院、最高人民检察院、国家林业局、公安部、海关总署关于破坏野生动物资源刑事案件中涉及的 CITES 附录Ⅰ和附录Ⅱ所列陆生野生动物制品价值核定问题的通知》（以下简称《通知》）第二条"……如果仅有一种国家重点保护陆生野生动物的，应当参照该种国家重点保护陆生野生动物的同类制品价值标准核定"的规定执行，即参照该国家一级保护野生动物"情节严重""情节特别严重"的认定标准执行。第二种观点认为，根据 CITES 的定义，附录一的物种为若再进行国际贸易会导致灭绝的动植物，明确规定禁止其国际贸易，附录二的物种为目前无灭绝危机，管制其国际贸易的物种。可见，公约对附录一、附录二中物种的保护力度明显不同。《通知》亦明确："我国是《濒危野生动植物种国际贸易公约》(CITES) 缔约国，非原产我国的CITES附录Ⅰ和附录Ⅱ所列陆生野生动物已依法被分别核准为国家一级、二级保护野生动物。"故不能参照该国家一级保护野生动物"情节严重""情节特别严重"的认定标准执行，否则将造成量刑畸重，违背刑法谦抑理念。我们同意第二种观点。

2. 非法收购、出售CITES附录一、附录二所列的非原产于我国的野生动物，但在司法解释附表中没有同属或同科的国家一、二级保护野生动物，是否一概按照一般情形量刑？如涉案杜氏蚺、红尾蚺。第一种观点认为，应参照《通知》第一条的规定执行，即《解释》附表中没有同属或同科的国家一、二级保护野生动物的，可参照与其同目、同纲或同门的国家一、二级保护野生动物"情节严重""情节特别严重"的认定标准执行。否则会导致对部分附录二物种的保护力度明显大于附录一物种，与公约精神相悖。第二种观点认为，涉案动物虽被列入CITES附录一或附录二，但在《解释》附表中并无与其同属或同科的国家一、二级保护野生动物，无可供参考的"情节严重""情节特别严重"的认定标准，根据罪刑法定原则，不能认定属于"情节严重"或"情节特别严重"，仅能认定为一般情形。我们同意第二种观点。

编写人：广东省广州市中级人民法院　丁阳开　董广绪

14

集资诈骗罪与非法吸收公众存款罪的区别与认定

——何坤某等人非法吸收公众存款案

【案件基本信息】

1. 裁判书字号

新疆维吾尔自治区吐鲁番市中级人民法院（2018）新21刑终42号刑事判决书

2. 案由：非法吸收公众存款罪

【基本案情】

2014年5月20日，李矿某和何坤某、凌寿某三人在鄯善县成立鄯善县新城投资管理有限公司（以下简称投资公司），李矿某任法定代表人。投资总额为2000万元（实际投资未到位）。其中，李矿某1000万元，何坤某、凌寿某每人500万元，公司成立后并未营业。之后，被告人李治某找来被告人田战某入股，同时为了在鄯善县更好地开展工作，找来本地公安局退休干部侯剑某当挂名股东，并兼任法人。于2014年9月30日对公司法人、股东进行了变更。前法定代表人李矿某退股，将法人变更为侯剑某，李矿某的50%的股份转给田战某、（田战某自带10万元入股）侯剑某，（侯剑某挂名，实际股东为李治某）其余股东未变。

2014年10月，投资公司在未取得国家相关资质的情况下开始营业。即以承诺将钱代为投资至第三方公司，并承诺到期归还本息。如对方不能履行投资合同，由其公司代为履行。经营期间，由何坤某主要负责财务，即负责与投资人签订投资合同，并收取投资款。被告人李治某、田战某负责对外业务联系，被告人凌寿某没有具体分工，侯剑某主管考勤、开周会等行政事务。为拓展公司投资业务，2015年年初何坤某、李治某等曾组织公司部分业务员去河南洛阳一玻特种玻璃有限公司、西安汽车租赁公司进行投资考察，在投资考察没有结果的情况下，何坤某仍然以被考察公司的名义与多名投资人签订投资合同，非法吸收存款，并将吸收的存款存于自己的个人账户。其间，侯剑某因感觉该公司没有盈利以及家人多次劝阻不让其继续担任该投资公司法人，其于2015年3月左右申请退出，但公司至2015年4月17日才将公司营业执照法人变更为马树某。被告人凌寿某于2015年3月15日向公司退股。截至2017年7月案发时投资公司先后吸收不特定公众的存款324.9万元，已归还本息176.4万元，用于公司办公、房租、发投资人红利、支付工作人员工资及公司其他开销共计支出967632元，尚有148.5万元本金未归还。

截至一审宣判前，何坤某共计退回涉案款2万元人民币，李治某退回涉案款69万元人民币，田战某退回涉案款47.5万元人民币，凌寿某退回涉案款20万元人民币，侯剑某退回涉案款10万元人民币，共计148.5万元，即该案未退还被害人的本金148.5万元已全部退还（利息已于案发前先行支付）。

另外，河南洛阳市公安局出具证明，证明被告人田战某主动投案自首。鄯善县公安局出具证明，证明侯剑某在案发前主动到公安局如实说明自己参与非法吸收公众存款的事实。

【案件焦点】

被告人的行为构成非法吸收公众存款罪还是集资诈骗罪。

【法院裁判要旨】

新疆维吾尔自治区鄯善县人民法院经审理认为：被告人何坤某、李治某、田战某三人以非法占有为目的，虚构事实，骗取被害人投资款148.5万元，三被告人将所得集资款不用于生产经营，而是用于个人挥霍，给付利息，致使集资款不能返还，其三人的行为构成集资诈骗罪。被告人何坤某是首要分子，被告人李治某、田战某是股东，对犯罪行为明知，是犯罪团伙的骨干，案发后积极退赃。被告人田战某有自首情节，依法可酌情从轻处罚。被告人侯剑某、凌寿某的行为构成非法吸收公众存款罪。其中，被告人侯剑某参与非法吸收公众存款144万元，凌寿某参与非法吸收公众存款127万元，均属数额巨大。被告人侯剑某身为公安退休人员，在共同犯罪中利用其身份担任法定代表人，在该案中充当保护伞的作用，应当予以严惩。其自首是在案发以后，检察机关要求公安机关对其立案侦查之后，其自首不予认定。

根据五名被告人的认罪态度以及悔罪表现，依据《中华人民共和国刑法》第一百九十二条、第一百七十六条、第二十五条、第六十七条第一款、第六十四条之规定，判决如下：

一、被告人何坤某犯集资诈骗罪，判处有期徒刑十三年，并处罚金人民币三十万元；

[刑期从判决执行之日起计算。判决执行以前先行羁押的，羁押一日折抵刑期一日，即自2017年12月27日起至2030年11月29日止；（扣除先前羁押的27日）罚金于本判决发生法律效力后10日内缴纳。]

二、被告人李治某犯集资诈骗罪，判处有期徒刑十年，并处罚金人民币十万元；

（刑期从判决执行之日起计算，刑期起止日期以执行通知书为准。罚金于本判决发生法律效力后10日内缴纳。）

三、被告人田战某犯集资诈骗罪，判处有期徒刑十年，并处罚金人民币十万元；

（刑期从判决执行之日起计算，刑期起止日期以执行通知书为准。罚金于本判决发生法律效力后10日内缴纳。）

四、被告人凌寿某犯非法吸收公众存款罪，判处有期徒刑五年，并处罚金人民币八万元；

（刑期从判决执行之日起计算，刑期起止日期以执行通知书为准。罚金于本判决发生法律效力后10日内缴纳。）

五、被告人侯某平犯非法吸收公众存款罪，判处有期徒刑三年六个月，并处罚金人民币六万元；

（刑期从判决执行之日起计算，刑期起止日期以执行通知书为准。罚金于本判决发生法律效力后10日内缴纳。）

六、随案移送物品依法予以没收。

宣判后，五名被告人均依法提起上诉。

新疆维吾尔自治区吐鲁番市中级人民法院认为，现有证据无法证实何坤某、李治某、田战某三人的行为主观上有非法占有的目的，因此，鄯善县人民法院判定何坤某、李治某、田战某构成集资诈骗罪定性有误；上诉人凌寿某、侯剑平并未参与非法吸收公众存款的具体行为，在整个共同犯罪过程中起次要作用，系从犯，法定应当从轻减轻或者免除刑罚；凌寿某、侯剑平二被告庭审后主动退赔了投资人的损失，可以酌情从轻处罚。另外，侯剑平在案发后主动投案，并积极提供其他人的犯罪线索，应当认定为自首，依法可以从轻或减轻处罚。因此，一审法院判定凌寿某、侯剑平构成非法吸收公众存款罪定性准确，但量刑不当。二审法院根据《中华人民共和国刑法》第一百七十六条、第二十五条、第六十四条、第六十七条第一款、第七十二条，《中华人民共和国刑事诉讼法》第二百三十六条第二款之规定，判决如下：

一、撤销鄯善县人民法院（2017）新2122刑初306号刑事判决；

二、上诉人何坤某犯非法吸收公众存款罪，判处有期徒刑四年，并处罚金人民币三十万元；

（刑期从判决执行之日起计算。判决执行以前先行羁押的，羁押一日折抵刑期一日，即自2017年12月27日起至2021年11月30日止（扣除先前羁押的27日）。罚金于本判决发生法律效力后10日内缴纳。）

三、上诉人李治某犯非法吸收公众存款罪，判处有期徒刑三年，并处罚金人民币十万元；

（刑期从判决执行之日起计算，刑期起止日期以执行通知书为准。罚金于本判决发生法律效力后10日内缴纳。）

四、上诉人田战某犯非法吸收公众存款罪，判处有期徒刑三年，缓刑四年，并处罚金人民币十万元（罚金已缴纳）；

（缓刑考验期从本判决生效之日起计算。）

五、上诉人凌寿某犯非法吸收公众存款罪，判处有期徒刑二年，缓刑三年，并处罚金人民币八万元（罚金已缴纳）；

（缓刑考验期从本判决生效之日起计算。）

六、上诉人侯剑某犯非法吸收公众存款罪，免于刑事处罚；

七、随案移送物品、已上缴的涉案款项，由新疆维吾尔自治区鄯善县人民法院依法处理。

【法官后语】

非法吸收公众存款罪与集资诈骗罪两者的区别主要表现在犯罪的主观故意不同，即主观上是否具有非法占有目的。根据《最高人民法院关于审理非法集资刑事案件具体应用法律若干问题的解释》的规定，使用诈骗方法非法集资，具有下列情形之一的，可以认定为“以非法占有为目的”：集资后不用于生产经营活动或者用于生产经营活动与筹集资金规模明显不成比例，致使集资款不能返还的；肆意挥霍集资款，致使集资款不能返还的；携带集资款逃逸的；将集资款用于违法犯罪活动的；抽逃、转移资金、隐匿财产，逃避返还资金的；隐匿、销毁账目，或者搞假破产，假倒闭，逃避返还资金的；拒不交代资金去向，逃避返还资金的；其他可以认定非法占有目的的情形。

集资诈骗罪是指行为人采用虚构事实、隐瞒真相的方法意图永久非法占有社会不特定公众的资金，具有非法占有的主观故意；而非法吸收公众存款罪行为人只是临时占用投资人的资金，行为人承诺而且也意图还本付息。

结合本案，公诉机关指控被告人何坤某、李治某等构成集资诈骗罪，一审法院认为在现有的证据下，被告人何坤某、李治某、田战某的行为符合集资诈骗罪的构成要件，应当以集资诈骗罪追究被告人的刑事责任。

二审法院认为，现有证据不足以认定被告人何坤某等人具有非法占有客户投资款的故意，且在案发后，五位被告人将被害人的损失全部交至新疆维吾尔自治区鄯善县人民法院账户，用于归还被害人损失，根据其行为构成（非法吸收公众存款罪属于兜底性罪名，而集资诈骗罪属于重点打击对象）做出了五名被告人均构成非法吸收公众存款罪的有罪判决。

编写人：新疆维吾尔自治区鄯善县人民法院　索丽霞

15

聚众斗殴与故意伤害之区别

——林甲等人故意伤害案

【案件基本信息】

1. 裁判书字号

四川省叙永县人民法院（2018）川0524刑初151号刑事判决书

2. 案由：故意伤害罪

【基本案情】

2017年4月21日21时许，张甲、王某、韩某等人在叙永县叙永镇×××火锅店吃完饭结账时，因店方收银员操作失误，将一瓶“歪嘴郎酒”错算为“老郎酒”，致使消费金额多产生88元，收银员张乙前去处理未果，韩某等人要求店方老板出面解释。林甲作为该店老板前往处理，但其态度很不友好，也未给予合理解释及解决方案，张甲遂用粗话对林甲进行辱骂，于是林甲与张甲等人发生口角，林甲便打电话给堂兄弟被告人林丙、林乙等人，告知经营的店子发生事情，叫二人过来。然后，被告人林甲又走到张甲所在桌前和张甲等人争吵。之后，林甲将该店其中两扇大门关闭，并将一把U形锁拿在手中再次走到张甲所在桌前争吵，张甲随即站起来把桌上一啤酒瓶砸碎，为避免双方打架，韩某、张丙将林甲拉开，被告人刘某也前去劝说张甲。随后，被告人林乙、林丙来到该火锅店，被告人林甲看见二人到来后便挣脱拉住他的张丙等人，拿着U形锁冲向被害人张甲。在被告人林乙准备动手殴打张甲时，被害人王某出手劝阻，林乙随即拿起一个醋壶殴打王某头部，王某随手抓取店内的茶壶予以还击。四被告人分别手持U形锁、长条板凳、菜刀刀背等械具殴打张甲，张甲随手抓取啤酒瓶、铝合金菜架予以还击。该打斗致被害人张甲、王某不同程度受伤，经鉴定，被害人张甲左尺神经不全损害构成轻伤二级，头皮挫裂伤构成轻微伤，左肱骨外侧髁骨挫伤构成轻微伤；被害人王某面部损伤构成轻微伤。

另查明：（1）案发后，经公安机关电话通知，林甲于2017年10月31日主动投案，林丙、刘某于2017年11月13日主动投案，林乙于2017年11月20日主动投案，四被告人均如实供述主要犯罪事实。（2）被告人林甲因犯开设赌场罪，于2013年12月13日被四川省叙永县人民法院判处有期徒刑一年四个月，缓刑四年，并处罚金人民币七万元。缓刑考验期限自2013年12月24日起至2017年12月23日止。在开设赌场案中，林甲于2013年1月25日被刑事拘留，同年2月8日被取保候审，同年11月10日被逮捕，同年12月6日被取保候审，已被羁押42日。

【案件焦点】

1. 本案应定性为聚众斗殴罪还是故意伤害罪；2. 被害人张甲左尺神经不全损害构成轻伤二级是否系本案所造成；3. 本案是否区分主从犯。

【法院裁判要旨】

四川省叙永县人民法院经审理认为：被告人林甲、林乙、林丙、刘某故意伤害他人身体，致人轻伤，其行为均已构成故意伤害罪，且系共同犯罪。四川省叙永县人民检察院指控的主要犯罪事实成立，本院依法予以支持，但指控的罪名不当。关于本案的定性，因本案系民事纠纷引发，被告人林甲前去处理纠纷时态度很不友好，被害人张甲遂用粗话对林甲进行辱骂，林甲遂产生欲伤害对方的主观故意，后打电话告知被告人林丙、林乙店子发生事情，叫二人前来。在被告人一方进行非法侵害时，被害人一方予以反击，并非双方出于称霸一方、报复私仇或其他不正当目的而均具有侵害对方的故意，是因个人利害冲突而引发的打斗，且案发时火锅店内也只有本案双方人员及火锅店服务人员，故宜定故意伤害罪。关于被告人及辩护人对被害人张甲左尺神经受损致轻伤二级的异议，经查，在案证据有张甲的住院记录、医疗票据、鉴定意见、证人证言、被害人的陈述、被告人的供述，结合现场监控视频，可认定该损伤系案发时造成。关于辩护人提出刘某系从犯，因本案四被告人均积极参与，不宜区分主从犯，对该辩护意见不予采纳，但量刑时可考虑各被告人所起的具体作用。案发后，被告人林甲、林丙、林乙、刘某经公安机关电话通知主动到案，并如实供述主要犯罪事实，可认定为自首，可从轻或者减轻处罚。被害人张甲先用粗话进行辱骂，具有一定过错，对四被告人可酌情从轻处罚。被告人林甲因犯开设赌场罪，于 2013 年 12 月 13 日被四川省叙永县人民法院判处有期徒刑一年四个月，缓刑四年，并处罚金人民币七万元，缓刑考验期限自 2013 年 12 月 24 日起至 2017 年 12 月 23 日止。因本案发生在 2017 年 4 月 21 日，属在缓刑考验期限内犯新罪，应当撤销缓刑，数罪并罚。

四川省叙永县人民法院依照《中华人民共和国刑法》第二百三十四条第一款，第二十五条第一款，第六十七条一款，第六十九条第一款、第三款，第七十七条第一款之规定，作出如下判决：

一、林甲犯故意伤害罪，判处有期徒刑一年六个月；撤销（2014）叙永刑初字第 74 号刑事判决书对被告人林甲犯开设赌场罪，判处有期徒刑一年六个月，缓刑四年，并处罚金七万元的缓刑部分；数罪并罚，决定执行有期徒刑二年八个月，并处罚金人民币七万元；

二、林丙犯故意伤害罪，判处有期徒刑一年四个月；

三、林乙犯故意伤害罪，判处有期徒刑一年四个月；

四、刘某犯故意伤害罪，判处有期徒刑一年二个月。

【法官后语】

本案的处理在于如何定性。聚众斗殴罪是从 1979 年《中华人民共和国刑法》流氓罪中分离出来的，是指为了报复他人、争霸一方或者其他不正当目的，纠集一起，成帮结伙互相斗殴，破坏公共秩序的行为。本案被告人主观上不具有聚众斗殴的动机，双方之前不相识、无矛盾，不存在报复他人、称霸一方的动机；各被告人均具有正当的经营、职业，本案系民事纠纷引发，被告人林甲前去处理纠纷时态度很不友好，被害人张甲遂用粗话对林甲进行辱骂，林甲遂产生欲伤害对方的主观故意，后打电话告知被告人林丙、林乙店子发生事情，叫二人前来。在被告人一方进行非法侵害时，被害人一方予以反击，并非双方出于称霸一方、报复私仇或其他不正当目的而均具有侵害对方的故意，是因个人利害冲突而引发的打斗，且案发时火锅店内也只有本案双方人员及火锅店服务人员，故宜定故意伤害罪。对于因民事纠纷引发的互相斗殴甚至结伙械斗，规模不大，危害不严重的，不宜以聚众斗殴罪处理，构成其他罪的以其他罪处理。

编写人：四川省叙永县人民法院　刘远平　陈小红

16

有关键涉案人员未归案的情况下不能认定被告人构成犯罪

——潘某深聚众斗殴案

【案件基本信息】

1. 裁判书字号

广东省茂名市中级人民法院（2018）粤09刑终322号刑事判决书

2. 案由：聚众斗殴罪

【基本案情】

2016年2月18日20时许，潘某（在逃，另案处理）伙同潘某威（已科刑）以村中未做戏为由，要找“灯头”潘某光的麻烦，后潘某威和潘某被潘某威的父亲劝回家。约过了十分钟，潘某到后昌村村中的小卖部处，与潘某生（另案处理）发生矛盾，双方扭打起来，潘某生被打伤右眼角和鼻子，后潘某生被送往医院救治。后潘某在村中被潘某生的大哥潘某仁（另案处理）打了两巴掌，潘某遂打电话通知朋友。过了一会儿，潘某威和潘某垫、黄某某、吴某某、杨某某、李某某、“高佬”（均另案处理，“高佬”身份未明）等人聚在一起，持械前往潘某仁家。他们去到以后，与潘某仁发生争吵，后潘某威等人与潘某仁及其朋友潘某进、冯某（二人均另案处理）等人发生斗殴。过程中，潘某仁被砍伤左眼和左手，潘某进、冯某被打伤，潘某垫被人开枪打伤腹部。经茂名市公安司法鉴定中心鉴定，潘某生鼻部骨折，损伤程度属轻伤二级；潘某垫腹部火器伤，损伤程度构成重伤二级。

【案件焦点】

涉案证人的第一次证言及同案犯第一次供述中指认被告人参与聚众斗殴犯罪，但在客观证据缺失、言词证据不足、有关键涉案嫌疑人员未归案且证人推翻原指认证言、同案犯翻供的情况下，是否可以认定被告人构成犯罪。

【法院裁判要旨】

广东省茂名市电白区人民法院经审理认为：被告人潘某深无视国家法律法规，聚众斗殴，其行为已构成聚众斗殴罪，应予刑罚。潘某深因被打而电话告知朋友，引发同案人持械聚众斗殴，致人重伤，依法应处三年以上十年以下有期徒刑。潘某深在共同犯罪过程中起召集作用，是首要分子，应当按照其所组织的全部犯罪处罚。经合议庭评议并报本院审判委员会讨论决定，依照《中华人民共和国刑法》第二百九十二条第一款第四项，第二十五条第一款，第二十六条第一款、第四款的规定，作出如下判决：

被告人潘某深犯聚众斗殴罪，判处有期徒刑三年。

潘某深不服，提出上诉。广东省茂名市中级人民法院经审理认为：原判认定上诉人潘某深于2016年2月18日20时许伙同潘某威等人聚众斗殴，其行为构成聚众斗殴罪的事实不清，证据不足。理由如下：（1）本案直接指向上诉人潘某深聚众斗殴的客观证据缺失。公安机关出具的考勤机打卡记录、考勤表证实案发当时上诉人潘某深在广州热浪实业有限公司上班。公安机关出具的同案犯潘某威手机通话记录证实2016年2月18日潘某威与潘某深之间没有通话记录，但没有提取到潘某深的手机通话记录。（2）本案直接证明上诉人潘某深聚众斗殴的言词证据不足。潘某深归案后一直否认其于案发当晚在聚众斗殴现场参与斗殴，一直供述案发当晚其在广州热浪实业有限公司上班。（3）本案证据不能完全排除他人作案的可能性。本案与嫌疑人有最直观的正面接触的就是潘某生与潘某仁。但潘某生辨认出潘某就是打伤其鼻子的男青年，其与潘某仁均无法辨认出潘某深。在案发现场的潘某甲亦辨认出潘某，却无法辨认出潘某深。在案绝大部分证据均反映本案不能排除是潘某作案，潘某深是顶替潘某受罚的人。（4）本案尚有其他涉案嫌疑人员未归案。根据在案证据反映，引发本案的潭碧村男子更大可能性是潘某。公安机关多次对嫌疑人潘某进行抓捕，同时对其实施网上追逃，但未能抓获潘某。潘某在本案中具有重大作案嫌疑，但其目前尚未归案，导致本案事实难以查清。

原审判决认定的事实没有达到证据确实充分的法定证明标准，认定上诉人潘某深犯聚众斗殴罪的事实不清，证据不足，依法应当以证据不足、指控罪名不能成立，判决宣告上诉人潘某深无罪。经本院审判委员会讨论决定，依照《中华人民共和国刑事诉讼法》第二百三十六条第一款第三项、第二百条第三项，《最高人民法院关于适用〈中华人民共和国刑事诉讼法〉的解释》第二百四十一条第一款第四项的规定，作出如下判决：

一、撤销广东省茂名市电白区人民法院（2018）粤0904刑初215号刑事判决；

二、上诉人潘某深无罪。

【法官后语】

原判采信公诉机关提供的证据，虽然可以证明聚众斗殴案件的发生，但上诉人潘某深一直否认自己参与了聚众斗殴行为或者在案发现场出现。而侦查人员未能提取潘某深公司的监控录像印证潘某深是否在案发现场，同案犯及证人亦没有提及潘某深参与聚众斗殴，也无法辨认出潘某深，且本案尚有其他涉案嫌疑人未归案。依据现有证据证明潘某深参与聚众斗殴犯罪的主客观证据不足，全案证据没有形成完整的证据链，不能排除潘某作案的可能性，不能得出潘某深参与聚众斗殴的唯一结论。上诉人潘某深的上诉理由及其辩护人的辩护意见理由成立。

《最高人民法院关于适用〈中华人民共和国刑事诉讼法〉的解释》第二百四十一条第一款第四项规定："……证据不足，不能认定被告人有罪的，应当以证据不足、指控的犯罪不能成立，判决宣告被告人无罪。"原审判决采信的证据仅能证明聚众斗殴犯罪的发生，但缺乏可以证明上诉人潘某深参与聚众斗殴犯罪的主客观证据，潘某深归案后始终否认其实施了聚众斗殴行为。本案在案证据没有形成完整的证据链，不能排除潘某作案的可能性，不能得出潘某深参与聚众斗殴的唯一结论。原审判决认定的事实没有达到证据确实充分的法定证明标准，认定上诉人潘某深犯聚众斗殴罪的证据不足，依法应当以证据不足、指控罪名不能成立，判决宣告上诉人潘某深无罪。

编写人：广东省茂名市中级人民法院　林文冬

17

以所窃财物敲诈勒索从一重定罪

——王某某盗窃案

【案件基本信息】

1. 裁判书字号

福建省厦门市海沧区人民法院（2018）闽0205刑初192号刑事判决书

2. 案由：盗窃罪

【基本案情】

2017年11月23日左右一天凌晨，王某某至厦门市海沧区新阳街道新垵村东片207号门口的辅道上，发现严某某停放于此的一辆车牌号码为闽D202××“迷你”小型轿车车门未上锁，遂进入车内盗走该车的车钥匙一把。经价格认定，被盗车钥匙价值2784元。两三天后一天凌晨，王某某又至上述第一起盗窃犯罪的同一地点，找到同一部车，使用之前窃取的车钥匙打开车门，进入车内欲窃取财物，因未找到有价值的财物而未得逞。后王某某在车内留下一张纸条，以之前窃取的车钥匙相要挟，强行向严某某索要2000元，因严某某未按照王某某的要求将现金2000元放在车内而未得逞。2017年11月30日凌晨1时许，王某某为让被害人相信其持有车钥匙以达到勒索目的，将闽D202××小型轿车驶离原停放位置，后弃车逃跑，致车辆刮擦受损。2017年12月10日凌晨，王某某至厦门市海沧区新阳街道新垵村西片405-1号旁的路边，发现付某某停放于此的一辆车牌号码为闽DX29××小型轿车车门未上锁，遂进入车内盗走被害人付某某“CISKangaroo”牌钱包（内有身份证、银行卡及小型POS机一台等财物，无现金）一个。经价格认定，被盗钱包价值74

元。后王某某在车内留下一张纸条，以窃取的钱包及证件、银行卡等相要挟，强行向付某某索要500元，后降低数额索要300元。案发当天下午，付某某不得已通过微信转账200元给王某某才取回被盗钱包。

2017年12月12日，王某某被抓获，并缴获作案工具手机一部。王某某归案后，如实供述上述犯罪事实。案发后，严某某表示考虑到家庭经济困难，放弃赔偿请求，并对其表示谅解；付某某表示已得到王某某亲属赔偿，对被告人表示谅解。

【案件焦点】

被告人以盗窃所得财物相要挟向被害人索财的行为应如何定罪。

【法院裁判要旨】

福建省厦门市海沧区人民法院经审理认为：被告人王某某以非法占有为目的，多次秘密窃取他人财物，其行为已构成盗窃罪。被告人王某某盗窃他人财物后，又以所盗财物相要挟，对被害人进行敲诈勒索，且数额较大，其行为分别符合盗窃罪、敲诈勒索罪的犯罪特征，分别构成盗窃罪和敲诈勒索罪，根据牵连犯择一重罪处罚的原则，应以盗窃罪对被告人王某某定罪处罚。公诉机关指控的基本事实清楚，证据确实充分，但指控被告人一人犯二罪不当，依法予以纠正。第二起盗窃属犯罪未遂，依法可以比照既遂犯从轻处罚。被告人王某某偷开被害人机动车并导致车损，酌情对其从重处罚。被告人王某某归案后如实供述自己所犯罪行并当庭自愿认罪，依法可以从轻处罚。被告人得到被害人谅解，可酌情从轻处罚。

福建省厦门市海沧区人民法院依照《中华人民共和国刑法》第二百六十四条、第二十三条、第六十七条第三款、第六十四条，作出如下判决：

一、被告人王某某犯盗窃罪，判处有期徒刑七个月，并处罚金人民币一千元；

二、扣押在案的作案工具手机一部，依法予以没收。

【法官后语】

本案事实比较清楚，即被告人先盗窃他人财物，后以所盗财物为要挟向被害人索取钱财。由于没有刑法的明文规定，该行为是以盗窃罪和敲诈勒索罪数罪并罚，还是定一罪；定一罪是以盗窃罪定罪还是以敲诈勒索罪定罪均存在分歧争议。有人认为成立想象竞合犯，有人认为成立牵连犯，还有人认为要数罪并罚。

笔者认为，对该行为不应数罪并罚，理由主要有：其一，盗窃既遂后的敲诈勒索行为通常没有使被害人遭受进一步的财产损失，被告人要求被害人支付的赎金往往低于被盗物品的价值，被害人赎回被盗财物通常使损失减小，而不是扩大。其二，数罪并罚会导致重复评价。以本案第一起盗窃和敲诈勒索为例，被盗车钥匙价值人民币2784元，被告人索要2000元，因被害人未支付而未得逞。如果数罪并罚，则盗窃罪犯罪金额2784元，敲诈勒索罪犯罪金额2000元（未遂），总的犯罪金额为4784元。而被害人的实际经济损失是车钥匙一把2784元，如果被害人选择赎回则损失为2000元，数罪并罚下被告人行为的社会危害性被重复评价了，这也会导致犯罪金额与经济损失不相称。

想象竞合犯和牵连犯属于刑法理论上的概念。想象竞合犯是指一个行为触犯了数个罪名的情况，对想象竞合犯，应按行为所触犯的罪名中的一个重罪论处，而不以数罪论处。牵连犯指犯罪的手段行为或者结果行为，与目的行为或者原因行为分别触犯不同罪名的情况。牵连犯的数行为之间存在手段行为与目的行为、原因行为与结果行为的牵连关系。刑法理论一般认为对牵连犯应从一重处罚，或者从一重从重处罚。

本案被告人在盗窃既遂后以所窃取的财物为要挟向失主索财，在社会的一般观念里，被告人实施了两个行为，即盗窃和敲诈，而不是一个行为，因此不属于想象竞合犯。盗窃和敲诈勒索行为均可构成独立的盗窃罪和敲诈勒索罪，其中盗窃是手段，敲诈勒索是目的，动机均是非法占有他人财物，该类犯罪行为符合牵连犯的特征。

盗窃和敲诈勒索的牵连关系中，以何罪定罪呢？有观点认为，盗窃物品后以所盗财物为要挟向失主索财，属于一种特殊的赃物处理方式，虽然存在盗窃和敲诈两个行为，但事实上，这两个行为中只有盗窃行为是成立犯罪的，后续的敲诈行为，只是行为人对赃物的处理方式，即盗窃后将赃物直接卖给被害人，并不单独成立犯罪。笔者认为，对于赃物价值较大，敲诈金额远低于盗窃金额的，该理解尚可；对于赃物本身价值不大，敲诈金额较大的，上述理解则可能使行为人脱罪，如一次盗窃数个机动车车牌，敲诈的金额达到敲诈勒索罪的入罪标准，但盗窃的金额未达到数额较大的，如果该行为只能定盗窃罪，则因未达到入罪标准而无法定罪。如果从一重罪处罚，则会避免在一些特殊情况下让不法行为人脱罪。

综上，被告人为了不法占有他人财物，以盗窃他人车中物品为手段，留下纸条要挟失主，欲以此方式要求对方现金赎回的行为，属于以盗窃为手段，以敲诈勒索为目的的牵连犯，应当按照从一重罪处罚的原则定罪量刑。

编写人：福建省厦门市海沧区人民法院　牟燕

18

被害人非基于被告人的欺瞒而交付财物的行为不构成诈骗罪

——邓某炜、林某森开设赌场案

【案件基本信息】

1. 裁决书字号

福建省三明市中级人民法院（2018）闽04刑终279号刑事裁定书

2. 案由：开设赌场罪

【基本案情】

2016年12月，邓某炜、林某森共同出资购买了手机、电话卡、电脑等物，在大田县武陵乡红君村××号经营“8888诚信经营服务至上”网络赌场，以“重庆时时彩”（以开出的单个数字为中奖号码，赔率为1:9）的方式招揽不特定人群进行押注赌博，林某森、邓某炜以转投“玛雅”或“九州”赌博网站赚取回水或自行吃赔的方式进行盈利。2017年3月，二人又以月薪3000元雇佣郑某泷负责冒充赌客在群里进行赌博提高赌场人气。赌场开设期间，共收受赌客赌资共计407353元。此外，在开设赌场期间，赌客余某清多次下注数字“8”，林某森、邓某炜将余某清的赌注转投至“玛雅”网站赚取回水。2017年1月8日凌晨，余某清多次下注未中后追加一注5000元，因支付宝账户取现限制，林某森、邓某炜无法为余某清转投，便商定以自行吃赔的方式占有该笔5000元，即如该期未开出数字“8”，则赚取该笔5000元，如开出数字“8”，就将余某清踢出微信群。结果在该期开出数字“8”后，余某清欲找林某森、邓某炜赔付45000元，二人即将余某清踢出微信赌博群并拉黑。

【案件焦点】

被告人林某森、邓某炜的行为是否构成诈骗罪。

【法院裁判要旨】

福建省大田县人民法院经审理认为：被告人林某森、邓某炜在其经营管理的“8888诚信经营服务至上”网络赌场多次收受余某清等赌客下注的赌资，后二被告人以转投至“玛雅”赌博网站和自行吃赔（即对赌）这两种方式消化赌客赌资，当赌客余某清提高投注数额至5000元时，二被告人对余某清第三次投注的5000元，因余某清系用支付宝支付给被告人，而支付宝需等到第二日才能取现，二被告人已无资金转投“玛雅”赌博网站，即以自行吃赔的方式截留该5000元，当余某清中奖后，二被告人并不否认余某清的中奖事实，后二被告人将余某清踢出微信群，并解散该微信群，意图占有该笔赌资，二被告人的上述行为系与赌客余某清之间的赌资纠纷，属赖账行为，余某清支付给被告人的5000元，并非被告人采取骗的手段让余某清付款，而是余某清为了赌博自愿支付的赌注，二被告人占有该笔5000元的行为不符合诈骗罪中采用虚构事实或隐瞒真相的方法，骗取数额较大的公私财物的法定构成要件，公诉机关指控二被告人的行为构成诈骗罪不能成立。依照《中华人民共和国刑法》第三百零三条第二款，第二十五条第一款，第二十六条第一款、第四款，第二十七条第一款、第二款，第十七条第一款、第三款，第六十七条第三款，第六十四条的规定，并经审判委员会决定，判决如下：

一、被告人林某森犯开设赌场罪，判处有期徒刑三年，并处罚金20000元；

二、被告人邓某炜犯开设赌场罪，判处有期徒刑三年，并处罚金20000元；

三、被告人郑某泷犯开设赌场罪，判处有期徒刑六个月，缓刑一年，并处罚金2000元；

四、被告人林某森退出的赃款22500元、被告人邓某炜退出的赃款22500元、被告人郑某泷退出的赃款3000元以及公安机关依法扣押的作案工具红米手机、国产ChinaMoblie手机、OPPO R831手机、三星S7、小米3手机各一部，苹果4S手机2部及银行卡等予以没收。

一审判决后，被告人林某森、邓某炜以其二人行为不构成开设赌场罪为由提出上诉。公诉机关未抗诉。二审维持一审判决。

【法官后语】

从表象上，二被告人林某森、邓某炜虚构转投赌注事实，隐瞒真相意欲占有该5000元的真相，并实际非法占有该笔赌资的行为，符合诈骗罪的构成要件。但是诈骗罪成立要件是被告人基于非法占有他人财物目的的驱使下，虚构事实隐瞒真相，致使被害人陷入错误认识，进而自愿交付财物。

但本案中，被告人林某森、邓某炜虚构事实和隐瞒真相的行为与余某清自愿交付财物的行为不具有因果关系。第一，余某清交付赌资行为在前，被告人林某森、邓某炜非法占有目的的形成和虚构事实、隐瞒真相的行为在后。第二，余某清交付财物与被告人林某森、邓某炜非法占有他人财物之间介入了支付宝提现次日才能取现的客观事实。第三，余某清追加赌注5000元的自愿性和主动性并非基于二被告人虚构事实、隐瞒真相行为的影响。余某清系为参赌而自愿交付赌资5000元，并非基于二被告人虚构的事实和隐瞒的真相，且余某清交付赌资时并未受到任何欺瞒而陷入错误认识进而影响其交付的自愿和主动性。因此，一审法院认定公诉机关指控罪名不能成立，依法判决被告人林某森、邓某炜不构成诈骗罪。一审判决后，检察机关亦未提出抗诉，二审亦予以维持，该判决已生效。

编写人：福建省大田县人民法院　叶聿僚

19

出卖银行卡后又通过挂失补卡将卡内钱取出的行为应定性为盗窃罪

——贾某国、贾某涛盗窃案

【案件基本信息】

1. 裁判书字号

河南省平顶山市卫东区人民法院（2019）豫0403刑初119号刑事判决书

2. 案由：盗窃罪

【基本案情】

2018年8月16日，贾某国告知被告人贾某涛办理银行卡可以赚钱并让贾某涛办理银行卡，贾某涛遂到中国农业银行北京交道口支行用自己的身份证办理了一张银行卡与一个U盾等后交给贾某国。同年9月，贾某国与购买银行卡的人员联系，约定以700元价格将上述银行卡、U盾等卖给购买银行卡的人员，后贾某国将上述银行卡、U盾等邮寄给购买银行卡的人员。

2018年9月4日，自称是平顶山市消防队后勤科长王某的人与孙某电话联系称欲向孙某采购电子屏，又于同月6日与孙某电话联系称让孙某帮忙订购鞋柜，并让孙某与陈经理电话联系鞋柜的相关订购事宜。后孙某按照陈经理的要求，通过手机银行向被告人贾某涛的中国农业银行卡转账62800元。

2018年9月6日，购买被告人贾某涛银行卡的人员未依约向被告人贾某国支付700元购卡费，贾某国将上述银行卡挂失，发现该卡内有钱，遂指使贾某涛到银行办理补卡手续，并将该卡内32807.99元取出，后贾某国分赃22800元，贾某涛分赃10000元。

本案在诉讼过程中，贾某国称其卡号为6221××××6361的银行卡上有8000元赃款，并表示愿意用该款退赃，后公安机关将该卡内的8082.02元冻结，被告人贾某涛家属向本院履行款户缴纳10000元用于退赃，孙某对贾某涛的犯罪行为表示谅解，请求对贾某涛从轻处罚。

【案件焦点】

贾某国、贾某涛的行为如何定罪。

【法院裁判要旨】

河南省平顶山市卫东区人民法院经审理认为：被告人贾某国、贾某涛以非法占有为目的，秘密窃取公民财物，数额较大，其行为均已构成盗窃罪，应予惩处。公诉机关指控二被告人构成掩饰、隐瞒犯罪所得罪的意见及二被告人及其辩护人提出二被告人不构成盗窃罪的辩解及辩护意见，经查，贾某国、贾某涛将银行卡出卖给他人后，明知该卡内钱款系他人所有，以挂失后补卡的方式，在他人不知情的情况下，秘密取走该卡内他人的32807.99元，占为己有，二被告人主观上具有非法占有他人财产的故意，客观上实施秘密转移占有他人财产的行为，其行为均符合盗窃罪的构成要件，应以盗窃罪定罪处罚，故对该意见、辩解及辩护意见本院不予采信。贾某国、贾某涛到案后，如实供述自己主要的罪行，依法可以从轻处罚。贾某国积极退还部分赃款，可酌情从轻处罚。贾某涛积极退还部分赃款，并取得被害人谅解，可酌情从轻处罚。贾某涛的辩护人提出贾某涛系从犯的辩护意见，经查，贾某涛与贾某国各自分工，积极实施，互相配合，共同完成犯罪行为，不宜区分主从犯，故对该辩护意见本院不予采信，但贾某涛所起作用较小，可酌情对其从轻处罚。本院综合案情已对贾某国、贾某涛从轻处罚，贾某国辩护人提出对贾某国减轻处罚的辩护意见及贾某涛辩护人提出对贾某涛减轻处罚、免予刑事处罚的辩护意见，本院不予采信。根据被告人贾某国、贾某涛的犯罪事实、犯罪性质、情节和对社会的危害程度，依照《中华人民共和国刑法》第二百六十四条、第二十五条第一款、第六十七条第三款、第五十二条、第五十三条、第六十四条、第六十一条规定，判决如下：

一、被告人贾某国犯盗窃罪，判处有期徒刑一年六个月，并处罚金9000元；

二、被告人贾某涛犯盗窃罪，判处有期徒刑一年二个月，并处罚金6000元；

三、责令被告人贾某国、贾某涛退赔被害人孙某经济损失32807.99元。

【法官后语】

本案对于被告人贾某国、贾某涛的行为构成何罪，在案件的审理过程中存在不同意见。

第一种意见认为，二被告人主观上明知是购买银行卡的人买卡目的不单纯，是用于违法犯罪使用，仍办理银行卡后将银行卡出卖给他人，客观上使诈骗的犯罪分子用该银行卡转移赃款，应当以掩饰、隐瞒犯罪所得罪追究其刑事责任。其挂失并补办银行卡后将卡内钱款取出的行为是另起犯意，构成盗窃罪，应当数罪并罚。

第二种意见认为，二被告人出卖银行卡的行为不构成犯罪，因银行卡是贾某涛用自己的身份信息办理的，其亦随时可以挂失并补办该银行卡，银行卡的所有权仍属于贾某涛，其对卡内财物可享有支配权，故二被告人挂失并补办银行卡后将卡内钱款取出的行为构成侵占罪。

第三种意见认为，二被告人出卖银行卡的行为不构成犯罪，虽然银行卡是贾某涛用自己的身份信息办理的，其随时可以挂失、补办，但卡内钱的所有权并不因此发生移转，二被告人明知卡内钱是他人所有，仍将卡内钱取出占为己有，构成盗窃罪。

笔者同意第三种意见。首先，《中华人民共和国刑法》第三百一十二条规定，明知是犯罪所得及其产生的收益而予以窝藏、转移、收购、代为销售或者以其他方法掩饰、隐瞒的，构成掩饰、隐瞒犯罪所得罪。本案中被告人表示其不清楚买卡人购买银行卡的用途，亦无其他证据证明被告人明知该卡是供犯罪分子使用，根据有利于被告人原则及疑罪从无原则，不能认定被告人构成掩饰、隐瞒犯罪所得罪。刑法是最为严厉的法律，是其他部门法的“保护法”，其他法律的实施都需要刑法的保障，是最后一道防线，只有当其他法律不足以抑制违法行为、不能起到效果时，才能适用刑法作出处罚，即刑法的谦抑性原则。一旦行为人被判处刑罚，对其及其家人的影响是不可磨灭、难以逆转的。审判人员应树立正确法治理念，避免矫枉过正，维护社会主义公平正义。本案中的被告人出售1张银行卡的行为虽客观上为犯罪分子提供了作案工具，具有违法性，但主观不符合掩饰、隐瞒犯罪所得罪的构成要件，法无明文规定不为罪，故该行为不构成犯罪。

其次，我国个人存款账户施行实名制，办理银行卡需要实名认证，即银行卡申领人具有支配、使用卡内资金、挂失、注销银行卡等权利，系银行卡的权利所有人。本案二被告人将其办理的银行卡卖给他人，虽该行为不符合法律规定，但其已将该银行卡的实际支配、控制权让与买卡人，卡内的资金及资金往来流向均不受其控制、保管，卡内钱款的所有权并未发生转移，不属于其所有，亦非其代为保管或他人遗忘物、埋藏物，不符合侵占罪的构成要件。

最后，盗窃罪侵犯的客体是公私财物的所有权，包括占有、使用、收益、处分等权利，一般是指合法财物的所有权，但根据《最高人民法院关于审理掩饰、隐瞒犯罪所得、犯罪所得收益刑事案件适用法律若干问题的解释》第六条规定：“对犯罪所得及其产生的收益实施盗窃、抢劫、诈骗、抢夺等行为，构成犯罪的，分别以盗窃罪、抢劫罪、诈骗罪、抢夺罪等定罪处罚。”即犯罪分子不法占有的财物也可以成为盗窃罪的犯罪对象。掩饰、隐瞒犯罪所得罪的犯罪目的是帮助犯罪分子掩饰、隐瞒犯罪所得、犯罪所得收益，侵犯的客体是司法机关的正常活动，而本案中二被告人明知银行卡内钱款是他人财产，以挂失后补卡的方式，在他人不知情的情况下，秘密取走该卡内钱款，占为己有。其将卡内钱取出的行为虽客观致使犯罪分子的犯罪所得予以转移，但并非帮助行为，而系占有该钱款。其主观上具有非法占有他人财产的故意，客观上以秘密转移的方式占有他人财产，符合盗窃罪的构成要件，故对贾某国、贾某涛的行为应以盗窃罪论处。

编写人：河南省平顶山市卫东区人民法院　徐慈航

20

对幼儿园教师虐童行为如何适用从业禁止的法律规定

——马某霞虐待被看护人案

【案件基本信息】

1. 裁判书字号

河南省平顶山市中级人民法院（2017）豫04刑终273号刑事判决书

2. 案由：虐待被看护人罪

【基本案情】

2016年9月1日，马某霞通过应聘到宝丰县欣欣幼儿园任小班教师。2017年4月18日下午上课期间，马某霞在该幼儿园小班教室内，以学生上课期间不听话、不认真读书为由，用缝衣针分别扎本班幼儿袁某甲等14名幼儿的手心、手背等部位。经鉴定，被害人袁某甲等14名幼儿的损伤程度虽均不构成轻微伤，但体表皮肤损伤存在，损伤特点符合具有尖端物体扎刺所致。2017年4月18日20时44分，被害幼儿家长报警，当晚马某霞被宝丰县公安人员带走，次日被刑事拘留。

在案件的审理过程中，被告人马某霞及其亲属与14名被害幼儿的法定代理人达成谅解。

【案件焦点】

对幼儿园教师马某霞虐童行为如何适用从业禁止的法律规定。

【法院裁判要旨】

河南省宝丰县人民法院经审理认为：被告人马某霞身为对未成年人有看护职责的幼儿教师，虐待多名被看护幼儿，情节恶劣，其行为构成虐待被看护人罪。公诉机关指控被告人马某霞犯虐待被看护人罪的事实清楚，罪名成立。

根据被告人马某霞的犯罪事实、性质、情节和社会危害程度及悔罪表现，依照《中华人民共和国刑法》第二百六十条之一第一款，第三十七条之一第一款、第三款规定，判决如下：

一、被告人马某霞犯虐待被看护人罪，判处有期徒刑二年；

二、禁止被告人马某霞五年内从事未成年人教育工作。

（禁止从业期限自刑罚执行完毕之日起计算）。

【法官后语】

《中华人民共和国刑法》第三十七条之一第一款规定，因利用职业便利实施犯罪，或者实施违背职业要求的特定义务的犯罪被判处刑罚的，人民法院可以根据犯罪情况和预防再犯罪的需要，禁止其自刑罚执行完毕之日或者假释之日起从事相关职业，期限为三年至五年。根据该条款规定的内容，人民法院要对被告人适用“从业禁止”必须满足以下四个条件：第一，行为人必须实施了犯罪行为，即行为人以构成犯罪为前提；第二，行为人利用职业便利实施了犯罪，或者实施了违背职业要求的特定义务的犯罪；第三，行为人因实施该犯罪而被判处了刑罚；第四，人民法院根据该犯罪情况和预防再犯罪的需要，认为有必要宣告“从业禁止”。在本案中，被告人马某霞身为幼儿教师，对待年仅三四岁的幼儿本应细心呵护，爱心、良心、责任心也是必须具备的职业素养，但马某霞没有职业操守，缺乏爱心和师德，对待涉案14名年幼无自我保护能力的孩子不但没有尽到看护义务，反而用残忍的手段伤害这些孩子，行为虽然没有致被害人达到轻微伤以上的后果，但其对幼儿心理造成了伤害，社会影响恶劣，故对其应当从重处罚。考虑到马某霞利用其职业便利、违背职业道德要求而实施的犯罪情况，法院认为在刑罚执行完毕或假释之后其仍有再次利用其职业便利实施犯罪的可能和危险，为了预防犯罪、保障社会公众安全，宣告禁止被告人马某霞自刑罚执行完毕之日起五年内从事未成年人教育工作。

编写人：河南省宝丰县人民法院　江松

21

间接故意和过于自信的过失的区别

——石某钢以危险方法危害公共安全案

【案件基本信息】

1. 裁判书字号

安徽省淮北市中级人民法院（2018）皖06刑终217号刑事判决书

2. 案由：以危险方法危害公共安全罪

【基本案情】

2018年4月26日15时10分许，石某钢饮酒后驾驶明知有安全隐患未悬挂后牌照已经被交警部门注销的皖F×××××号轻型普通货车，在淮北市东山路与发展路路口闯红灯通行，遇交警稽查时驾车逃跑。车辆先掉头从东山路西侧非机动车道逆向向北行驶至发展路左拐弯，沿发展路由东向西行驶至腾飞路左拐弯，后沿腾飞路由北向南高速行驶至青年路路口左转弯时，先撞上行人赵某、孙某，然后撞到路边停放的皖F×××××号轿车及路北侧路灯杆。石某钢驾车逃逸继续沿青年路、东山路非机动车道高速行驶，最后行至东山路与开渠路路口违反交通信号左拐弯驶入二机厂院内。案发当日，赵某、孙某经抢救无效死亡。经鉴定赵某、孙某符合颅脑损伤死亡。案发后，被告人石某钢主动到公安机关接受处理，在公安机关对其问话时如实供述了全部犯罪事实。经鉴定，石某钢血液中乙醇含量为47.1mg/100ml。经淮北市公安局交警支队认定，石某钢负事故的全部责任。

另查明：石某钢曾因犯抢劫罪于1996年8月3日被安徽省砀山县人民法院判处有期徒刑十年，2004年10月22日刑满释放。淮北市公安局交警支队通过非现场采集发现一辆车牌号码为皖F×××××的注销东风牌皮卡轻型货车多次恶意违章。2018年3月14日，交警支队发出通知要求各大队、执法站，尤其是三大队孙某庄卡点在日常执勤过程中注意发现查扣。

【案件焦点】

1. 石某钢的行为是否属过于自信的过失行为，是否构成交通肇事罪；2. 警车的追赶是否是本起事故发生的一个诱因。

【法院裁判要旨】

安徽省淮北市杜集区人民法院经审理认为：石某钢饮酒后驾驶已报废的机动车辆，违反交通运输管理法规，为了逃避公安机关的稽查，罔顾公众生命和财产安全，以高度危险的驾驶方式在繁华路段、村间小道行驶，致两人死亡、一辆汽车受损的重大交通事故，且肇事后逃逸，其行为已构成以危险方法危害公共安全罪。石某钢主动到公安机关投案，在公安机关如实供述自己的犯罪事实，其在庭审中对起诉书指控的事实无异议，对罪名有异议，但被告人对其行为属于何种性质的辩解，不影响对其自首的认定，对石某钢依法可从轻处罚。石某钢具有前科劣迹，可酌情从重处罚。

关于辩护人提出被告人石某钢的行为属过于自信的过失，构成交通肇事罪的意见。法院认为，石某钢违反交通信号灯行驶，为逃避执法检查的目的，对结果发生持听之任之的放任态度。石某钢明知自己饮酒却仍然驾驶制动性能不合格的报废车辆，对自己行为可能产生的危害后果应该预见而且可以预见。石某钢驾驶肇事车辆在拐弯时看到前方有两个行人致事故的发生。事故发生后，为了逃避稽查，仍然漠不关心、不为所动，驾车逃离现场，石某钢的行为属间接故意。

关于辩护人提出警察的追赶是本起事故发生的一个诱因的意见，法院认为，石某钢违反交通运输管理法规在先，且该车辆已被公安机关列为重点稽查对象，公安民警稽查嫌疑车辆属于履行职务的行为。石某钢违章驾驶，实施的高度危险的驾驶行为与危害可能性以及危害结果具有刑法上的因果关系。

安徽省淮北市杜集区人民法院依照《中华人民共和国刑法》第一百一十五条第一款、第六十七条第一款、第三十六条第一款，作出如下判决：

一、被告人石某钢犯以危险方法危害公共安全罪，判处有期徒刑十二年；

二、被告人石某钢赔偿附带民事诉讼原告人赵某、赵某某丧葬费人民币 65150 元，于本判决生效后十日内付清；

三、驳回附带民事诉讼原告人赵某、赵某某的其他诉讼请求。

宣判后，石某钢提起上诉。因石某钢所在的运输公司及石某钢的亲属与原审附带民事诉讼原告人达成赔偿协议取得谅解，安徽省淮北市中级人民法院依照《中华人民共和国刑法》第一百一十五条第一款、第六十七条第一款，《中华人民共和国刑事诉讼法》第二百三十六条第一款第二项之规定，作出如下判决：

一、撤销安徽省淮北市杜集区人民法院（2018）皖0602刑初66号刑事附带民事判决的第一项，即被告人石某钢犯以危险方法危害公共安全罪，判处有期徒刑十二年；

二、上诉人（原审被告人）石某钢犯以危险方法危害公共安全罪，判处有期徒刑十一年。

【法官后语】

在刑事审判实践中，对行为人主观上是属于间接故意还是过于自信的过失较难区分，笔者认为，对此应从二者之间的区别进行详细分析，并结合具体案件进行区别。

以危险方法危害公共安全罪是故意犯罪，包括间接故意，交通肇事罪是过失犯罪，包括过于自信的过失。间接故意和过于自信的过失两者之间的区别，可从以下三个方面分析：一是行为人对危害结果的发生所抱的心理态度不同。即过于自信的过失，行为人不仅不希望发生这种结果，而且是完全反对这种结果的发生，相信是可以避免的，发生这种结果是违背其主观意愿，出乎其意料之外的。间接故意是指行为人对危害结果的发生持放任态度，既不希望，也不反对，既不追求，也不防止，发生与否均不违背其主观意愿；二是促使和支配行为人实施行为的主观认识因素也不同。即过于自信的过失中，行为人虽在一开始对危害结果的发生曾有预见，但其认识上却是相信可以避免的，认为不会发生这种结果，而不再是认为仍有可能发生。而在间接故意的情况下，行为人无论在行为前，还是在行为过程中，对危害结果发生的认识一直处于可能发生也可能不发生的不肯定的状态之中；三是具体考察行为人对危害结果发生的意志态度。过于自信的过失中，行为人认为危害结果不会发生，是以一定主客观条件为依据的，只是对这些条件的作用作了轻率的、过高的估计，误认为凭这些条件完全可以避免发生危害结果。而在间接故意情况下，行为人对危害结果可能不发生的认识，没有任何主客观条件作依据，完全是凭主观侥幸心理。结合本案来看，一是从石某钢对危害结果发生所抱的心理态度分析，石某钢违反交通信号灯行驶，为逃避执法检查的目的，逆向在非机动车道行驶、高速在乡村道路行驶等高度危险行为，既不希望也不反对结果发生，既不追求也不防止结果发生，对结果发生持听之任之的放任态度。二是从促使和支配石某钢实施本案行为的主观认识因素分析，石某钢明知自己饮酒却仍然驾驶制动性能不合格的报废车辆，对自己行为可能产生的危害后果应该预见而且可以预见。在驾驶车辆时，石某钢违反交通运输管理法规，并且在明知自己的驾驶行为已经造成交通事故并且可能造成人员伤亡，仍然不管不顾驾驶车辆离开。石某钢在离开事故现场后，仍然具有违反信号灯的行为，在案发前、案发时、案发后石某钢对危害结果发生的认识一直处于可能发生也可能不发生的不肯定的状态之中。三是从石某钢在案发时意志态度分析，事故现场是一个三岔路口，需要从腾飞路拐弯至青年路，石某钢驾驶肇事车辆在拐弯时速度较快，突然看到前方有两个行人，石某钢采取急打方向盘，紧急制动的方式来防止事故发生，由于车速较快，石某钢明知左前轮制动失效刹车会导致偏刹，最终致事故的发生。事故发生后，石某钢可能认识到撞到行人，在没有下车查看情况下，为了逃避稽查，仍然漠不关心、不为所动，驾车逃离现场。因此，石某钢对危害结果可能不发生的认识，没有任何主客观条件作依据，完全是凭主观侥幸心理。综上所述，石某钢的行为属间接故意。

编写人：安徽省淮北市杜集区人民法院　蔡矿

（二）故意犯罪的停止形态

22

毒品交易未完成是否构成贩卖毒品罪既遂

——唐某贩卖毒品案

【案件基本信息】

1. 裁判书字号

湖南省南县人民法院（2018）湘0921刑初280号刑事判决书

2. 案由：贩卖毒品罪

【基本案情】

2018年6月，唐某从华容县“勇妹姐”处，以人民币300元/套的价格购得毒品甲基苯丙胺两套约1.44克。2018年6月5日20时许，唐某以人民币400元的价格将一套毒品甲基苯丙胺约0.72克贩卖给吸毒人员高某（已刑事拘留）吸食，并从中非法获利人民币100元。2018年6月6日23时，唐某与高某见面准备进行第二次毒品交易，因高某未带现金，唐某在等待高某去某超市提现时被公安民警抓获，毒品仍被唐某攥在手中，未交付给高某。经物证称量和鉴定，现场查获物为毒品甲基苯丙胺晶体净重为0.63克、甲基苯丙胺片剂净重为0.09克。

【案件焦点】

贩卖毒品案中毒品交易未完成交付是否构成贩卖毒品罪既遂。

【法院裁判要旨】

被告人唐某违反国家毒品管理规定，明知是毒品甲基苯丙胺而向他人贩卖，不满十克，其行为已构成贩卖毒品罪。公诉机关指控被告人唐某犯贩卖毒品罪的罪名成立。被告人唐某犯罪后如实供认罪行、自愿认罪，依法可以从轻处罚。被告人唐某曾因贩卖毒品罪被判处刑罚，又犯贩卖毒品罪，是毒品再犯，依法应当从重处罚；被告人唐某因犯罪被判处刑罚，在判决宣告以后刑罚执行完毕以前又犯罪，依法应当数罪并罚。对于公诉机关认为被告人唐某在第二次与高某进行毒品交易时被公安机关查获是犯罪未遂的指控：经查，《最高人民法院关于适用〈全国人民代表大会常务委员会关于禁毒的决定〉若干问题的解释》中对贩卖毒品的定义是：“贩卖毒品，是指明知是毒品而非法销售或者以贩卖为目的而非法收买毒品的行为，”是以直接故意为前提的或“贩”或“买”的行为犯，重点强调的是“贩卖行为”，而非造成的影响、危险的状态；从贩卖毒品罪的构成要件看，本罪侵害的客体是国家的毒品管理制度，是刑法保护的对象，只要行为人实施了贩卖毒品的行为，不论其贩卖毒品的事件过程是否顺利完成、犯罪的终级目的是否达到，均构成贩卖毒品罪既遂；从社会危害性来看，贩卖毒品这类犯罪活动，在直接侵犯国家对毒品管制的同时，往往还造成其他严重后果；从打击犯罪来看，销售毒品行为隐蔽，取证十分困难，尤其是尚未售出的毒品，如果对毒品未完成卖出的交易，认定是贩卖毒品未遂，必然会导致对贩卖毒品犯罪的放纵和对贩毒行为的隐形危害置若罔闻，显然不符合我国对贩卖毒品犯罪严厉惩罚的原则。综上，湖南省南县人民法院认为，公诉机关认为被告人唐某在第二次与高某进行毒品交易被公安机关查获是犯罪未遂的指控不当，应当予以纠正。据此，依照《中华人民共和国刑法》第三百四十七条第一款、第四款、第七款，第三百五十六条，第六十七条第三款，第七十一条，第六十九条第一款、第三款，第五十二条，第五十三条之规定，判决如下：

被告人唐某犯贩卖毒品罪，判处有期徒刑一年二个月，并处罚金人民币二千元；与前因犯贩卖毒品罪未执行的刑罚有期徒刑十年、罚金人民币三万元实行并罚，决定执行有期徒刑十年六个月，并处罚金人民币三万二千元。

【法官后语】

本案处理的焦点主要是在毒品交易未完成时是否构成贩卖毒品罪。长期以来，在司法实践中将有充分证据证明被告人是为了贩卖毒品而购买毒品，但未完成毒品交易的行为定性为贩卖毒品罪未遂。犯罪未遂与犯罪既遂的区别在于犯罪行为是否已经得逞。贩卖毒品行为得逞是否仅以毒品完成交付为标准，值得商榷。毒品交易不同于民事法律关系中的交易，民事行为中的实物交易完成的标准是转移占有、完成交付。但是毒品交易本身是一个严重的违法行为，严重危害了社会秩序和损害了公民的身体健康。毒品交易牵扯人员流动性大、范围广、交易快速隐蔽，导致实践中取证困难。为了彰显我国刑法对打击毒品类犯罪的决心，贩卖毒品罪中得逞时间节点应予以扩展，可延伸到整个毒品交易环节，以能解决因涉毒案件取证困难、涉毒人员容易逃避法律制裁的司法困境。综上，贩毒者和购毒者做好了前期商谈毒品种类、数量、价格、交货地点后，双方到达交易地点接头进入毒品交易环节，但未完成毒品交付被抓获的情况下，应定性为贩卖毒品罪既遂。

编写人：湖南省南县人民法院　赵静

23

毒品已经进入交易环节，应认定为贩卖毒品罪既遂

——许某光贩卖毒品案

【案件基本信息】

1. 裁判书字号

广东省阳江市阳东区人民法院（2018）粤1704刑初53号刑事判决书

2. 案由：贩卖毒品罪

【基本案情】

2017年11月5日约18时许，吸毒人员许某金电话联系被告人许某光需购买冰毒，被告人许某光到阳江市区向“阿杰”购买冰毒后，在阳江市阳东区东城镇丹载村委会吸毒人员许某金家的巷口，贩卖100元毒品甲基苯丙胺（冰毒）给许某金。

2017年11月10日约21时许，吸毒人员许某金电话联系被告人许某光需购买冰毒，被告人许某光到阳江市区向“阿杰”购买冰毒后，在阳江市阳东区东城镇丹载村委会吸毒人员许某金家的巷口，贩卖100元毒品甲基苯丙胺给许某金。

2017年11月11日，吸毒人员许某金电话联系许某光需购买冰毒，被告人许某光到阳江市区向“阿杰”购买2克冰毒，回来自己分装成四小包后，被告人许某光在阳江市阳东区东城镇阳东人民医院住院部旁边的路边，准备贩卖甲基苯丙胺给许某金时被民警当场抓获。从被告人许某光身上缴获四包可疑毒品，经称量，净重分别为0.87克、0.44克、0.42克、0.31克。经广东省阳江市公安司法鉴定中心鉴定，四包可疑毒品均检出甲基苯丙胺的成分。

【案件焦点】

交易时未正式将毒品交给买家，是否构成贩卖毒品罪。

【法院裁判要旨】

广东省阳江市阳东区人民法院经审理认为：吸毒人员许某金电话联系被告人购买毒品并约好交易的地点，两人已达成了毒品交易的合意，被告人许某光购买毒品后进行分装，并携带毒品到事先约定的地点进行交易，毒品已进入了交易环节，被告人在准备交易时被现场抓获，应认定贩卖毒品罪既遂，因此，对被告人许某光的辩解，本院不予采纳。依照《中华人民共和国刑法》第三百四十七条第四款、第三百五十六条、第五十二条、第五十三条、第六十五条、第六十七条第三款、第六十四条，《最高人民法院关于审理毒品犯罪案件适用法律若干问题的解释》第四条之规定，作出如下判决：

一、被告人许某光犯贩卖毒品罪，判处有期徒刑三年十个月，并处罚金3000元；

二、查扣的毒品甲基苯丙胺2.04克、手机1台予以没收。

【法官后语】

《中华人民共和国刑法》第二十三条第一款规定："已经着手实行犯罪，由于犯罪分子意志以外的原因而未得逞的，是犯罪未遂"，可见犯罪未遂的条件之一是已经着手实行犯罪。贩卖毒品罪的既未遂是否以交付为标准，刑法学界有不同观点，一些人主张只要达成毒品交易协议，即构成贩卖毒品既遂；一些人主张以毒品实际交付为既遂标准，如果达成了买卖协议，但尚未实际交付毒品，则不构成贩卖毒品罪既遂。

毒品犯罪有极强的隐蔽性，这种隐蔽性存在于毒品的制造、走私、贩卖、运输等各个环节之中。行为人将毒品贩卖给购买人，这种行为是属于毒品的非法流转，购买人在购得毒品后可能会实施新的贩卖毒品行为，具有严重的社会危害性。在实际破获的贩卖毒品案件中，大量被抓获的毒品犯罪人均停留在购买了毒品尚未卖出，或者正在进行毒品交易而人赃并获的场合，真正能够将毒品从卖方转移到买方手上，毒品交易全部完成以后被抓获的情形属于少数，如果在抓获贩毒分子时，非要等到毒品交易完成后再实施抓捕行动，毒品交易人极易将毒品隐藏、抛弃或灭失，这种情况一旦出现，即便明知某人是贩毒分子，由于缺乏证据，也不能采取强制措施将其抓获，如果以毒品是否实际交付为标准来判断贩卖毒品罪的既遂与否，则必然使大量的毒品案件作未遂处理，不利于对毒品犯罪的打击，反而会放纵毒品犯罪分子。

编写人：广东省阳江市阳东区人民法院　黄明晓

24

贩毒未遂不应计入贩毒的次数，进而认定为多次

——胡某贩卖毒品案

【案件基本信息】

1. 裁判书字号

四川省岳池县人民法院（2018）川1621刑初320号刑事判决书

2. 案由：贩卖毒品罪

【基本案情】

2018年6月19日0时许，被告人胡某在四川省岳池县伏龙乡高速出口处的公路边将一小袋冰毒（0.5克）以300元的价格卖给吸毒人员李某浩等人。2018年6月21日16时许，被告人胡某在四川省岳池县伏龙乡伏罗街80号聚友宾馆入口处将一小袋冰毒（0.5克）以300元的价格贩卖给吸毒人员李某浩。2018年6月22日20时许，被告人胡某在四川省岳池县伏龙乡伏罗街80号聚友宾馆入口处准备再次贩卖冰毒给吸毒人员李某浩时被民警抓获。

【案件焦点】

胡某的第三次贩毒行为是未遂，是否将该次未遂的行为也算作“多次贩毒”中的“一次”。

【法院裁判要旨】

四川省岳池是人民法院经审理认为：被告人胡某明知是毒品而予以贩卖，侵犯了国家对控制毒品的管理制度，其行为已构成贩卖毒品罪，四川省岳池县人民检察

院起诉指控被告人胡某犯贩卖毒品罪的罪名成立，本院予以支持。被告人具有犯罪前科，可以酌定从重处罚。被告人胡某到案后如实供述其贩卖毒品的犯罪事实，依法可以从轻处罚。被告人胡某于2018年6月22日20时欲再次贩卖毒品冰毒时被民警当场抓获，是犯罪未遂，依法可以比照既遂犯从轻或者减轻处罚。据此，根据本案被告人胡某的犯罪事实、情节、认罪态度、悔罪表现及对社会的危害程度，依照《中华人民共和国刑法》第三百四十七条第一款、第四款、第七款，第六十七条第三款，第五十二条、第五十三条之规定，判决如下：

被告人胡某犯贩卖毒品罪，判处有期徒刑一年，并处罚金2000元。

（刑期从判决执行之日起计算，判决执行以前先行羁押的，羁押一日折抵刑期一日，即自2018年6月22日起至2019年6月21日止。罚金在本判决生效后十日内交清。）

【法官后语】

《中华人民共和国刑法》第三百四十七条对贩卖毒品罪规定了不同的刑期范围，按照《最高人民法院关于审理毒品犯罪案件适用法律若干问题的解释》第四条的规定，向多人贩卖毒品或者多次贩卖毒品的，应当认定为刑法第三百四十七条第四款规定的“情节严重”。

在本案中，结合胡某贩卖毒品的数量，如果认定为是三次贩毒，就符合“情节严重”的情形，就应该在“三年以上七年以下有期徒刑”的范围内判处刑罚。而如果不认定为“情节严重”，则在“三年以下有期徒刑、拘役或者管制”的刑期范围内判处刑罚。

在审判实践中，如果被告人的每次贩毒行为均为既遂，那对“多次”的认定一般不存在适用难题，但在本案中，被告人胡某第三次贩毒是未遂状态，此种情形下，是否认定胡某是多次贩毒？

第一种观点认为，未遂情节影响“次数”的认定，胡某第三次贩毒时，实际上已经被公安机关提前获知了信息，胡某不可能成功交易，此种情形下，其社会危害性与毒品已经卖出流入社会的情形存在很大的差异，若在量刑的过程中不考虑这一情节，则明显不符合罪刑相适应的基本原则，是对被告人胡某适应法律的一种不公平。

第二种观点认为，未遂情节不影响"次数"的认定。"多次"贩卖毒品并非以每一次贩卖行为均既遂为成立标准，由于"多次"的立法原意是遏制和消除长期贩卖毒品的人的人身危险性，从而达到严防毒品泛滥、保护公众健康的目的，因而贩毒未遂行为足以表明行为人的主观恶性，表明其不仅产生了贩毒的犯意，而且付诸实践，其主观恶性程度与贩毒既遂行为并无本质差别。既无本质差别，就应该将未遂的次数也认定为"次数"，与另外两次既遂的次数一并认定为三次，进而认定构成"多次贩毒"。同时，《中华人民共和国刑法》第三百四十七条第一款还规定，贩卖毒品无论数量多少都应该追究刑事责任予以刑事处罚，所以，行为人贩卖毒品，其每次行为都应单独构成贩卖毒品罪，多次贩毒实际上是构成的同种数罪，未遂不影响"一罪"的构成，也同样不影响"数罪"的构成。

对于本案，笔者认为应采用第一种观点，认定被告人胡某不构成"多次贩毒"，在"三年以下有期徒刑、拘役或者管制"的刑期范围内判处刑罚。我国刑法对未遂犯处罚的根据是"行为所造成的危险状态"，也就是说未遂犯因其行为具有侵害法益的危险性而受到处罚，但这种对法益的危险性并不是实实在在的侵害了法益，和既遂犯相比，其危害性很小，此时如果认定为"多次"，认为"情节严重"，不符合罪刑相适应的原则。

编写人：四川省岳池县人民法院　钱嫄

25

贩卖毒品罪中特情引诱犯罪的认定规则

——彭某某贩卖毒品案

【案件基本信息】

1. 裁定书字号

云南省昭通市威信县人民法院（2018）云0629刑初43号刑事判决书

2. 案由：贩卖毒品罪（未遂）

【基本案情】

2017 年，公安机关特情向公安局举报被告人彭某某有毒品海洛因要出售，公安民警便安排特情与彭某某联系购买毒品。特情与彭某某通过电话联系，商定以每克 280 元的价格向彭某某购买 100 克毒品海洛因，并约定在威信县某陵园后门见面交易。当日 15 时许，二人在约定地点准备进行毒品交易时，被民警现场查获。经称量，彭某某持有的用于交易的毒品可疑物净重 97.08 克，经鉴定，该毒品可疑物中含有海洛因成分。

【案件焦点】

贩卖毒品犯罪中，公安机关利用特情向被告人购买毒品应当如何认定。

【法院裁判要旨】

云南省昭通市威信县人民法院经审理认为：本案系被告人事前持有毒品并有意出卖，不属公安民警引诱被告人贩卖毒品，而被告人提出系公安机关钓鱼执法的辩解意见与庭审查明的事实不符，对被告人该辩解意见不予采纳。被告人在向他人贩卖毒品时，交易尚未完成即被民警抓获，属犯罪未遂，可以比照既遂犯从轻或者减轻处罚。

云南省昭通市威信县人民法院依照《中华人民共和国刑法》第三百四十七条第一款、第二款，第二十三条，第六十七条第三款，第六十四条之规定，作出如下判决：

一、被告人彭某某犯贩卖毒品罪，判处有期徒刑十一年（刑期从判决执行之日起计算，判决执行以前先行羁押的，羁押一日折抵刑期一日，即自 2017 年 12 月 15 日起至 2028 年 12 月 14 日止），并处罚金人民币 4 万元（罚金限于判决生效后一个月内缴纳）；

二、作案工具手机一部、电子口袋秤一把、毒品海洛因 97.08 克及罗某坤持有的毒品海洛因 0.74 克，依法予以没收。

【法官后语】

本案的处理重点要注意特情向被告人购买毒品是否属于特情引诱犯罪。“特情”是“刑事特别情报员”的简称，《全国法院审理毒品犯罪案件工作座谈会纪要》（南宁会议纪要）明确提出特情引诱存在犯意引诱和数量引诱两种情况，在具体适用规则上明确无论是犯意引诱还是数量引诱，均应当从轻处罚，且存在犯意引诱的情况时一律不得判处死刑立即执行、存在数量引诱的情况时一般不得判处死刑立即执行。《全国部分法院审理毒品犯罪案件工作座谈会纪要》（大连会议纪要）进行了进一步的修正，指出“对已持有毒品待售，后者有证据证明已准备实施大宗毒品犯罪者，采取特情贴靠、接洽而破获的案件，不存在犯罪引诱，应当依法处理”，对于此种情况，应属于“机会引诱”，即毒品犯罪者的犯意已先于引诱而产生，引诱行为只是赋予其进行毒品犯罪的机会。

2012年修正的《中华人民共和国刑事诉讼法》在“技术侦查措施”一节规定：“对涉及给付毒品等违禁品或者财物的犯罪活动，公安机关根据侦查犯罪的需要，可以依照规定实施控制下交付。”有学者认为特情引诱与控制下交付之间存在本质的区别，是两种完全不同的概念。从表面来看，实施特情引诱在先，进行控制下交付在后，但实际上控制下交付与特情引诱的界限并非泾渭分明，而是存在着交叉关系。控制下交付的控制行为并非局限在交付这一个时间点，而是与交付行为前后相关的全过程。其控制方式既包括监视、监听、跟踪等多种形式也包括特情。在适用对象方面，控制下交付包括了毒品在内的违禁品和其他财物。

《中华人民共和国刑事诉讼法》第一百五十三条规定：“为了查明案情，在必要的时候，经公安机关负责人决定，可以由有关人员隐匿其身份实施侦查。但是，不得诱使他人犯罪……”这里的“不得诱使他人犯罪”与“特情引诱”具有冲突，从而引发以下问题：（1）犯意引诱侵犯了隐私权和人格权，特情引诱使用不当，将形成犯罪教唆且严重影响社会公信。（2）对特情引诱下贩卖毒品罪的既遂存疑，与普通的贩卖毒品罪不同，侦查机关对于特情引诱下的贩卖毒品行为具有较强的支配力和控制力，犯罪既遂的成立需要从构成要件符合性上考量，更需要“结合具体个罪的保护法益是否受到现实侵害进行实质解释”，贩卖毒品罪虽然是一种行为犯，既遂应以行为是否完成为标准，而行为是否完成，需要结合其保护的法益进行实质判断，贩卖毒品罪所保护的法益包括国家对毒品的管理制度和公众健康。就“双套引诱”而言，上线和下线均为特情，犯罪嫌疑人的行为明显不存在法益侵害的现实可能性。

当前，我国的特情人员为“警察、其他司法人员及其代理人”。这里的“代理人”并不限于国家工作人员，还包括了受公安机关委托的普通公民，既存在“群众特情”也存在“劣迹特情”。目前我国对特情的具体行为缺乏统一立法规制，各地规定存在冲突，标准混乱且欠缺严格细致的审批程序，导致在具体引诱方式实行过程中，出现了个别特情人员滥用特情引诱方式的行为，因此在贩卖毒品中使用特情需我们的法官更加谨慎，才能在保护法益的同时保障人权。

编写人：云南省昭通市威信县人民法院　晋艳

26

以贩卖为目的购买毒品而未接收到毒品是否构成贩卖毒品罪未遂

——周某源等贩卖、运输毒品案

【案件基本信息】

1. 裁判书字号

广东省云浮市中级人民法院（2017）粤53刑初52号刑事判决书

2. 案由：贩卖、运输毒品罪

【基本案情】

2017年1月、2月，被告人周某青、周某荣合谋购买毒品氯胺酮（俗称“K粉”）进行贩卖，并约定由周某荣负责联系被告人周某源购买毒品。2017年2月19日，在与周某荣谈妥毒品氯胺酮的价格、数量后，周某源指使周某运驾驶粤JUM2××小汽车到罗定市向周某荣收取毒资10000元，到肇庆市蚬岗服务区向周某青收取毒资105000元，便前往东莞市购买毒品氯胺酮。在购买到毒品氯胺酮后，周某运将查验毒品质量的照片发送给周某源、周某荣，便驾驶粤JUM2××小汽车从东莞返回，并联系周某荣到广东省肇庆市马安高速出口附近准备接收毒品。周某青接到周某荣的通知后即与被告人王某进一起驾驶粤YER2××车牌号小轿车前往约定的毒品交接地点。当周某运驾车到达马安收费站时，被公安民警当场抓获，公安民警在该小汽车内缴获两大包白色粉末状可疑毒品，分别净重1001克、997克；在手刹处搜出用五元人民币包着的净重0.09克白色粉末及手机等物。同时，在马安收费站附近，民警将准备接收毒品的周某青、王某进抓获。随后，公安机关在罗定泗纶镇杨绿村委垌办21号抓获周某荣，在信宜市东镇新城国际小区B7栋6××号房将被告人周某源抓获。经鉴定，被缴获的净重1998.09克的可疑毒品中均检出氯胺酮成分。

【案件焦点】

行为人以贩卖为目的购买毒品，进入交易地点附近但未接收到毒品是否构成贩卖毒品罪未遂。

【法院裁判要旨】

广东省云浮市中级人民法院经审理认为：被告人周某源、周某运无视国家法律，违反国家毒品管制法规，贩卖、运输毒品氯胺酮1998.09克，其行为均已构成贩卖、运输毒品罪，且贩卖、运输毒品的数量大。被告人周某青、周某荣、王某进无视国家法律，违反国家毒品管制法规，以贩卖为目的购买毒品氯胺酮1998.09克，其行为均已构成贩卖毒品罪，且贩卖毒品的数量大。公诉机关指控五被告人犯贩卖毒品罪的犯罪事实清楚，证据确实、充分，罪名成立。在周某源、周某运贩卖、运输毒品的共同犯罪中，周某源指使周某运收取毒资、购买毒品氯胺酮进行贩卖、运输，起主要作用，是主犯，应当按照其所参与的或者组织、指挥的全部犯罪处罚；周某运受人指使贩卖、运输毒品氯胺酮，起次要作用，是从犯，依法应当减轻处罚。在周某青、周某荣、王某进贩卖毒品的共同犯罪中，周某青、周某荣均起主要作用，是主犯，周某青提起犯意，支付购买毒品大部分款项，在约定的地点等待交接毒品，作用较周某荣突出；王某进起次要作用，是从犯，依法应当减轻处罚；周某青、周某荣、王某进以贩卖为目的而尚未买进、接收到毒品，其行为均已构成犯罪未遂，依法均可以比照既遂犯减轻处罚。被告人周某青、周某荣、周某运、王某进归案后能如实供述犯罪事实，依法均可以从轻处罚。依照《中华人民共和国刑法》第三百四十七条第一款、第二款第一项、第三款、第二十三条第二款、第二十五条第一款、第二十六条第一款、第四款、第二十七条、第六十七条第三款、第五十五条第一款、第五十六条第一款、第五十二条、第五十九条、第六十四条、第六十一条，《最高人民法院关于审理毒品犯罪案件适用法律若干问题的解释》第一条的规定，作出如下判决：

一、被告人周某源犯贩卖、运输毒品罪，判处有期徒刑十五年，剥夺政治权利四年，并处没收财产人民币 3.5 万元；

二、被告人周某青犯贩卖毒品罪，判处有期徒刑十三年，剥夺政治权利三年，并处罚金人民币 2.5 万元；

三、被告人周某荣犯贩卖毒品罪，判处有期徒刑十一年，剥夺政治权利二年，并处罚金人民币 2 万元；

四、被告人周某运犯贩卖、运输毒品罪，判处有期徒刑十年，剥夺政治权利二年，并处罚金人民币 1.5 万元；

五、被告人王某进犯贩卖毒品罪，判处有期徒刑七年，剥夺政治权利一年，并处罚金人民币 1 万元；

六、扣押在案的周某运所有的人民币 1200 元、王某进所有的人民币 500 元、周某荣所有的人民币 3100 元予以没收抵缴各自的财产刑；扣押的毒品、手机等予以没收，毒品由公安机关依法销毁。

【法官后语】

贩卖毒品，是指明知是毒品而非法销售或者以贩卖为目的而非法收买毒品的行为。而“以贩卖为目的”是主观要素，不像客观事实那样能够被直接感观到，但本案中周某青、周某荣对其的真实意图予以供认，结合在案的其他证据足以认定其贩卖毒品的故意。

本案的焦点是以贩卖为目的而非法收买毒品的既未遂问题，有观点认为，以贩卖为目的而非法收买毒品是目的犯，在刑法理论上被称为“短缩的二行为犯”，即“完整”的犯罪行为原本由两个行为组成，但刑法规定，只要行为人以实施第二个行为为目的实施了第一个行为（即短缩的二行为犯的实行行为），就以犯罪既遂论处，而不要求行为人客观上实施第二个行为。本案中，双方在交易前已就毒品的数量、价格、交易地点等进行商谈，周某青、周某荣已支付毒资并进入交易地点附近，周某青、周某荣尚未实际取得毒品也应当认定既遂。如果以毒品是否取得为标准来判断贩卖毒品罪的既遂与否，则必然使大量的毒品案件作未遂处理，不利于对毒品犯罪的打击，反而会放纵毒品犯罪分子。

笔者认为，周某青、周某荣等以贩卖为目的而购买毒品的行为构成了贩卖毒品罪未遂。首先，在实际破获的贩卖毒品案件中，大量被抓获的毒品犯罪人均停留在正在进行毒品交易而人赃并获的场合，毒品上家与以贩卖为目的购买毒品的下家不具有同一性，下家未接收到毒品意味着还未造成毒品的非法流通与运转，不具有进一步危害社会的现实危险性。相应的该行为自然也就不能认定既遂。其次，从“交易环节”角度来看，周某青、周某荣支付毒资并进入交易地点，周某源也指使他人将毒品运输至交易地点，周某源的贩卖行为已实施完毕，周某青、周某荣因上家周某源被抓而中断，没有将毒品现实地放到“交易地点”，不应该认为是进入了贩卖的“交易环节”。再次，《中华人民共和国刑法》第二十三条第一款规定，已经着手实行犯罪，由于犯罪分子意志以外的原因而未得逞的，是犯罪未遂。将以贩卖为目的而购入毒品的行为认定为贩卖毒品罪既遂，模糊了既遂与未遂的区别，实质上抹杀了主客观要件的原则界限，将犯罪的主观方面与客观方面混为一谈了。最后，从打击犯罪来看，销售毒品行为隐蔽，往往是“一对一”的证据，取证十分困难。将以贩卖为目的购进毒品行为作为贩卖毒品罪的未遂状态，有利于下家如实供述整个案情，也有利于更好地实现量刑平衡，更好地打击犯罪。

编写人：广东省云浮市中级人民法院　刘恒军

（三）共同犯罪

27

主犯未达刑事责任年龄不影响对从犯刑事责任的认定

——李某某、周某某（未成年人）强奸、强迫卖淫案

【案件基本信息】

1. 裁判书字号

北京市大兴区人民法院（2018）京0115刑初6号刑事判决书

2. 案由：强奸罪、强迫卖淫罪

【基本案情】

被告人李某某（时年未满十五周岁）与被害人卢某（女，2001 年 4 月出生）系初中同学，2017 年 7 月，李某某有意带女子到北京卖淫，遂与孙某辉（另案处理）、周某某等人商议一同前往。2017 年 7 月下旬，李某某将被害人卢某约到河南省商丘市玩耍，并建立恋爱关系。李某某称要带卢某到北京游玩。2017 年 7 月 24 日，卢某看到李某某手机内聊天记录有关内容，意识到李某某可能是带她到北京从事非法活动后，表示不愿意与李某某去北京并意欲逃跑。李某某在周某某的协助下，将卢某带至河南省商丘市齐天酒店内，对卢某进行威胁、殴打、李 A（另案处理，未成年）对卢某进行劝说，卢某被迫与李某某、周某某、孙某辉、李 A 来京，周某某联系了在北京从事卖淫活动中间人，卢某在此中间人的介绍下，被迫从事卖淫活动，直至 8 月 1 日，卢某逃走后报警。

2017 年 7 月 24 日凌晨，被告人周某某在河南省商丘市齐天酒店（原柒天酒店）内强行与被害人卢某发生性关系，因遭到反抗未果。2017 年 7 月 25 日凌晨，在北京市大兴区旧宫镇宝玉宾馆 82 × × 房间内，被告人周某某向被告人李某某提出自己想与卢某发生性关系，被告人李某某遂将卢某带至该房间，周某某强行与卢某发生性关系，之后李某某亦强行奸淫了卢某。

另被告人李某某、周某某于 2017 年 8 月 11 日被抓获归案，二被告人家属各自赔偿被害人经济损失，被害人书面请求对二被告人从轻处罚。

【案件焦点】

1. 在强迫卖淫行为的主犯李某某因未达到刑事责任年龄没有被追究刑事责任的情况下，对已经达到强迫卖淫罪刑事责任年龄的周某某是否应追究强迫卖淫罪的刑事责任；2. 强迫卖淫罪认定的有关问题。

【法院裁判要旨】

北京市大兴区人民法院经审理认为：被告人李某某、周某某违背妇女意志强行奸淫未成年女性，且李某某有轮奸情节，被告人李某某、周某某的行为已经构成强奸罪，北京市大兴区人民检察院指控二被告人犯强奸罪的事实清楚，证据确实充分，指控罪名成立。被告人周某某伙同李某某等人强迫尚未成年的卢某卖淫，其行为已经构成强迫卖淫罪，依法应从重处罚。北京市大兴区人民检察院指控被告人周某某犯强迫卖淫罪的事实清楚，证据确实充分，指控罪名成立。被告人周某某一人犯数罪，依法对其数罪并罚。被告人李某某犯罪时未满十八周岁，归案后如实供述，赔偿被害人经济损失，有认罪、悔罪表现，依法对其减轻处罚。被告人周某某犯罪时未满十八周岁，在强迫卢某卖淫的过程中起次要作用，系从犯，综合其具体行为，当庭认罪表现，依法对其减轻处罚；其在齐天酒店内强奸卢某的犯罪行为因卢某的反抗未能得逞，系犯罪未遂，依法对此起事实从轻处罚；另其家属赔偿被害人经济损失，酌情对其从轻处罚。

被告人李某某辩护人关于李某某仅是在周某某强奸卢某时提供了帮助，系强奸的帮助犯，而其自身行为不应认定强奸，更不构成轮奸的意见，因现有证据足以认定在旧宫镇宝玉宾馆内被告人李某某协助周某某实施强奸卢某的行为后，其亦以强制手段奸淫卢某，符合轮奸的客观表现；虽无证据证明李某某与周某某就轮奸行为有共谋，但李某某对卢某遭到轮流强奸属知悉且追求主观心态，符合轮奸的主观要件，因此对辩护人有关不属轮奸的辩解，法院不予采纳。辩护人关于未有足够证据证明李某某具体是既遂或者未遂，不能认定既遂的意见，本院认为，有被告人供述、被害人陈述均可证明属犯罪既遂，故对此辩护意见，法院不予采纳。

被告人周某某的辩护人关于其归案后如实供述的意见，经查与事实不符，法院未予采纳。关于被害人缺乏自爱、自我保护意识也是导致案件发生的重要原因的意见，因被害人自我保护意识强弱、自爱与否等因素都并非被告人犯罪或者从轻的理由，因此，对此辩护意见，法院不予采纳。

北京市大兴区人民法院依照《中华人民共和国刑法》第二百三十六条第三款第四项，第十七条第二款、第三款，第六十七条第三款，第二十五条第一款之规定，对被告人李某某依照《中华人民共和国刑法》第二百三十六条第一款，第三百五十八条第一款、第二款，第十七条第一款、第三款，第二十三条，第二十五条第一款，第二十七条，第六十九条第一款、第三款，第五十二条，第五十三条之规定，对被告人周某某，作出下判决：

一、被告人李某某犯强奸罪，判处有期徒刑五年六个月；

二、被告人周某某犯强奸罪，判处有期徒刑三年，犯强迫卖淫罪，判处有期徒刑二年六个月，并处罚金人民币三千元，数罪并罚，决定执行有期徒刑五年，并处罚金人民币三千元。

【法官后语】

本案主要涉及司法实践中两个具体的问题：一是在主犯不被追究刑事责任的情况下协助、次要作用的行为实施人是否应当追究责任；二是强迫卖淫犯罪中证据证明需要达到的程度为何。

关于第一个问题，侦、诉机关的疑问在于：周某某仅是在李某某殴打卢某时在场，未实施过殴打、威胁的行为，虽曾帮助李某某联系过卖淫的中间人，但其本人没有参与过任何一次跟车随同卢某去卖淫的活动，也没有参与卢某卖淫收益的分成，在主犯李某某因未达到强迫卖淫罪的刑事责任年龄的情况下，周某某的行为是否有可追究性？法院认为，主犯未达到刑事责任年龄，并不影响已经达到刑事责任年龄的从犯被追究刑事责任。第一，查明犯罪事实与追究刑事责任是两个完全不同的刑事诉讼活动，有明确的逻辑顺序，即查明犯罪事实是追究刑事责任的前提条件之一；追究刑事责任则是查明事实、掌握法律规定进行法律推理后可能形成的结果之一。在本案中，主犯李某某明确没有达到强迫卖淫罪的刑事责任年龄，但如果仅以此为由，就对强迫卖淫的行为不进行法律判断，有悖于刑事诉讼活动准则。第二，刑事责任是犯罪分子在实施了法益侵害行为后，应承担的法律后果。法律后果并非犯罪结果，共同犯罪的行为人虽产生了一个犯罪结果，但其均应承担自身行为所带来的法律后果，从犯的责任追究，并不以主犯受到追究为前提。

关于第二个问题，在涉及性交易类犯罪时，传统的做法是需要找到性交易双方来确定存在卖淫、嫖娼等性交易事实，进而起诉强迫卖淫罪。法院认为：第一，强迫卖淫的犯罪行为，被害人多受到加害者的人身控制，如果必须找寻到嫖客、确认卖淫事实，客观上对被害人来说过于苛责。第二，如果以找到嫖客作为认定强迫卖淫罪的前提，加害者出于避害心理可能对被害人实行更为严重的人身控制，进而产生性质更为恶劣的强迫卖淫现象。因此，强迫卖淫罪在认定中，需要查明的核心问题是行为人是否实施了强迫被害人卖淫的行为，被害人是否真的去从事性交易只是影响量刑的因素，并不影响入罪。

编写人：北京市大兴区人民法院　王艳超　贾薇

28

组织出卖人体器官的共同犯罪中是否必须严格区分主从犯

——薛某东等8人组织出卖人体器官案

【案件基本信息】

1. 裁判书字号

湖南省湘潭市岳塘区人民法院（2018）湘0304刑初172号刑事判决书

2. 案由：组织出卖人体器官罪

【基本案情】

2017年5月，黄某春因患尿毒症而向被告人李某强提出非法肾移植需求，被告人李某强答应后，联系被告人薛某东商定手术事宜，薛某东继而联系被告人冯某启要求其提供肾脏供体。后由被告人薛某东负责安排配型检查、联系手术场所、购置手术医疗用品及相关器械；被告人冯某启负责提供肾脏供体、联系手术中介即被告人李某；被告人李某负责组织手术医生；被告人周某顺负责提供手术场所、安排护士、照顾术后供体。

前期准备工作就绪后，2017年6月8日晚20时许，在被告人薛某东、冯某启、李某、李某强的组织下，手术主刀医生即被告人黄某柱、麻醉师即被告人张某永、手术助手即被告人伍某、黄某春、肾脏供体张某煜先后抵达湘潭市华侨中医医院三楼手术室进行换肾手术。术后黄某春支付费用共计46万元，张某煜得4万元，余下款项由被告人薛某东、冯某启、李某、李某强、黄某柱、伍某、张某永、周某顺分得。

后因手术失败，黄某春在武汉161医院行移植肾脏摘除手术。

公诉机关认为，被告人薛某东、冯某启、李某、黄某柱、伍某、张某永、李某强、周某顺伙同他人组织出卖人体器官，应当以组织出卖人体器官罪追究该八人的刑事责任；在共同组织出卖人体器官罪中，被告人薛某东、冯某启、李某、黄某柱、伍某、张某永、李某强、周某顺均系主犯。

而被告人冯某启、李某、黄某柱、张某永、伍某、李某强、周某顺本人及其辩护人认为，其在共同犯罪中应系从犯。

【案件焦点】

组织出卖人体器官罪中将各被告人认定为共同犯罪，是否必须严格区分主从犯。

【法院裁判要旨】

湖南省湘潭市岳塘区人民法院经审理认为：组织出卖人体器官罪，是指以领导、策划、指挥、招募、雇用、控制等方式，组织他人出卖人体器官的行为，并非只有通过成立一个严密的组织机构来实施才构成本罪，有时需要“供体中介”“受体中介”等黑市中介的相互配合，通过一种松散的组织形式来实施，被告人只要参与上述环节，就构成该罪。本案中，八名被告人均参与了组织出卖人体器官的某一个环节，共同完成本案的组织出卖人体器官行为，且每一环节的完成均对整个行为的完成起着关键作用，八名被告人系共同犯罪，但本案不宜区分主从犯，依法应按各自所参与的犯罪进行处罚。

湖南省湘潭市岳塘区人民法院根据被告人犯罪的事实、性质、情节和对社会的危害程度，依照《中华人民共和国刑法》第二百三十四条之一第一款、第四十五条、第四十七条、第五十二条、第五十三条、第六十七条第一款、第三款之规定，判决如下：

一、被告人薛某东犯组织出卖人体器官罪，判处有期徒刑四年，并处罚金八万元；

（刑期自判决执行之日起计算，判决执行以前先行羁押的，羁押一日折抵刑期一日。即自2017年11月1日起至2021年10月31日止；罚金限于本判决书生效之日起十日内一次性缴纳。）

二、被告人冯某启犯组织出卖人体器官罪，判处有期徒刑三年六个月，并处罚金七万元；

（刑期自判决执行之日起计算，判决执行以前先行羁押的，羁押一日折抵刑期一日。即自2017年11月1日起至2021年4月30日止；罚金限于本判决书生效之日起十日内一次性缴纳。）

三、被告人李某犯组织出卖人体器官罪，判处有期徒刑三年，并处罚金六万元；

（刑期自判决执行之日起计算，判决执行以前先行羁押的，羁押一日折抵刑期一日。即自2017年11月1日起至2020年10月31日止；罚金限于本判决书生效之日起十日内一次性缴纳。）

四、被告人黄某柱犯组织出卖人体器官罪，判处有期徒刑二年六个月，并处罚金五万元；

（刑期自判决执行之日起计算，判决执行以前先行羁押的，羁押一日折抵刑期一日。即自2018年1月16日起至2020年7月9日止；罚金限于本判决书生效之日起十日内一次性缴纳。）

五、被告人伍某犯组织出卖人体器官罪，判处有期徒刑二年六个月，并处罚金五万元；

（刑期自判决执行之日起计算，判决执行以前先行羁押的，羁押一日折抵刑期一日。即自2018年3月28日起至2020年9月22日止；罚金限于本判决书生效之日起十日内一次性缴纳。）

六、被告人张某永犯组织出卖人体器官罪，判处有期徒刑二年六个月，并处罚金五万元；

（刑期自判决执行之日起计算，判决执行以前先行羁押的，羁押一日折抵刑期一日。即自2017年11月18日起至2020年5月17日止；罚金限于本判决书生效之日起十日内一次性缴纳。）

七、被告人李某强犯组织出卖人体器官罪，判处有期徒刑二年，并处罚金三万元；

（刑期自判决执行之日起计算，判决执行以前先行羁押的，羁押一日折抵刑期一日；罚金限于本判决书生效之日起十日内一次性缴纳。）

八、被告人周某顺犯组织出卖人体器官罪，判处有期徒刑二年，并处罚金三万元。

（刑期自判决执行之日起计算，判决执行以前先行羁押的，羁押一日折抵刑期一日。即自2017年11月7日起至2019年11月6日止；罚金限于本判决书生效之日起十日内一次性缴纳。）

被告人李某、黄某柱、伍某、张某永、李某强、周某顺不服提出上诉，湖南省湘潭市中级人民法院裁定：

驳回上诉，维持原判。

【法官后语】

本案的争议焦点在于是否需要区分主从犯，共同犯罪是指二人以上共同故意犯罪，根据各被告人在共同犯罪中所处的地位和作用不同，可区分主犯和从犯。但是如果被告人的地位和作用都基本相同，没有明显的主从关系时，不应当区分主从犯。在量刑时，对各被告人不能做“一刀切”的处理，可根据各被告人所起作用的大小，所处地位的高低，主观恶性的大小，社会危害性的大小，认定被告人是起作用相对较大的主犯抑或起作用相对较小的主犯，分别量刑，以体现量刑的均衡，本案的组织出卖人体器官的行为，是通过一个松散的组织机构来实施的，本案八名被告人均参与了组织出卖人体器官的某一环节，共同完成犯罪，但不能简单区分某一环节的作用大或某一环节的作用小，而是任意一环节的完成都对整个犯罪的完成起至关重要的作用。故本案不宜区分主从犯，量刑时可以酌情考虑。

编写人：湖南省湘潭市岳塘区人民法院　段凤皇

（四）罪数形态

29

选择性罪名一般情况下应根据行为人所实施的数个行为确定罪名

——黄某等人非法买卖、运输制毒物品案

【案件基本信息】

1. 裁判书字号

福建省厦门市中级人民法院（2018）闽02刑终795号刑事裁定书

2. 案由：非法买卖、运输制毒物品罪

【基本案情】

2017年4月、5月被告人陈某郁、高某、汪某在台湾男子"可爱"（另案处理）安排下从台湾入境厦门接收、看管、交付毒资给制毒物品卖家，5月27日分两次交给被告人许某人民币（下同）60万元定金。5月27日，被告人黄某联系被告人张某为其从龙岩运输一批货物至厦门，并安排人员探路。被告人张某根据指示找被告人陈某探路。5月28日晚，被告人黄某、许某、张某、陈某四人驾车进行运输制毒物品路线踩点。5月29日中午，被告人张某驾驶装载白色结晶粉末的车辆在厦门高速东孚服务区被抓获，当场查获24袋黄色包装袋包装的白色结晶粉末及手机等物品。经检测，缴获的24袋物品含有氯麻黄碱成分，净重597.337公斤。其间，被告人陈某在厦门翔安高速入口处被抓获，被告人黄某、许某、陈某郁、汪某四人在龙岩市新罗区嘉年华1号楼楼下被侦查人员抓获，缴获毒资312万元等物品。同日下午，被告人高某在厦门市四川大厦10××室被抓获。

【案件焦点】

1. 侦查机关查获涉案制毒物品的程序是否合法；2. 被告人黄某、许某、陈某郁在本案中的地位和作用；3. 被告人汪某是否明知其在从事买卖制毒物品的行为；4. 被告人陈某是否明知其在协助他人买卖制毒物品；5. 对被告人黄某、张某、陈某罪名的确定。

【法院裁判要旨】

福建省厦门市海沧区人民法院经审理认为：本案被告人黄某违反国家规定，非法买卖涉案制毒物品，并安排被告人张某、陈某将涉案制毒物品从龙岩运输到厦门，其行为已构成非法买卖、运输制毒物品罪。被告人张某、陈某明知黄某实施非法买卖制毒物品犯罪，仍积极协助其运输，其行为亦构成非法买卖、运输制毒物品罪。公诉机关指控的罪名不当，应以纠正。因此，被告人黄某、张某、陈某违反国家规定，非法买卖、运输制毒物品氯麻黄碱597.337公斤，情节特别严重，其行为已构成非法买卖、运输制毒物品罪。被告人许某、陈某郁、汪某、高某违反国家规定，非法买卖制毒物品氯麻黄碱597.337公斤，情节特别严重，其行为已构成非法买卖制毒物品罪。公诉机关指控的本案各被告人所参与的犯罪事实清楚，但指控被告人黄某、张某、陈某的罪名不当，应予纠正。本案非法买卖制毒物品的犯罪行为由于意志以外的原因未能得逞，系未遂，依法可比照既遂犯从轻或减轻处罚。本案系共同犯罪。被告人黄某、许某、陈某郁在共同犯罪中起主要作用，系主犯。被告人汪某、张某、陈某、高某在共同犯罪中起次要作用，系从犯，依法应当从轻或减轻处罚。被告人陈某郁、张某、高某、许某归案后如实供述自己所犯罪行并当庭自愿认罪，依法可以从轻处罚。被告人黄某当庭自愿认罪，可酌情从轻处罚。被告人黄某在缓刑考验期限内犯新罪，依法应当撤销缓刑，数罪并罚。

福建省厦门市海沧区人民法院依照《中华人民共和国刑法》第三百五十条第一款、第二十三条、第二十五条第一款、第二十六条第一款、第四款、第二十七条、第六十七条第三款、第七十七条第一款、第六十九条、第六十四条以及《最高人民法院关于审理毒品犯罪案件适用法律若干问题的解释》第八条第二款第一项之规定，作出判决如下：

一、撤销福建省龙岩市新罗区人民法院（2013）龙新刑初字第278号刑事判决书中对被告人黄某犯信用卡诈骗罪，判处有期徒刑三年，缓刑五年，并处罚金人民币三万元中的缓刑部分；

二、被告人黄某犯非法买卖、运输制毒物品罪，判处有期徒刑十一年，并处罚金人民币三十万元；与前罪判处刑罚并罚，决定执行有期徒刑十三年，并处罚金人民币三十三万元；

（刑期从判决执行之日起计算。判决执行以前先行羁押的，羁押一日折抵刑期一日。即自2017年5月29日起至2030年5月28日止；罚金应于判决书生效后第二日起十日内缴纳。）

三、被告人许某犯非法买卖制毒物品罪，判处有期徒刑七年六个月，并处罚金人民币十五万元；

（刑期从判决执行之日起计算。判决执行以前先行羁押的，羁押一日折抵刑期一日。即自2017年5月29日起至2024年11月28日止；罚金应于判决书生效后第二日起十日内缴纳。）

四、被告人陈某郁犯非法买卖制毒物品罪，判处有期徒刑七年，并处罚金人民币十五万元；

（刑期从判决执行之日起计算。判决执行以前先行羁押的，羁押一日折抵刑期一日。即自2017年5月29日起至2024年5月28日止；罚金应于判决书生效后第二日起十日内缴纳。)

五、被告人汪某犯非法买卖制毒物品罪，判处有期徒刑六年，并处罚金人民币十万元；

(刑期从判决执行之日起计算。判决执行以前先行羁押的，羁押一日折抵刑期一日。即自2017年5月29日起至2023年5月28日止；罚金应于判决书生效后第二日起十日内缴纳。)

六、被告人张某犯非法买卖、运输制毒物品罪，判处有期徒刑七年，并处罚金人民币十万元；

(刑期从判决执行之日起计算。判决执行以前先行羁押的，羁押一日折抵刑期一日。即自2017年5月30日起至2024年5月29日止；罚金应于判决书生效后第二日起十日内缴纳。)

七、被告人陈某犯非法买卖、运输制毒物品罪，判处有期徒刑七年，并处罚金人民币十万元；

(刑期从判决执行之日起计算。判决执行以前先行羁押的，羁押一日折抵刑期一日。即自2017年5月30日起至2024年5月29日止；罚金应于判决书生效后第二日起十日内缴纳。)

八、被告人高某犯非法买卖制毒物品罪，判处有期徒刑四年六个月，并处罚金人民币五万元；

(刑期从判决执行之日起计算。判决执行以前先行羁押的，羁押一日折抵刑期一日。即自2017年5月30日起至2021年11月29日止；罚金应于判决书生效第二日起十日内缴纳。)

九、扣押在案的氯麻黄碱24袋（净重597.337公斤），予以没收，由公安机关直接上缴禁毒部门依法处理；扣押在案的现金人民币3165100元、作案工具手机十二部、电话卡四张、纸张八张、账本一本，依法予以没收；扣押在案的其他物品，依法予以发还（详见发还清单）；继续追缴被告人黄某、许某违法所得人民币六十万元。

被告人黄某、汪某、张某、陈某对原审判决结果不服提起上诉。福建省厦门市中级人民法院经审理同意一审法院裁判意见，依照《中华人民共和国刑事诉讼法》第二百二十五条第一款第一项的规定裁定如下：

驳回上诉，维持原判。

【法官后语】

选择性罪名，是指刑法分则规定的某种犯罪，包含两种以上的行为，或者包含两种以上的犯罪对象的罪名。选择性罪名大致可分为三种：一是含有一种行为和两种以上的行为对象，如《中华人民共和国刑法》第二百二十一条规定的损害商业信誉、商品声誉罪；二是含有两种以上的行为和一种行为对象，如出售、购买、运输假币罪；三是含有两种以上的行为和两种以上的行为对象，如伪造、变造、买卖国家机关公文、证件、印章罪。选择性罪名具有法定性、内在联系性、可分解性的特征。

若行为人实施了选择性罪名中包含的数个选择性行为，法院在最终确定罪名时是否需将各个行为均罗列出来，尤其是在数行为间存在目的行为与手段行为或原因行为与结果行为等关系时，该点在司法实践中存在较大争议。

有观点认为，以走私、贩卖、运输、制造毒品罪为例，立法设置运输毒品罪的价值在于，现实中往往会因为证据的原因而无法运用走私、贩卖、制造毒品罪来打击相关毒品犯罪，但运输毒品罪的设置正好可以弥补走私、贩卖、制造毒品罪的上述不足。换言之，在能查明行为人运输毒品的目的系走私或贩卖，或是制造完成后的运输行为，对运输行为就不应评价，直接认定为走私毒品罪、贩卖毒品罪或制造毒品罪。又如，持有、使用假币罪，若行为人持有假币后又使用该假币的，行为人其实就是为了使用而持有假币，其持有假币的行为是其使用假币行为必不可少的组成部分，不具有相对的独立性，对其行为以使用假币罪论处就足以评价其包括持有假币行为在内的全部行为，故对其行为应当认定为使用假币罪，而不应当认定为持有、使用假币罪。笔者将该观点代称为“A观点”。

A观点采用类推牵连犯的理论，即认为在选择性罪名中若行为人针对同一犯罪对象实施的数个行为存在方法行为与目的行为，或原因行为与结果行为之间的牵连关系，在能查明行为人的犯罪目的时，在罪名中只列明其中的目的行为或结果行为，方法行为和原因行为等视为已被目的行为或结果行为评价。

笔者对A观点不予赞同，认为对选择性罪名在法律无特殊规定的情况下，应根据行为人所实施的数个行为，按相关罪名刑法规定的排列顺序并列确定罪名，且当犯罪对象同一时，犯罪对象不累计计算，当犯罪对象不同一时，犯罪对象应累计计算。笔者将该观点称之为“行为说”。

首先，A观点在存在犯罪既、未遂和共同犯罪的情况下将可能导致量刑的不均衡。例如，行为人甲为走私一批毒品而雇佣乙帮忙运输，乙只知道运输的是违禁品，且可能是毒品，但不知道甲的目的系走私该批毒品，后乙将该批毒品从B市运到C市后在C市被民警查获，依A观点，此时乙构成运输毒品罪（既遂），甲构成走私毒品罪（未遂），而走私、贩卖、运输、制造毒品罪中毒品数量对各行为的量刑幅度是一致的，即在认定甲和乙分别走私、运输同一批毒品的情况下，因甲构成走私毒品罪未遂、乙构成运输毒品罪既遂（乙为从犯地位），反而最终量刑时乙将可能比甲所受刑罚更重，显然甲乙二人的罪责刑不相适应。相反地，若采用“行为说”，认为甲的行为属构成走私、运输毒品罪，在运输毒品方面与乙构成共同犯罪，甲为主犯、乙为从犯，继而在量刑时甲、乙均以运输毒品罪既遂来考量，乙因属从犯依法从轻或减轻处罚，对甲走私毒品未遂的行为不再重复评价，如此对二人的量刑将较为适宜。

其次，最高人民法院印发《全国部分法院审理毒品犯罪案件工作座谈会纪要》的通知中明确，走私、贩卖、运输、制造毒品罪是选择性罪名，对同一宗毒品实施了两种以上犯罪行为并有相应确凿证据的，应当按照所实施的犯罪行为的性质并列确定罪名，毒品数量不重复计算，不实行数罪并罚。对同一宗毒品可能实施了两种以上犯罪行为，但相应证据只能认定其中一种或者几种行为，认定其他行为的证据不够确实充分的，则只按照依法能够认定的行为的性质定罪。最高人民法院在《全国法院审理金融犯罪案件工作座谈会纪要》中明确，“假币犯罪案件中犯罪分子实施数个相关行为的，在确定罪名时应把握以下原则：1. 对同一宗假币实施了法律规定为选择性罪名的行为，应根据行为人所实施的数个行为，按相关罪名刑法规定的排列顺序并列确定罪名，数额不累计计算，不实行数罪并罚；2. 对不同宗假币实施法律规定为选择性罪名的行为，并列确定罪名，数额按全部假币面额累计计算，不实行数罪并罚”。以持有、使用假币罪为例，丙使用假币3000元后被公安机关抓获，同时从丙身上搜到1000元假币，因持有、使用假币入罪有数额较大（4000元以上）的要求，若依A观点，认为使用假币行为当然吸收持有假币行为，那么无论是以使用假币还是以持有假币单列罪名均无法达到数额较大的标准，即无法追究丙的刑事责任，而依“行为说”，将使用假币和持有假币行为均予以列明，二者的行为对象因不一致而累计计算，以持有、使用假币行为追究丙的刑事责任，且数额也达到较大的标准。

再者，一般来说，选择性罪名属同质排列式罪名。排列式罪名是指一法条中并列规定数个法定刑完全一致的情形。同质排列式罪名是指同一法条内具有数个因法定选择性行为或选择性侵犯对象而有所不同的犯罪构成，其所包含的数个罪名的相互关系可概括为名异而质同。也就是说，选择性罪名作为同质排列式罪名，在罪名形式上可能存在差异，但侵犯的客体相同，罪质无异且适用法定刑同一。因此因对选择性罪名，依行为人所实施的数个行为，按相关罪名刑法规定的排列顺序并列确定罪名并不会造成扩大评价行为人的犯罪构成或因重复评价而导致量刑偏重。

本案中，被告人黄某作为制毒物品的卖方，在制毒物品交接方面负责联系、雇佣被告人张某安排车辆运输制毒物品，指使张某联系他人（被告人陈某）在前带路、望风，对运输线路事先进行踩点并与接货人见面，被告人张某、陈某明知黄某实施非法买卖制毒物品犯罪，仍积极协助其运输制毒物品，因此黄某、张某、陈某三人已构成非法运输制毒物品，既遂。公诉机关认为三人非法运输制毒物品的行为已被非法买卖行为评价，因此仅指控该三人构成非法买卖制毒物品罪。但在本案中非法买卖制毒物品的行为系未遂，而非法运输制毒物品的行为已既遂，二者量刑上明显不一致。并且，被告人黄某作为制毒物品的卖方，与买方相比除双方一手交钱一手交货的对等交易外，黄某还承担了制毒物品的运输行为，因此只有将该运输行为也列明在其所构成的选择性罪名中，才能完整评价被告人黄某等人的犯罪构成。所以，对被告人黄某、张某、陈某应以非法买卖、运输制毒物品罪追究其刑事责任，在量刑时由于买卖与运输的制毒物品是同一批货物，因此以运输制毒物品（既遂）来考量，对非法买卖制毒物品的行为不再重复评价，对买方及中间人则均以非法买卖制毒物品（未遂）来量刑，以达到罪责刑相适应。

编写人：福建省厦门市海沧区人民法院　牟燕　陈淑芳

30

合理运用法的解释方法确保罪责刑相适应

——吴某某等提供侵入、非法控制计算机信息系统程序案

【案件基本信息】

1. 裁判书字号

江苏省扬州市广陵区人民法院（2018）苏1002刑初427号刑事判决书

2. 案由：提供侵入、非法控制计算机信息系统程序罪

【基本案情】

2017年8月，被告人吴某某利用电脑编译制作了一款针对深圳市腾讯计算机系统有限公司开发运营的网络游戏《CF穿越火线》的外挂程序软件“木糖醇”（又名“火神”）。2017年9月至11月，被告人吴某某、徐某通过网络商议，由被告人吴某某提供该游戏外挂给被告人徐某对外销售，双方平分收益。其间，被告人徐某通过网站零售、雇用代理销售的方式向杨某（另案处理）等人出售游戏外挂程序软件，后通过支付宝、微信方式向被告人吴某某转账违法所得人民币3万余元。经福建中证司法鉴定中心鉴定，该外挂程序软件“木糖醇”属于破坏性程序。

归案后，被告人吴某某、徐某如实供述了自己的犯罪事实。公安机关从被告人吴某某、徐某处依法扣押了涉案手机、电脑主机、硬盘。

另查明，2018年4月18日，被告人徐某因犯交通肇事罪被重庆市潼南区人民法院判处有期徒刑一年，缓刑一年十个月，目前尚处缓刑考验期限内。

【案件焦点】

1. 被告人吴某某、徐某的行为应认定为“情节严重”还是“情节特别严重”；2. 被告人徐某是否适用数罪并罚。

【法院裁判要旨】

江苏省扬州市广陵区人民法院经审理认为：被告人吴某某、徐某将专门用于侵入、非法控制计算机信息系统的程序提供给他人，情节特别严重，其行为已构成提供侵入、非法控制计算机信息系统程序罪。被告人徐某于本案取保候审期间因犯交通肇事罪被宣告缓刑，在该判决宣告以前还有本罪没有判决，依法应当撤销缓刑，实行数罪并罚。被告人吴某某、徐某归案后如实供述自己的犯罪事实，依法可以从轻处罚。被告人吴某某、徐某于本院审理期间退出全部违法所得，可酌情从轻处罚。结合被告人吴某某、徐某的犯罪事实、犯罪情节以及犯罪后的悔罪表现，均可给予其一定的缓刑考验期限。公诉机关指控被告人吴某某、徐某犯提供侵入、非法控制计算机信息系统程序罪的事实清楚，证据确实、充分，指控的罪名正确，本院予以支持；但公诉机关对被告人吴某某、徐某“情节严重”的指控不当，且遗漏被告人徐某犯罪前科，依法应予纠正。

江苏省扬州市广陵区人民法院依照《中华人民共和国刑法》第二百八十五条第二款、第三款，第七十七条第一款，第六十九条第一款、第三款，第六十七条第三款，第七十二条第一款、第三款，第七十三条第二款、第三款，第六十四条以及《最高人民法院、最高人民检察院关于办理危害计算机信息系统安全刑事案件应用法律若干问题的解释》第二条、第三条第二款第一项之规定，做出如下判决：

一、被告人吴某某犯提供侵入、非法控制计算机信息系统程序罪，判处有期徒刑三年，缓刑三年，并处罚金人民币二万元；

（缓刑考验期限，从判决确定之日起计算。罚金于判决生效后十日内缴纳。）

二、撤销重庆市潼南区人民法院（2018）渝0152刑初112号刑事判决书中对被告人徐某宣告的缓刑部分；

三、被告人徐某犯提供侵入、非法控制计算机信息系统程序罪，判处有期徒刑三年，并处罚金人民币二万元，与前罪所判有期徒刑一年并罚，决定执行有期徒刑三年，缓刑四年，并处罚金人民币二万元；

（缓刑考验期限，从判决确定之日起计算。罚金于判决生效后十日内缴纳。）

四、扣押于公安机关的涉案手机、电脑、硬盘，依法没收；退出的违法所得人民币六万元，依法没收，上缴国库。

【法官后语】

在本案中，被告人吴某某、徐某将专门用于侵入、非法控制计算机信息系统的程序提供给他人，符合《中华人民共和国刑法》第二百八十五条第三款“提供侵入、非法控制计算机信息系统的程序、工具”的基本罪状。但对二被告人的量刑，检法两家发生了意见分歧。

公诉机关认为：(1)《中华人民共和国刑法》第二百八十五条第三款中没有“情节特别严重的”表述，故不应考虑二被告人的行为是否符合“情节特别严重”的情况。(2) 根据第二百八十五条第三款的表述“情节严重的，依照前款的规定处罚”，故可直接依据第二百八十五条第二款的表述“情节严重的，处三年以下有期徒刑或者拘役，并处或者单处罚金”，对二被告人量刑。

合议庭认为：(1) 虽然《中华人民共和国刑法》第二百八十五条第三款中没有提及“情节特别严重”的情形，但2011年8月1日《最高人民法院、最高人民检察院关于办理危害计算机信息系统安全刑事案件应用法律若干问题的解释》(以下简称《解释》) 第三条明确规定，提供侵入、非法控制计算机信息系统的程序、工具，“违法所得5000元以上的”应认定为《中华人民共和国刑法》第二百八十五条第三款规定的“情节严重”，数额达到“前款规定标准5倍以上的”应认定为提供侵入、非法控制计算机信息系统的程序、工具“情节特别严重”。故应当进一步对二被告人的行为究竟认定为“情节严重”或是“情节特别严重”进行区分，否则《解释》的区分将形同虚设。(2) 目前审理查明的事实是，二被告人在商议共同犯罪后，由被告人吴某某提供该游戏外挂程序软件给被告人徐某对外销售，双方平分收益。其间，被告人徐某通过网站零售、雇用代理销售的方式向杨某（另案处理）等人出售游戏外挂程序软件，后通过支付宝、微信方式向被告人吴某某转账违法所得人民币3万余元。故依据《解释》，二被告人的行为应认定为“情节特别严重。”(3)《中华人民共和国刑法》第二百八十五条第三款未详述本罪的量刑，要求参照前款规定处罚。而前款即第二百八十五条第二款，对“情节严重”和“情节特别严重”规定了不同的法定刑。在认定二被告人的行为系“情节特别严重”的基础上，应依照“三年以上七年以下有期徒刑，并处罚金”的法定刑，对二被告人进行量刑。

综上，立法者在立法过程中会出于语言“简洁”的需要，对一些条款不做详述，但司法者仍应充分运用法的解释方法，最终正确适用法律。

公诉机关提起公诉时，未向本院提交被告人徐某于2018年4月18日因犯交通肇事罪被重庆市潼南区人民法院判处有期徒刑一年，缓刑一年十个月的刑事判决书。庭审过程中，审判人员询问有无犯罪前科时，被告人徐某供述了以上事实。对被告人徐某是否适用数罪并罚的问题上，法检两家再次发生意见分歧。

公诉机关认为：被告人徐某目前虽在缓刑考验期内，但并不影响对本罪的判决。

合议庭认为：本案属于“在缓刑考验期限内发现，被宣告缓刑的犯罪分子在前罪判决宣告以前还有其他罪没有判决的”情况，应依据《中华人民共和国刑法》第七十七条第一款的规定，撤销缓刑，依法数罪并罚。具体来说：在交通肇事犯罪中，被告人徐某的犯罪时间为2017年11月，取保候审时间为2018年2月12日，被判缓刑时间为2018年4月18日；而在提供侵入、非法控制计算机信息系统的程序、工具犯罪中，被告人徐某的犯罪时间为2017年8月、9月，刑事拘留时间为2017年12月21日，取保候审时间为2018年1月19日。可见，本案的犯罪时间尚早于前罪，符合《中华人民共和国刑法》第七十七条第一款的适用条件。

编写人：江苏省扬州市广陵区人民法院　张昕

31

被告人分别构成一罪名的单位犯罪与自然人犯罪应当数罪并罚

——苑某英虚开增值税专用发票案

【案件基本信息】

1. 裁判书字号

北京市高级人民法院（2018）京刑终172号刑事裁定书

2. 案由：虚开增值税专用发票罪

【基本案情】

2013年至2016年，被告人苑某英作为北京宇桥速通科技发展有限公司（以下简称宇桥速通公司）、北京中天瑞达科技发展有限公司（以下简称中天瑞达公司）、嘉桓（北京）科技有限公司（以下简称嘉桓科技公司）的兼职会计，在本单位与北京恒泰思源科技有限公司（以下简称恒泰思源公司）、恒佳众和（北京）商贸有限公司（以下简称恒佳众和公司）无实际业务往来的情况下，从恒泰思源公司、恒佳众和公司虚开增值税专用发票272张，税款合计人民币1345万余元（以下币种均为人民币），案发前已抵扣税款1345万余元。上述三家公司已补缴全部税款。

被告人苑某英在明知北京英浩驰华智能科技有限公司（以下简称英浩驰华公司）、北京东方森太科技发展有限公司（以下简称东方森太公司）、北京森源德信网络技术有限公司（后变更为北京东联互达信息技术有限公司，以下分别简称森源德信公司、东联互达公司）、北京帕莫瑞科技有限公司（以下简称帕莫瑞公司）、北京思路高医疗科技有限公司（以下简称思路高公司）、北京天昊阳科技发展有限公司（以下简称天昊阳公司）、北京天睿翰琪科技有限公司（以下简称天睿翰琪公司）、北京中天智通科技有限公司（以下简称中天智通公司）八家公司与恒泰思源公司、恒佳众和公司无真实业务的情况下，介绍上述公司从恒泰思源公司、恒佳众和公司虚开增值税专用发票405张，税款合计1005万余元，案发前已抵扣税款1000万余元。上述八家公司已补缴全部税款。

被告人苑某英作案后被查获归案。上述十三家公司均另案处理。

【案件焦点】

被告人分别构成同一罪名的自然人犯罪和单位犯罪，应对其认定构成一罪还是数罪，并如何量刑。

【法院裁判要旨】

北京市第一中级人民法院经审理认为：被告人苑某英作为单位的直接责任人员，让他人为本单位虚开增值税专用发票，骗取国家税款，数额巨大，情节特别严重，其行为已构成虚开增值税专用发票罪；被告人苑某英介绍他人虚开增值税专用发票，骗取国家税款，数额巨大，情节特别严重，其行为亦构成虚开增值税专用发票罪。苑某英介绍他人虚开增值税专用发票数额巨大，依法应予惩处；其作为单位虚开增值税专用发票的直接责任人员，亦应承担相应的刑事责任，故对其应实行数罪并罚。鉴于苑某英到案后如实供述，认罪悔罪，且涉案税款均已补缴，对其予以从轻处罚。苑某英在部分犯罪中未牟取私利，在量刑中酌予考虑。

北京市第一中级人民法院依照《中华人民共和国刑法》第二百零五条、第三十一条、第五十六条第一款、第五十二条、第五十三条、第六十九条、第六十七条第三款、第六十一条及《最高人民法院关于适用财产刑若干问题的规定》第五条，作出如下判决：

被告人苑某英犯虚开增值税专用发票罪（单位），判处有期徒刑十二年；犯虚开增值税专用发票罪，判处有期徒刑十二年，剥夺政治权利三年，并处罚金人民币四十万元；决定执行有期徒刑十四年，剥夺政治权利三年，并处罚金人民币四十万元。

二审法院同意一审法院裁判意见，依照《中华人民共和国刑事诉讼法》第二百二十五条第一款第一项（修改后为第二百三十六条第一款第一项）的规定，作出如下裁定：

驳回苑某英的上诉，维持原判。

【法官后语】

本案处理重点主要在于被告人分别构成同一罪名的自然人犯罪和单位犯罪，应对其认定构成一罪还是数罪，并如何量刑？

针对这一争议焦点，司法实践中有两种观点：第一种观点认为，被告人在同一罪名项下，分别构成自然人犯罪和单位犯罪，其行为符合同一种犯罪构成要件，应当认定构成一罪，予以从重处罚。第二种观点认为，被告人实施两个或两个以上的行为，侵犯同一法益，但行为方式的主体身份、主观故意的内容、客观表现均不同，分别构成同一罪名的自然人犯罪和单位犯罪，虽符合同一种犯罪构成要件，但自然人犯罪和单位犯罪的构成要件不一致，应当构成数罪，予以数罪并罚。本文赞同第二种观点。

结合到本案中，中天瑞达、嘉桓科技、宇桥速通三家公司虚开增值税专用发票272张，税款1345.721万元，抵扣税款1345.721万元。被告人苑某英作为上述三公司的兼职会计，对外代表受票公司与开票公司联络，购买发票的行为系完成公司职务，其与公司为一体。在取得发票后，其还作为公司会计，负责后续报税、抵扣税款。据受票单位法人等证实，由于苑某英在税务工作方面，为公司的贡献很大，因此均认可其工作，一直聘用其，但不了解其是否从中谋取个人利益，苑某英本人亦否认在虚开增值税专用发票过程中，截留好处。鉴于以上事实，最终认定苑某英在该三起犯罪中，属于单位犯罪的直接责任人员，对外直接以公司的名义开票，且虚开增值税专用发票获取的利益，直接归属于单位，单位将虚开的发票实际抵扣税款，实现降低税负的目的。

而苑某英在介绍东方森太等 8 家公司虚开增值税专用发票 405 张过程中，与开票公司和受票公司均无劳动或劳务关系，且在职务上也无隶属关系。苑某英作为中间人，发挥了牵线搭桥的作用，即帮助双方沟通开票细节，提供个人账户在开票公司和受票公司之间走账，并在回款过程中，截留部分款项作为个人的好处。由此可见，其在自然人犯罪中，地位、发挥的作用、获利均不同于单位犯罪。

故根据罪数理论，同一罪名的单位犯罪与自然人犯罪的构成要件不同，当被告人实施了数个犯罪行为，分别构成单位犯罪和自然人犯罪，应当认定为构成数个犯罪。本案的被告人苑某英分别实施了虚开增值税专用发票罪的自然人犯罪和单位犯罪，构成数个犯罪，应当予以数罪并罚。

编写人：北京市第一中级人民法院　鲍艳　李悦

二、刑罚的具体运用

（一）量　　刑

32

贩卖淫秽物品牟利罪中涉案数量的认定

——陈某贩卖淫秽物品牟利案

【案件基本信息】

1. 裁判书字号

广东省茂名市电白区人民法院（2018）粤 0904 刑初 262 号刑事判决书

2. 案由：贩卖淫秽物品牟利罪

【基本案情】

自 2017 年 6 月开始，被告人陈某为牟取非法利益，通过手机微信获取大量的淫秽视频，每个视频时长约 5 分钟。随后通过使用微信（微信号：闯荡江湖/wxid_ blzygkm04af012；我等你/wxid_ levdftetoc2s22；此号已封；加我姐妹看片/wxid_ i77qf0rq0kzm22；点火烧寂寞/wxid_ m43mrm298cj711；小甜/wxid_ 8euqtblnp73e22）添加微信好友或微信群的方式，按照一个淫秽视频 4 元至 5 元不等的价格，向他人发送贩卖淫秽视频推广图等信息，在收到微信好友发来购买淫秽视频的红包后，即向微信好友发送淫秽视频。至被抓获时止，陈某成功贩卖淫秽视频超过 20 个。

2017年8月22日19时许，茂名市公安局电白分局旦海边防派出所在设卡盘查时抓获被告人陈某，在陈某身上查获土豪金Iphone6手机（号码：13××××26）1部，在陈某驾驶的黑色小汽车（号牌：粤K6××××）中央扶手箱处查获手机SIM卡9张，工商银行卡（卡号：62××××09）1张，随后在陈某家中查获惠普牌黑色笔记本电脑1台、SEAGATE牌黑色移动硬盘1个、玫瑰金Iphone6手机1部。

2017年11月16日，茂名市公安局电白分局对被告人陈某的工商银行卡（卡号：62××××09）存款人民币28562.43元予以冻结。

经茂名市公安局电白分局网警大队对扣押陈某的Iphone6土豪金手机进行检验，送检手机（号码：13××××26）安装有微信分身版和微信官方版，分身版曾登录3个微信账号：我等你/wxid_ levdftetoc2s22，共有聊天记录905条；此号已封；加我姐妹看片/wxid_ i77qf0rq0kzm22，共有聊天记录14831条；小甜/wxid_ 8euqtblnp73e22，共有聊天记录204327条。送检手机微信官方版曾登录3个微信号：闯荡江湖/wxid_ blzygkm04af012，共有聊天记录873条；点火烧寂寞/wxid_ m43mrm298cj711，共有聊天记录8584条；我等你/wxid_ levdftetoc2s22，共有聊天记录39078条。经核实，聊天记录有大量涉及贩卖淫秽物品的文字聊天信息，微信号“我等你”“闯荡江湖”有接收好友淫秽视频的记录，“点火烧寂寞”聊天记录主要为平常交流信息，“此号已封，加我姐妹看片”均为自动回复文字信息。

经茂名市公安局淫秽物品审查鉴定小组对扣押的笔记本电脑及移动硬盘进行鉴定，扣押的笔记本电脑内有2887个视频和168张图片为淫秽物品；移动硬盘内有543个视频和14张图片为淫秽物品。

【案件焦点】

贩卖淫秽物品牟利罪中，可否一刀切地将扣押被告人作案电子设备中储存的淫秽视频数量作为涉案数量予以定罪量刑。

【法院裁判要旨】

广东省茂名市电白区人民法院经审理认为：对于公诉机关指控被告人陈某犯贩卖淫秽物品牟利罪，情节特别严重，被告人陈某及其辩护人认为其犯贩卖淫秽物品牟利罪未达情节严重的程度的意见。经查：（1）刑法没有对获取或储存淫秽物品的行为进行处罚，故应当根据实际贩卖的淫秽视频数量而非其储存的淫秽视频数量来认定贩卖的数量。（2）公诉机关提供陈某使用的微信（微信号：点火烧寂寞）共收到红包 21998.22 元的记录，但其中有相当一部分是通过微信抢红包游戏获得的，不能排除红包金额有其他来源的合理怀疑。（3）无证据证明微信交易流水清单及微信转账截图所显示陈某收到的人民币 29650 元转账款为其贩卖淫秽物品所得。（4）陈某庭审中供述其只是通过手机微信方式贩卖淫秽物品，但经对其手机微信记录核实，没有证据证实贩卖淫秽物品达 500 个以上。（5）电子证据检查笔录证明陈某的手机微信含有大量疑似关于贩卖淫秽物品的聊天内容文字，且有收到疑似淫秽视频；陈某供述大概贩卖过一二十个淫秽视频，获利一两千元。综合全案证据，可以认定陈某向他人贩卖淫秽视频 20 个以上，故公诉机关指控被告人陈某犯贩卖淫秽物品牟利罪，予以支持，指控犯罪情节特别严重，不予支持；辩护人认为被告人陈某犯贩卖淫秽物品牟利罪未达情节严重的程度的辩护意见，予以采纳。

广东省茂名市电白区人民法院依照《中华人民共和国刑法》第三百六十三条第一款、第五十二条、第五十三条第一款、第六十四条，《最高人民法院、最高人民检察院关于办理利用互联网、移动通讯终端、声讯台制作、复制、出版、贩卖、传播淫秽电子信息刑事案件具体应用法律若干问题的解释》第一条第一款第一项的规定，作出如下判决：

一、被告人陈某犯贩卖淫秽物品牟利罪，判处有期徒刑一年四个月，并处罚金人民币 6000 元；

二、扣押被告人陈某的作案手机 2 部、惠普牌黑色笔记本电脑 1 台、移动硬盘 1 个、SIM 卡 9 张，予以没收，上缴国库；工商银行卡（卡号：62××××09）1 张及冻结该银行卡的存款人民币 21998.22 元，发还给被告人陈某。

【法官后语】

本案值得探讨之处在于据以定罪量刑的涉案淫秽物品数量如何认定。根据《最高人民法院、最高人民检察院关于办理利用互联网、移动通讯终端、声讯台制作、复制、出版、贩卖、传播淫秽电子信息刑事案件具体应用法律若干问题的解释》第一条、第二条的规定，贩卖淫秽物品 20 个以上的，属于贩卖淫秽物品牟利罪的入罪标准；贩卖淫秽物品 100 个以上 500 个以下的，属于情节严重；贩卖淫秽物品

500个以上的，属于情节特别严重。但对于获取、储存淫秽物品的行为，我国现行法律法规并未作禁止性规定，根据“法无禁止即自由”的原则，行为人陈某在电脑、移动硬盘里储存3430个淫秽视频的行为并未违法。

公诉机关以行为人电脑和移动硬盘储存的共3430个淫秽视频作为指控数量认为本案属于情节特别严重，应处十年以上有期徒刑或者无期徒刑，并处罚金或者没收财产。这显然是与贩卖毒品罪中对查获贩毒人员的毒品一般均认定为其贩卖的毒品的规定相混淆了，但是贩卖毒品案件是由最高人民法院《全国法院毒品犯罪审判工作座谈会纪要》（法〔2015〕129号）作了明确规定的，而目前我国对于贩卖淫秽物品牟利犯罪并没有类似的规范性文件。对此，笔者认为，毒品案件有其特殊性，因其社会危害性更大，为了加大对于贩毒案件的打击力度，最高人民法院专门对此作了特殊性规定。若审理贩卖淫秽物品牟利犯罪案件也简单机械地作类推性解释，则明显违背了罪刑法定的刑事司法原则，也不符合罪责刑相适应的要求。更有甚者，这可能会导致公安机关今后在办理此类案件过程中，误以为只要查获行为人持有超过法定数量的淫秽视频就可以定案，怠于展开进一步的侦查工作。

近年来，利用互联网、移动通讯终端、声讯台制作、复制、出版、贩卖、传播淫秽电子信息刑事案件越来越多，本案为我们审理贩卖淫秽物品牟利犯罪案件如何认定涉案数量提供了一定参考意义。即应当根据电子设备后台数据、电子证据检查笔录等证据确定贩卖、传播淫秽物品的路径和是否获利（如微信转账、微信红包）及贩卖和获利两者的对应关系来确定贩卖或传播的数量，从而准确定罪量刑。

编写人：广东省茂名市电白区人民法院　冼海英　钟瑞城

33

非法采矿案件应以市场价格认定价值，不应以是否属于雇佣关系定罪

——陈某华等五人非法采矿案

【案件基本信息】

1. 裁判书字号

江西省九江市中级人民法院（2018）赣04刑终108号刑事判决书

2. 案由：非法采矿罪

【基本案情】

2018年7月初，被告人陈某华租用被告人窦某兵负责管理的隐蔽型吸砂泵船用于非法采砂，并安排被告人钟某奇、犯罪嫌疑人黄某海（另案处理）等人在该泵船上现场调度和监督。被告人陈某华使用该吸砂泵船于2018年7月中下旬共5次在夜间鄱阳湖九江沟子口水域非法采砂，前四次陈某华等人非法采砂共计12940吨（价值人民币77.64万元），后一次现场被查获，涉案隐蔽型吸砂泵船和洲航288号运输船及装载的非法湖砂1657吨（价值人民币99420元）被当场扣押。陈某华等人组织多艘运输船将该吸砂泵船偷采的湖砂装运给陈某华等人联系的买家，陈某华为此支付给各运输船运费共计人民币12万元。

【案件焦点】

1. 涉案砂石数量及价格是按照出水价还是抵岸价抑或市场价认定；2. 雇佣人员的身份如何认定，是否一律认定无罪；3. 非法采矿的既遂和未遂如何认定；4. 环境修复资金的缴纳标准如何确定及对量刑的影响。

【法院裁判要旨】

江西省九江市浔阳区人民法院经审理认为：辩护人均提出对指控吨位及价格存在异议、指控情节特别严重证据不足的意见，经查证人尹某华、陈某贵、张某元、刘某滚等人均证实船装满砂排完水后再量方出售，该陈述与运输船只的实际载重量和装满砂出售时的最后量方数亦可形成印证，可以证实被告人陈某华等人偷采的湖砂均是在排完水后测量的重量，同时查获的记载本也可证实被告人等偷采的湖砂重量，故辩护人的此辩护意见与事实不符，本院不予采纳。公诉机关指控按照每吨 60 元计算出售的湖砂款有从事湖砂交易的中介、被告人武某新、刘某庭的供述及 7 月 25 日扣押的湖砂的价格鉴定意见等证据相互印证证实，被告人陈某华等人的行为达到情节特别严重的数额，故辩护人的此辩护意见不能成立，不予采纳。被告人陈某华、窦某兵案发后主动投案，并交代了主要犯罪事实，属自首，辩护人的此辩护意见符合事实和法律规定，法院予以采纳；被告人窦某兵的辩护人提出窦某兵系雇佣，且系从犯的意见，经查，被告人陈某华、刘某庭、钟某奇及证人证言均证实被告人窦某兵系采砂泵船上的负责人，被告人窦某兵对此也有供述，故其在共同犯罪中起主要作用，系主犯，辩护人的此意见与事实和法律不符，本院不予采纳；被告人刘某庭的辩护人提出被告人刘某庭系自首的意见，经查被告人刘某庭系执法人员在被告人刘某庭等人正在从事犯罪行为时当场被抓获，且其在公安机关未作如实交代，不符合自首的构成条件，辩护人的此辩护意见不符合事实和法律规定，本院不予采纳；被告人刘某庭及被告人武某新提出二被告人系从犯的意见，经查二被告人在共同犯罪中起次要作用，属从犯，辩护人的此辩护意见符合本案事实和法律规定，法院予以采纳；被告人刘某庭的辩护人提出刘某庭属全案犯罪未遂，经查，公安机关在查获 7 月 25 日的非法采矿行为时，被告人等已经非法采矿 1657 吨，该犯罪行为已经完成，此部分构成既遂，尚未开采的已支付砂款的部分属于犯罪未遂，故辩护人的此辩护意见不符合法律规定，法院不予采纳。

被告人陈某华、被告人窦某兵、被告人钟某奇、被告人刘某庭、被告人武某新无视国家法律，违反矿产资源法的规定，未办理河道采砂许可证在鄱阳湖进行采砂作业，其中被告人陈某华、被告人窦某兵、被告人钟某奇情节特别严重，被告人刘某庭、被告人武某新情节严重，其五人的行为均已构成非法采矿罪，应予惩处。公诉机关指控的犯罪事实清楚，证据确实、充分，指控的罪名成立。被告人陈某华系累犯，依法应当从重处罚，被告人陈某华有自首情节，依法可从轻处罚。被告人窦某兵属自首，可减轻处罚，其他被告人具有坦白情节，可从轻处罚，各被告人均缴纳罚金，可酌情从轻处罚；被告人武某新、刘某庭属部分犯罪未遂，可酌情从轻处罚。据此，一审法院依照《中华人民共和国刑法》第三百四十三条，第二十五条第一款，第二十六条第一款，第二十七条，第二十三条，第六十五条第一款，第六十七条第一款、第三款，第六十四条及《最高人民法院关于审理非法采矿、破坏性采矿刑事案件具体应用法律若干问题的解释》第九条，《最高人民法院关于处理自首和立功具体应用法律若干问题的解释》第一条的规定，判决如下：

一、被告人陈某华犯非法采矿罪，判处有期徒刑三年二个月，并处罚金100000 元；

（刑期自判决确定之日起计算；判决执行以前先行羁押的，羁押一日折抵刑期一日，即自 2018 年 8 月 13 日起至 2021 年 10 月 12 日止。）

被告人窦某兵犯非法采矿罪，判处有期徒刑二年八个月，并处罚金 100000 元；

（刑期自判决确定之日起计算；判决执行以前先行羁押的，羁押一日折抵刑期一日，即自 2018 年 8 月 8 日起至 2021 年 4 月 7 日止。罚金于本判决发生法律效力之日起三日内向本院缴纳。）

被告人钟某奇犯非法采矿罪，判处有期徒刑二年二个月，并处罚金 80000 元；

（刑期自判决确定之日起计算；判决执行以前先行羁押的，羁押一日折抵刑期一日，即自 2018 年 7 月 27 日起至 2020 年 9 月 26 日止。罚金于本判决发生法律效力之日起三日内向本院缴纳。）

被告人刘某庭犯非法采矿罪，判处拘役五个月，并处罚金 50000 元；

（刑期自判决确定之日起计算；判决执行以前先行羁押的，羁押一日折抵刑期一日，即自 2018 年 7 月 27 日起至 2018 年 12 月 26 日止。罚金于本判决发生法律效力之日起三日内向本院缴纳。）

被告人武某新犯非法采矿罪，判处拘役五个月，并处罚金 50000 元；

（刑期自判决确定之日起计算；判决执行以前先行羁押的，羁押一日折抵刑期一日，即自 2018 年 12 月 11 日起至 2019 年 4 月 5 日止。罚金于本判决发生法律效力之日起三日内向本院缴纳。）

二、搜缴赃款人民币 168000 元、被告人陈某华所退赃款 130 万元、扣押的砂款人民币99420元、运费12万元予以没收，上缴国库。

一审宣判后，被告人陈某华、窦某兵、钟某奇不服，提出上诉，二审期间，被告人窦某兵主动缴纳修复资金100000元作为对鄱阳湖水域进行生态环境修复的费用，被告人钟某奇主动缴纳罚金。江西省九江市中级人民法院依照《中华人民共和国刑法》第三百四十三条，第二十五条第一款，第二十六条第一款，第二十七条，第二十三条，第六十五条第一款，第六十七条第一款、第三款，第六十四条及《最高人民法院关于审理非法采矿、破坏性采矿刑事案件具体应用法律若干问题的解释》第九条，《最高人民法院关于处理自首和立功具体应用法律若干问题的解释》第一条，《中华人民共和国刑事诉讼法》第二百二十五条第一款第二项之规定，判决如下：

一、维持江西省九江市浔阳区人民法院（2018）赣0403刑初582号刑事判决第一项对被告人陈某华、刘某庭、武某新的定罪量刑部分和第二项对涉案财物、被告人违法所得的处理部分；

二、撤销江西省九江市浔阳区人民法院（2018）赣0403刑初582号刑事判决第一项中对被告人窦某兵、钟某奇定罪量刑部分；

三、被告人窦某兵犯非法采矿罪，判处有期徒刑二年，并处罚金100000元；

（刑期自判决确定之日起计算；判决执行以前先行羁押的，羁押一日折抵刑期一日，即自2018年8月8日起至2020年8月7日止，罚金已缴纳。）

被告人钟某奇犯非法采矿罪，判处有期徒刑二年，缓刑三年，并处罚金80000元。

（缓刑考验期限，从本判决确定之日起计算；罚金已缴纳。）

【法官后语】

在水上非法采矿案件中，犯罪数额的认定存在很大争议，有出水价、销赃价、抵岸价、市场价之说，在认定时要根据犯罪特征来分别认定，当销赃数额明显低于市场价时，以市场价格结合其他证据认定价值；在共同犯罪中不能因为是雇佣关系并未获取高额报酬为由，简单地认定被告人无罪或者是从犯，应当分析雇佣人员在犯罪行为中所起的作用区别对待，按照刑法关于共同犯罪构成及地位来认定，以达到罪刑相适应的原则。本案被告人窦某兵在整个犯罪中起到关键的、重要的作用，故本案认定被告人窦某兵构罪且系主犯。非法采矿罪归于破坏环境资源保护罪名之列，侵犯的客体是国家对矿产资源和矿业生产的管理制度和国家对矿产资源的所有权，非法采矿罪是行为犯，即行为人只要实施了非法采矿行为，即已构成犯罪的，情节严重和情节特别严重只是犯罪程度和量刑的体现，并不影响罪名的成立。本案公安机关在查获7月25日的非法采矿行为时，被告人欲购买18万元湖砂，而实际开采的湖砂价值9万余元，该价值9万余元的犯罪行为构成既遂，尚有8万元左右价值的砂石尚未开采即被公安机关查获，故此部分的犯罪金额应当认定未遂。缴纳修复资金也可与缴纳罚金一样均可属于被告人的悔罪认罚的表现，作为酌定量刑情节予以从宽。但刑事案件中被告人主动要求承担修复资金，目的是从轻处罚，如果从宽幅度过大，有涉嫌花钱买刑之嫌疑，且水上非法采矿短期内获利极大，属暴利行为，被告人在低刑期刑满后，因利益的诱惑，其铤而走险再犯罪的可能性极大，而且水上非法采矿行为，其对环境的破坏可能涉及航道变化、堤岸崩塌、水资源破坏、生物链失衡等后果无法估量，故水上非法采矿案件中，行为人主动缴纳修复资金可以作为认罪认罚的情节酌情从轻处罚，但是从轻的幅度不宜过高。也因此建议最高人民法院尽快对修复资金的缴纳标准及酌情幅度做出规定。

编写人：江西省九江市浔阳区人民法院　张雪华

34

聚众扰乱社会秩序罪中情节严重、严重损失的认定

——谢甲等聚众扰乱社会秩序案

【案件基本信息】

1. 裁判书字号

陕西省留坝县人民法院（2018）陕0729刑初23号刑事判决书

2. 案由：聚众扰乱社会秩序罪

【基本案情】

留坝县某某水电站建设工程于2015年8月开始建设，2016年3月二工区支洞实施修建。2018年6月20日，被告人谢甲、徐甲、仲甲、仲乙、李某、罗某等十几名村民以修建某某水电站二工区支洞影响村民饮水、灌溉以及水产养殖等问题为由，到项目施工现场要求某某项目部给予解决问题，并将一份在场村民均签字、按印的请愿书送到某某水电站项目部，要求对村民修建的在2015年冬已经废弃的大鲵、食用鱼、蟾蜍养殖塘给予共计103万元的赔偿、对参与阻工的村民每人每天给予200元的误工补偿并给村民建好饮用水、建通灌溉渠道用水等相关九条问题。限项目部三天后给予答复。

2018年6月24日，被告人谢甲、徐甲、仲甲、谢乙、仲乙、徐乙、李某以及十几名村民再次来到某某水电站施工现场要求给予回复，因项目部未对村民所提要求出面进行答复，谢甲让徐甲把农用车开来停放在施工洞口，在场的仲甲、谢乙、仲乙、徐乙、李某以及其他在场村民均表示赞同，后洞口因被堵无法正常施工。

2018年7月19日，相关部门派工作人员对被告人谢甲、徐甲进行政策教育后，二人表示同意挪车。在到达施工现场后，被告人仲甲、谢乙、仲乙、罗某以问题未解决不能挪车进行阻挡，后直至2018年7月28日徐甲才将车挪开。经鉴定，某某电站二工区施工隧道洞口因村民堵路导致停工13天，造成损失金额为49757.76元。

【案件焦点】

聚众扰乱社会秩序案中，谢某等八人的行为是否认定为情节严重，造成严重损失。

【法院裁判要旨】

陕西省留坝县人民法院经审理认为：对谢甲等八人的辩护人提出，村民自发去某某水电站项目部施工现场，向项目部提出的诉求是合理合法的，在项目部违背承诺的情况下，八人一致同意将农用车堵在隧道洞口，除此之外，无任何过激行为，也未给项目部造成严重损失，八人的行为不符合聚众扰乱社会秩序罪的构成要件，应判决其无罪。八人纠集多名村民多次积极参与阻工，并一致同意用农用车堵住隧道洞口，造成施工现场无法正常施工，在相关部门出面协调的情况下，仍然拒绝将堵在隧道洞口的农用车挪走，其行为导致施工现场多日停工，在造成一定经济损失的同时，也造成了恶劣的社会影响，八人的行为构成聚众扰乱社会秩序罪，故辩护人的无罪辩护意见，法院不予采纳。但考虑到被告人谢甲等八人积极参与聚众扰乱社会秩序的行为有前因，且八人纠集村民用车堵住洞口三十三天，但在这期间某某水电站工程监理部因防汛停工二十天，村民堵路导致停工实际天数为十三天，八人均认罪、悔罪，且系初犯，依法可对其酌情从轻处罚。综合八人在聚众扰乱社会秩序中的作用大小依法给予适当刑罚。

根据《中华人民共和国刑法》第二百九十条第一款、第二十五条第一款、第六十一条、第六十二条、第四十五条、第四十七条、第三十七条的规定，作出如下判决：

一、被告人谢甲犯聚众扰乱社会秩序罪，判处有期徒刑六个月；

二、被告人徐甲犯聚众扰乱社会秩序罪，判处有期徒刑六个月；

三、被告人仲甲犯聚众扰乱社会秩序罪，判处有期徒刑六个月；

四、被告人谢乙犯聚众扰乱社会秩序罪，判处有期徒刑六个月；

五、被告人仲乙犯聚众扰乱社会秩序罪，判处有期徒刑六个月；

六、被告人李某犯聚众扰乱社会秩序罪，免予刑事处罚；

七、被告人徐乙犯聚众扰乱社会秩序罪，免予刑事处罚；

八、被告人罗某犯聚众扰乱社会秩序罪，免予刑事处罚。

【法官后语】

本案处理的重点是八被告人聚众扰乱社会秩序的行为是否认定为情节严重，造成了严重损失。根据《中华人民共和国刑法》第二百九十条第一款的规定，行为人聚众扰乱社会秩序的行为情节严重，致使工作、生产、营业和教学、科研、医疗无法进行，造成严重损失的，构成本罪。情节严重与严重损失二者必须同时具备。所谓的情节严重，是指由于行为人的聚众扰乱行为，使正常的工作、生产等活动无法进行，这是行为人实施扰乱的具体行为表现。所谓的严重损失，包括有形的与无形的，物质方面的和社会恶劣影响方面的，这是扰乱行为造成的危害结果。

聚众扰乱社会秩序罪中，行为人在实施扰乱行为的过程中情节严重不限于使用暴力、有过激行为，聚集人数众多，封堵项目施工现场的时间较长，致使正常项目施工无法进行，视为情节严重。严重损失，包括因行为人的扰乱行为，使项目停工造成的直接损失，因延误工期造成的损失，这些损失可以数额为标准。无形的损失、恶劣的社会影响，这些损失是无法精确计算的，可从扰乱行为的手段、持续时间的长短、因无法正常工作延误的工作事项的重要程度、损失是否可以弥补等方面来衡量。

本案中，某某水电站项目部在此工程施工中有多个工区，涉及多个村、组。2016年3月二工区支洞实施修建，给当地村民的饮水造成一定程度的影响，之后由政府出面，对水源进行了改建，保障村民的正常饮水，且在项目施工之前，该村村民的水产养殖池塘于2015年冬天已经废弃。2018年，八被告人先后三次纠集村民至项目部施工现场以项目施工影响其饮水、灌溉、水产养殖为由，喧嚣吵闹、向项目部施压提出高额赔偿，在项目部未满足其赔偿要求的情况下，用农用车将施工洞口封堵长达三十三天，使项目部无法正常施工，在造成近5万元直接经济损失的同时，他们的行为对周围其他村组的村民起到了一定的煽动作用，使其他工区人员在正常工作的同时产生恐慌、警惕心理。此聚众扰乱社会秩序的事件一度成为全县人民热议的话题，给社会造成恶劣影响。据此认定，八被告人的行为符合聚众扰乱社会秩序罪的构成要件，应以该罪论处。

编写人：陕西省留坝县人民法院　武杰

35

逆向量刑情节的考量

——洪某涛故意杀人案

【案件基本信息】

1. 裁判书字号

北京市第一中级人民法院（2018）京01刑初102号刑事附带民事判决书

2. 案由：故意杀人罪

【基本案情】

2018年2月23日10时许，被告人洪某涛在北京市海淀区西三旗兰州张学礼特色饭庄内，因琐事与被害人米某1（男，15岁）发生纠纷，洪某涛持菜刀连砍被害人米某1背部、头部、颈部等部位二十余刀。经鉴定，米某1身体所受损伤程度属重伤二级。被告人洪某涛于2018年2月27日被公安机关抓获归案。被告人洪某涛的行为确使附带民事诉讼原告人米某1遭受医疗费、营养费、交通费等经济损失人民币二十五万三千元。

【案件焦点】

在故意杀人案件中，既有累犯，侵害未成年人等从重处罚情节，又有犯罪未遂，自愿认罪，如实供述全部犯罪事实等从轻处罚情节，如何在确定基准刑的情况下综合考虑量刑情节，正确适用法律。

【法院裁判要旨】

北京市第一中级人民法院经审理认为：被告人洪某涛持械故意非法剥夺他人生命，致一人重伤，其行为已构成故意杀人罪，犯罪性质恶劣，后果严重，依法应予惩处。北京市人民检察院第一分院指控被告人洪某涛犯故意杀人罪的事实清楚，证据确实、充分，指控罪名成立。被告人洪某涛曾因犯罪被判处有期徒刑以上刑罚，刑罚执行完毕以后，其在五年内再犯应当判处有期徒刑以上刑罚之罪，系累犯，且被告人洪某涛故意侵害未成年人，致人重伤，对其予以从重处罚。被告人洪某涛已经着手实行犯罪，由于意志以外的原因而未得逞，系犯罪未遂，对其依法比照既遂犯从轻处罚。对于被告人洪某涛的辩护人在开庭审理中提出的双方在案件发生、发展的过程中均存在一定责任；本案犯罪形态属于犯罪未遂，应比照既遂犯从轻处罚；被告人洪某涛自愿认罪，归案后能够如实供述全部犯罪事实，认罪态度好，请求法庭依法对被告人洪某涛从轻处罚的辩护意见，本院予以采纳。由于被告人洪某涛的犯罪行为，致附带民事诉讼原告人米某1遭受的经济损失，被告人洪某涛依法应予赔偿。对于附带民事诉讼原告人米某1所提赔偿数额过高部分及缺乏法律依据的部分，本院不予支持。根据被告人洪某涛犯罪的事实、犯罪的性质、情节及对于社会的危害程度，依照《中华人民共和国刑法》第二百三十二条，第五十七条第一款，第五十四条，第五十六条第一款，第六十五条第一款，第六十四条，第六十一条，第三十六条第一款，《中华人民共和国民法通则》第一百一十九条，《最高人民法院关于审理人身损害赔偿案件适用法律若干问题的解释》第十七条第一款之规定，判决如下：

一、被告人洪某涛犯故意杀人罪，判处无期徒刑，剥夺政治权利终身；

二、被告人洪某涛赔偿附带民事诉讼原告人米某1医疗费、营养费、交通费等经济损失人民币二十五万三千元；

三、驳回附带民事诉讼原告人米某1的其他诉讼请求。

【法官后语】

本案处理重点在于量刑情节应当如何适用的问题。本案即一起从重情节与从轻情节并存的案件。在最终确定宣告刑前，应当以综合分析平衡的方法对本案并存的各项情节加以分析，最终确定合理的宣告刑。

本案的从重处罚情节包括：（1）被告人系累犯，依法应当从重处罚。（2）被告人洪某涛手段残忍，犯罪情节恶劣。共计劈砍被害人头部、颈部、手臂等部位26刀。（3）犯罪对象为未成年人，被害人为十六周岁的未成年人。

本案的从轻处罚情节包括：（1）被告人洪某涛系犯罪未遂，对其依法比照既遂犯从轻处罚。（2）被告人洪某涛在被司法机关抓获归案后，能如实供述自己全部犯罪事实，认罪态度好。（3）本案符合《最高人民法院关于贯彻宽严相济刑事政策的若干意见》中"因被害方过错或者基于义愤引发的或者具有防卫因素的突发性犯罪，应酌情从宽处罚"。

在对本案两种逆向情节进行分析判断之后，我们认为：

本案中从重情节直接体现了被告人的社会危害性与人身危险性。被告人在本次犯罪行为之前，曾因盗窃罪三次被人民法院判处有期徒刑以上刑罚之罪，具有反复实施犯罪的可能性，必须在量刑上体现从严惩处的精神，以实现刑罚特殊预防的功能。且在犯罪时，被告人持凶器多次砍杀被害人，在被害人无抵抗能力倒地之后，被害人在俯身看了被害人数秒后再次持刀劈砍已经倒地无法动弹的被害人头部及身体部位。共计劈砍26刀。表明被告人在社会中具有高度人身危险性。

本案的从轻情节程度及价值有限。首先，虽然被告人系犯罪未遂，但从结果来看，仍然造成了被害人右手断离，左手多处骨折，双手功能不同程度丧失等重伤二级的严重后果，属于存在侵害结果的未遂，犯罪性质恶劣，后果十分严重，对法益的侵犯程度也要显著高于没有侵害结果的未遂，法院在量刑时认定该情节对拟处的刑法幅度降低程度有限。其次，“因被害方过错”仅仅为酌定从轻情节，是否从轻处罚需要综合全案来考量。本案中，从案件起因上看，双方在案件发生、发展的过程中均存在一定责任，双方在言语上均有一定的不当之处，但这并不足以掩盖被告人作案手段残忍，情节恶劣，后果严重的高度社会危险性行为。

本案从严处罚符合相关法律政策及刑事政策的要求。首先，从保护未成年人的角度来看，被告人因口角纠纷而持凶器残害未成年被害人，致使被害人重伤二级的行为，严重侵害了被害人的生命健康权益，损害了青少年的健康成长。其次，从严打击暴力犯罪亦与我国的量刑指导意见相符。对于故意杀人、故意伤害致人死亡等严重暴力犯罪和严重影响人民群众安全感的犯罪要作为严惩的重点，依法从重处罚。对于严重侵犯人身安全的暴力犯罪，极大威胁了人民群众的社会安全感，社会影响恶劣，必须依法从严惩处。

通过对上述从严情节与从宽情节的综合比较，本案相对而言，从重情节性质明确、程度强烈，在对量刑的影响力上占据了较为明显的优势。法院以被告人洪某涛犯故意杀人罪，依法判处无期徒刑，剥夺政治权利终身，定罪正确，量刑适当。

编写人：北京市第一中级人民法院　赖琪　王泽恒

36

如何计算前罪没有执行完毕的附加剥夺政治权利的刑期

——鲍某仁盗窃案

【案件基本信息】

1. 裁判书字号

北京市第三中级人民法院（2018）京03刑终596号判决书

2. 案由：盗窃罪

【基本案情】

2017年4月26日夜间，被告人与李某江（已判刑）驾车至密云区十里堡镇开发区云西四路，窃取路灯下电缆线共计223米。经北京市平谷区价格认证中心认定，被盗电缆线价值人民币14450元。2017年12月15日，被告人鲍某仁被公安机关查获。案发后，被盗电缆线已起获并发还被害人。

被告人曾因犯盗窃罪，于2007年6月27日被门头沟区人民法院判处有期徒刑十四年，剥夺政治权利四年，并处罚金人民币一万四千元，经减刑后，于2015年12月1日刑满释放。被告人在剥夺政治权利期间因涉嫌犯盗窃罪于2017年12月15日被羁押，2018年1月16日被逮捕。

【案件焦点】

如何计算被告人前罪没有执行完毕的附加剥夺政治权利的刑期。

【法院裁判要旨】

北京市平谷区人民法院经审理认为：被告人以非法占有为目的，伙同他人秘密窃取公私财物，数额较大，其行为已构成盗窃罪，应予惩处。被告人在刑满释放后五年以内，再犯应当判处有期徒刑以上刑罚之罪，系累犯，应依法从重处罚。鉴于被告人当庭自愿认罪，对其依法从轻处罚，一审法院依照《中华人民共和国刑法》第二百六十四条、第五十二条、第六十五条第一款、第六十一条之规定，判决如下：

被告人鲍某仁犯盗窃罪，判处有期徒刑一年零六个月，罚金人民币三千元。（刑期从判决执行之日起计算，判决执行前先行羁押的，羁押一日折抵刑期一日，即自2017年12月15日起至2019年6月14日止；罚金已缴纳。）

宣判后，北京市平谷区人民检察院以原判未予数罪并罚为由提出抗诉。北京市第三中级人民法院经审理认为：一审法院认定上诉人犯盗窃罪的事实清楚，证据确实、充分，定罪正确，所处主刑及罚金刑适当。但依据《最高人民法院关于在执行附加刑剥夺政治权利期间犯新罪应如何处理的批复》（以下简称《批复》）之规定，应当对上诉人新犯之罪作出判决，与前罪没有执行完毕的附加剥夺政治权利的刑期并罚，一审法院未进行并罚有误，应当予以纠正。

关于如何计算前罪没有执行完毕的附加剥夺政治权利的刑期问题，根据《批复》的规定，上诉人前罪剥夺政治权利刑期停止计算的时间点应为新罪主刑有期徒刑执行之日。二审法院认为由于上诉人在羁押时是处于一种事实上执行刑罚的状态，因此，上诉人被羁押之日应被视为“有期徒刑执行之日”。

以羁押之日而非判决生效后实际交付执行的日期作为刑罚执行之日有三个优势。首先，不会因为交付执行日期的不确定造成无法计算未执行完毕的剥夺政治权利刑期的问题，从而保证判决主文中剥夺政治权利判项的日期明确。其次，不会因时间的流逝而导致被告人（上诉人）剥夺政治权利的执行状态发生变化，使一审、二审裁判产生相左或空判的问题，从而保证上下级法院裁判的稳定。最后，不会因为罪犯被羁押而导致其居住地的公安机关失去继续执行剥夺政治权利的条件，使前罪的剥夺政治权利产生无法实际执行的问题，从而保证判决的执行真正落到实处。

北京市第三中级人民法院依法作出如下判决：

一、撤销北京市平谷区人民法院（2018）京0117刑初82号刑事判决；

二、被告人鲍某仁犯盗窃罪，判处有期徒刑一年六个月，罚金人民币三千元，与前罪尚未执行完毕的附加剥夺政治权利的刑期合并，决定执行有期徒刑一年六个月，剥夺政治权利一年十一个月十六日，罚金人民币三千元。

【法官后语】

本案仅解决了在新罪一审判决作出前被先行羁押的罪犯，如何计算前罪没有执行完毕的附加剥夺政治权利的刑期问题，但实践中还存在如下两种情况：

一、新罪一审判决作出前未予羁押的

此种情况下，刑罚执行可能面临更复杂的局面，可能一审判决作出之日即由法院决定逮捕，可能一审判决作出后仍保持其未羁押的状态，直至文书生效后才由法院决定逮捕甚至可能文书生效后仍因身体原因无法羁押。在前一种可能下，刑罚的执行之日可以认为是一审判决作出之日；在后一种可能下，由于羁押时间的不确定，导致刑罚执行之日即停止计算的时间点无法确定。而一审判决的关于剥夺政治权利的判项又必须明确剩余的刑期，这就形成了一个刑罚执行与判决互为前提的逻辑死循环。

确定一审判决作出之日为停止计算的时间点可以打破这一死循环。因为一审判决作出之日是一个可预计的日期，能精确的计算出前罪剥夺政治权利的剩余时间并在判项中予以明确，尽管这样的技术处理与司法解释存在一定的矛盾，却有效避免了无法判决的窘境。

但上述做法在规避了刑罚执行之日不确定的同时，又带来了一个新的问题，即一审判决作出至刑罚交付执行的期间，既不属于新罪的主刑执行期间，前罪的剥夺政治权利又已停止计算，这期间罪犯的政治权利处于何种状态？

针对于此，存在两种不同的观点。第一种观点认为，此期间应当计算在新判决确定的剥夺政治权利的刑期以内；第二种观点认为，此期间罪犯暂时获得了政治权利。两种观点都有其无法解决的矛盾。第一种观点将剥夺政治权利的执行置于主刑执行之前，与《中华人民共和国刑法》第五十八条的规定相矛盾，并且，如果在刑罚执行之前罪犯的剥夺政治权利执行完毕，就不可避免的会造成空判，更会导致剥夺政治权利无法覆及新罪主刑执行期间，实质上缩短了罪犯被剥夺政治权利的时间。而第二种观点则会产生已经被剥夺政治权利的罪犯因犯新罪反而享有政治权利的不合理现象。

两害相权取其轻，相比第一种观点对刑罚执行制度的破坏，允许罪犯在此种特殊情况下暂时获得政治权利是可以接受的。因此，新罪判决前未羁押的，应当以一审判决作出之日为前罪剥夺政治权利停止计算的时间点。

二、前期被羁押，新罪一审判决作出前变更强制措施的

在此种情况下，需要对罪犯的羁押期间和未羁押期间当作两个不同的阶段予以考虑。在羁押的阶段完全可以参照本案的情况予以处理，以羁押之日作为前罪剥夺政治权利停止计算之日。因为羁押期间可以折抵刑期，故此羁押期间虽与刑期的正式执行并不接续，但仍应视为主刑执行期间的一部分。当罪犯被变更强制措施，进入未羁押的阶段，由于此期间不能视为主刑执行期间，故前罪剥夺政治权利的刑期应当重新开始计算。除上述依据外，罪犯在取保候审或监视居住期间继续计算剥夺政治权利刑期还有另一个有利的条件——这两种强制措施的执行机关与剥夺政治权利的执行机关基本重合，不存在无法执行的情况。因此，在新罪一审判决作出前，无论罪犯的强制措施如何变更，都以是否羁押为标准考虑是否将期间计入剥夺政治权利的刑期。

编写人：北京市第三中级人民法院　程昊　余琳燕

37

网络赌场赌资数额不宜滚动累计计算

——林某猛开设赌场案

【案件基本信息】

1. 裁判书字号

福建省厦门市海沧区人民法院（2018）闽0205刑初165号刑事判决书

2. 案由：开设赌场罪

【基本案情】

2017年4月11日至2017年11月21日，被告人林某猛在其位于厦门市海沧区刘山里67号17××室的住处内，代理名为“威尼斯人娱乐城”的赌博网站，利用微信群推广该赌博网站，发展参赌会员并接受会员投注。其间，被告人林某猛通过该赌博网站接受会员投注共计人民币4542054元（“真人转账”转入金额达人民币759283元），非法获利共计人民币68077.37元。

2017年11月21日，被告人林某猛在其上述暂住处被公安机关抓获，并被缴获DELL牌笔记本电脑一台、华为牌手机一部、OPPO牌手机一部、红米牌手机一部等作案工具。林某猛归案后如实供述了上述犯罪事实。

【案件焦点】

网络赌场投注额的计算方式。

【法院裁判要旨】

福建省厦门市海沧区人民法院经审理认为：被告人林某猛为赌博网站担任代理并接受投注，情节严重，其行为已构成开设赌场罪。

福建省厦门市海沧区人民法院依照《中华人民共和国刑法》第三百零三条第二款、第二十五条第一款、第六十七条第三款、第六十四条及《最高人民法院、最高人民检察院、公安部关于办理网络赌博犯罪案件适用法律若干问题的意见》第一条第一款第三项、第二款第一项、第二项，作出如下判决：

一、被告人林某猛犯开设赌场罪，判处有期徒刑四年二个月，并处罚金人民币四万元；

二、扣押在案作案工具DELL牌笔记本电脑一台、华为牌手机一部、OPPO牌手机一部、红米牌手机一部，予以没收。

【法官后语】

根据《最高人民法院、最高人民检察院、公安部关于办理网络赌博犯罪案件适用法律若干问题的意见》（以下简称《意见》）的规定，赌资数额可以按照在网络上投注或者赢取的点数乘以每一点实际代表的金额认定。但是《意见》中并未说明投注额的计算方式。

在传统赌场中，赌资通常是被当场查获的货币或货币的替代物，而在网络赌场中，因赌客反复投注的数额会被滚动叠加，侦查机关统计的赌资数额通常是所有赌客每局投注额之和。对于这样的计算方式是否妥当，第一种意见认为，网络赌场相比传统赌场而言，受众面更广、危害性更大，且网络赌场每次投注额均有记录可查，累计计算有利于打击犯罪。第二种意见认为，网络赌场后台数据不仅每局累计计算，而且存在赢取点数后再次投注情况，如果采用此种方式计算赌资数额，会造成赌资数额远远超过最初投入金额，不利于量刑平衡。

笔者同意第二种意见，首先，累计叠加计算可能造成赌资数额畸高。在本案中，公诉机关认定被告人林某猛通过赌博网站接受会员投注共计人民币4542054元，采用的是累计叠加的计算方法。而通过审理，法院发现该网络赌场真人实际转入金额为人民币759283元，指控的赌资数额比最初真实投入额高了接近五倍。其次，累计叠加计算可能影响量刑平衡。根据《意见》第一条第二款第二项之规定，赌资数额累计达到30万元以上的，应认定为开设赌场“情节严重”，这里就涉及“跳档”的问题，如果实际投入额低于30万元，而累计叠加计算额超过30万元，被告人可能就会面临过高的处罚。笔者认为，投注额计算宜采用实际最初投入额认定赌资数额，一则从目的上看，最初投入额系赌客用于或准备用于参与赌博的钱款；二则从确定性上看，赌客用于赌博的钱是以最初投入额为限，不受赌客技术或输赢情况的影响；三从认定标准上看，以最初投入额为标准认定赌资能较好地与线下赌场认定标准衔接。目前司法实践中，由于证据收集原因，有的案件只能统计到累计投注额，有的案件只能统计出最初投入资金数额，有的案件则两个金额都能统计得到，导致实务中计算赌资的方法各异，但在量刑时应考虑最初投入资金数额的大小，合理确定量刑幅度。

编写人：福建省厦门市海沧区人民法院　苏桔海　陈芳序

38

加害行为超过聚众斗殴的共同故意，造成被害人死亡或重伤的情形，应综合考虑在加害行为中的作用区别对待

——陶甲甲等6人故意伤害、聚众斗殴案

【案件基本信息】

1. 裁判书字号

广东省汕头市中级人民法院（2018）粤05刑初20号刑事判决书

2. 案由：故意伤害、聚众斗殴罪

【基本案情】

2017年6月6日21时许，被告人陶甲甲与同厂工友杨某飞发生纠纷并相约下班后打架。杨某飞联系老乡杨某过来帮忙，又告知同厂老乡王甲称陶甲甲要殴打他。22时30分陶甲甲遇到杨某飞与王甲，上前挑衅。随后杨某飞与王甲到工厂对面超市等同伴过来帮忙。等待期间，王甲告知老乡毛某打架一事，毛某当场打电话叫被害人杨某强等老乡过来帮忙打架。随后杨某强、毛某东等人与杨某飞等汇合。陶甲甲得知杨某飞纠集老乡准备打架，遂打电话联系老乡陶乙乙纠集人来帮忙打架，还联系隔壁宿舍被告人王某某等人帮忙打架。23时许，陶乙乙纠集同案人罗某及被告人刘某斌、陶某勇、陶某伟、马某成等二十多人携带钢管、棒球棒等与陶

甲甲汇合，由陶甲甲带领找杨某飞等人。陶甲甲、陶乙乙、罗某等上前用钢管、棒球棒等殴打杨某飞。其中，陶甲甲持棒球棒殴打杨某飞，马某成、陶某勇先后持钢管、用脚踢打杨某飞。随后陶乙乙、罗某、陶某勇、马某成等人又用钢管等殴打杨某强、毛某东等被害人一方，罗某还从其口袋里掏出事先准备的弹簧刀朝杨某强捅了一刀，致杨某强受伤，后众犯逃离现场。

经鉴定，毛某东全身多处软组织挫、擦伤，属轻微伤；杨某飞身体多处皮肤软组织挫、擦伤，属轻微伤；杨某强心脏破裂，属重伤二级，后继发缺血缺氧性脑病持续昏迷，进而多器官功能衰竭死亡。

【案件焦点】

加害行为超过聚众斗殴的共同故意，造成被害人死亡或重伤的情形，首要分子和积极参加者是否转化为故意伤害罪或者故意杀人罪，应根据刑法谦抑性原则，以主客观相一致为标准，对首要分子、致伤亡的直接责任人、其他积极参加者，综合考虑其在加害行为中的作用区别对待。

【法院裁判要旨】

被告人陶甲甲、陶某勇、马某成、王某某、陶某伟、刘某斌结伙持械聚众斗殴，扰乱社会公共秩序，在共同犯罪中，被告人陶甲甲、陶某勇、马某成及同案人持械殴打他人并致一人死亡、二人轻微伤。被告人陶甲甲引发本案且提议和招引他人持械聚众斗殴，在现场也积极动手斗殴，系聚众斗殴的首要分子，其行为构成故意伤害罪；被告人陶某勇、马某成是聚众斗殴的积极参加者，和其他同案人互相配合，共同持械加害他人，其行为构成故意伤害罪；被告人王某某、陶某伟在他人招引下积极参加持械聚众斗殴，其行为侵犯社会公共秩序，已构成聚众斗殴罪。公诉机关指控被告人陶甲甲、陶某勇、马某成所犯罪名成立；指控被告人王某某、刘某斌、陶某伟犯故意伤害罪的罪名不成立，应予纠正。

被告人陶甲甲在共同犯罪中起主要作用，系主犯，依法应当按照其所参与的全部犯罪处罚；被告人陶某勇、马某成在共同犯罪中均起次要作用，均系从犯，依法应予减轻处罚。被告人陶甲甲、陶某勇、马某成、王某某、陶某伟犯罪时均未满十八周岁，归案后均如实供述自己的罪行，有悔罪表现，依法均应予以减轻处罚；被告人陶甲甲、陶某勇、马某成、陶某伟的亲属均在案发后对被害人亲属作出补偿，均取得了被害人亲属的谅解，对被告人陶甲甲、陶某勇、马某成、陶某伟均依法可予从轻处罚。被告人马某成在司法机关未确定犯罪嫌疑人，尚在一般性排查询问时主动交代自己的罪行，应当视为自动投案，且归案后如实供述自己的罪行，系自首，依法可予以从轻处罚。被告人刘某斌在他人招引下积极参加持械聚众斗殴，但其作案时未满十六周岁，没有达到相应法定刑事责任年龄，依法不负刑事责任。

广东省汕头市中级人民法院依照《中华人民共和国刑法》第二百三十四条第二款，第二百九十二条第一款第四项、第二款，第十七条，第二十五条第一款，第二十六条第一款、第四款，第二十七条，第六十七条第一款、第三款，第六十一条，《最高人民法院关于适用〈中华人民共和国刑事诉讼法〉的解释》第二百四十一条第一款第六项，《最高人民法院关于处理自首和立功若干具体问题的意见》第一款的规定，判决如下：

一、被告人陶甲甲犯故意伤害罪，判处有期徒刑六年；

（刑期自判决执行之日起计算，判决执行以前先行羁押的，羁押一日折抵刑期一日，即自 2017 年 6 月 7 日起至 2023 年 6 月 6 日止。）

二、被告人陶某勇犯故意伤害罪，判处有期徒刑三年六个月；

（刑期自判决执行之日起计算，判决执行以前先行羁押的，羁押一日折抵刑期一日，即自 2017 年 6 月 19 日起至 2020 年 12 月 18 日止。）

三、被告人马某成犯故意伤害罪，判处有期徒刑三年；

（刑期自判决执行之日起计算，判决执行以前先行羁押的，羁押一日折抵刑期一日，即自 2017 年 6 月 19 日起至 2020 年 6 月 18 日止。）

四、被告人王某某犯聚众斗殴罪，判处有期徒刑一年八个月；

（刑期自判决执行之日起计算，判决执行以前先行羁押的，羁押一日折抵刑期一日，即自 2017 年 6 月 7 日起至 2019 年 2 月 6 日止。）

五、被告人陶某伟犯聚众斗殴罪，判处有期徒刑一年二个月；

（刑期自判决执行之日起计算，判决执行以前先行羁押的，羁押一日折抵刑期一日，即自 2017 年 6 月 19 日起至 2018 年 8 月 18 日止。）

六、被告人刘某斌不负刑事责任。

宣判后，本案没有上诉、抗诉，发生法律效力。

【法官后语】

公诉机关认为，本案六被告人持械殴打他人，致一人死亡、二人轻微伤，应当以故意伤害罪追究六被告人的刑事责任。因此，本案的争议焦点是：对于加害行为超过聚众斗殴的共同故意，造成被害人死亡或重伤的情形，如何综合考虑各被告人在加害行为中的作用，区别对待。

一、关于各被告人行为的定性标准

本案是由于陶甲甲和杨某飞的矛盾引发的双方约架，双方各自纠集人员参与斗殴，陶甲甲纠集20多名同伙携带钢管、棒球棒等参与斗殴，杨某飞纠集11名同伙到约定地点准备打架，对双方参与斗殴的首要分子和积极参加者，应评价其构成聚众斗殴罪。

根据本案各被告人、同案人的供述以及相关证据视频资料显示，同案人罗某持刀捅刺被害人杨某强致其死亡。对于聚众斗殴致人伤亡的情形，首要分子和积极参加者是否应转化为故意伤害罪或者故意杀人罪，应根据刑法谦抑性原则，以主客观相一致为标准，综合考虑其在加害行为中的作用，对首要分子、致伤亡的直接责任人，其他积极参加者，区别对待。

二、对于聚众斗殴致人伤亡的情形，对首要分子的定性问题

对于聚众斗殴出现致人伤亡的情形，首要分子在聚众斗殴中起组织、指挥作用，同时又积极实施了致人伤亡行为，应按故意伤害罪或者故意杀人罪论处；首要分子在聚众斗殴中起组织、指挥作用，同时在斗殴中积极斗殴的，应按故意伤害罪或者故意杀人罪论处；首要分子在聚众斗殴中仅起组织、指挥作用，没有动手参与斗殴的，但由于聚众斗殴犯罪是主观上欲对对方实施伤害的犯罪，一般应认为其对所组织、指挥和参与的聚众斗殴行为导致的伤亡结果有概括性故意，应对造成的伤亡结果承担相应的刑事责任，应按故意伤害罪或者故意杀人罪论处，但首要分子停止了伤害行为并以实际行动明确阻止同案人继续伤害的，对同案人的继续伤害行为所造成的伤亡情形，可认定为超出了首要分子的犯罪故意，对首要分子应不转化为故意伤害罪或者故意杀人罪。

本案中，由于在斗殴过程中出现了致人重伤不治死亡的情况，应对聚众斗殴的首要分子认定为转化犯，即被告人陶某某引发本案且提议和招引他人参与聚众斗殴，在现场也积极动手斗殴，其虽不是被害人杨某强死亡的直接致害人，但其系聚

众斗殴的首要分子，事前预谋实施斗殴，并对斗殴过程中可能造成的后果有概括性故意，应对造成被害人死亡的结果承担刑事责任，故被告人陶某某的犯罪行为应转化为故意伤害罪。

三、对于聚众斗殴致人伤亡的情形，对直接责任人的定性问题

对于聚众斗殴出现致人伤亡的直接责任人（即直接致害人），毫无疑问可以直接根据《中华人民共和国刑法》第二百九十二条第二款的规定直接转化为故意伤害罪或者故意杀人罪。

四、对于聚众斗殴致人伤亡的情形，对积极参加者的定性问题

对于聚众斗殴出现致人伤亡的情形，对于积极参加者，应综合考虑其在加害行为中的具体作用，分析其是否应当转化定罪。如果可以查清积极参加者并非直接责任人的，一般可不予转化定罪，仍以聚众斗殴罪定罪处罚；但如果积极参加者的行为和直接责任人的致害行为是密不可分、互相配合的，对积极参加者应转化为故意伤害罪或者故意杀人罪，可以从犯论处。

本案被告人陶某勇、马某成是聚众斗殴的积极参加者，对斗殴过程中可能发生的后果有概括性认识，却和其他同案人互相配合，共同加害他人，致使被害人一方毫无招架之力，同案人罗某才能在混打中捅中被害人杨某强，因此，即使被告人陶某勇、马某成并非聚众斗殴的首要分子及被害人死亡的直接致害人，但其犯罪行为仍应转化为故意伤害罪，以从犯论处。

被告人王某某、陶某伟、刘某斌虽到斗殴现场积极参与，但均未有证据证明其动手斗殴及伤害被害人一方，同案人及其他被告人故意伤害他人致死的行为明显超过其参与斗殴的共同故意，因此，不宜将被告人王某某、陶某伟、刘某斌的行为认定为聚众斗殴转化犯，即不宜认定为故意伤害罪，被告人王某某、陶某伟、刘某斌只对预谋实施的聚众斗殴行为承担刑事责任。由于被告人刘某斌参与聚众斗殴时未满十六周岁，根据《中华人民共和国刑法》第十七条第二款的规定，刘某斌不负刑事责任。

编写人：广东省汕头市中级人民法院刑事审判第三庭　陈连嘉

39

因逃逸才构成交通肇事罪量刑时不能将逃逸行为进行二次评价

——李某州交通肇事案

【案件基本信息】

1. 裁判书字号

河南省平顶山市中级人民法院（2019）豫04刑终159号刑事判决书

2. 案由：交通肇事罪

【基本案情】

2018年4月28日4时许，被告人李某州驾驶“陕汽”牌重型半挂牵引车（车牌号：豫D973××、豫DM6××挂）自南向北行驶至许南路与孟宝铁路交叉口时，被被害人薛某猛驾驶的“解放”牌重型仓栅式货车（车牌号：冀T678××）追尾，致薛某猛受伤、车辆受损，薛某猛经医院抢救无效后死亡。事故发生后，李某州驾车逃逸。经道路交通事故认定书认定，薛某猛未按照驾驶证载明的准驾车型驾驶机动车且未保持安全行车距离，存在明显过错，可以减轻李某州的责任，故李某州负此事故的主要责任，薛某猛负此事故的次要责任。

【案件焦点】

1. 在审理交通肇事案件时，应直接根据道路交通事故认定书中的责任划分认定行为人的刑事责任，抑或法院重新进行价值判断后认定；2. 李某州的逃逸行为仅作为入罪要件，抑或作为入罪及加重情节的双重评价要件。

【法院裁判要旨】

河南省平顶山市卫东区人民法院经审理认为：被告人李某州违反交通运输管理

法规，驾驶机动车辆发生重大交通事故后逃逸，负此事故主要责任，其行为已构成交通肇事罪。李某州曾因犯罪被判处刑罚，有前科，酌情从重处罚。辩护人提出的把逃逸行为作为定罪情节和量刑情节会造成重复评价的辩护意见，经查，李某州驾驶机动车辆发生重大交通事故，致使被害人死亡，根据道路交通事故认定书认定其负此事故的主要责任，符合交通肇事罪的构成要件，李某州在事故发生后驾车逃逸，是加重处罚情节，应在有期徒刑三年以上七年以下范围内量刑，故对该辩护意见未予采纳。

河南省平顶山市卫东区人民法院依照《中华人民共和国刑法》第一百三十三条规定，判决如下：

被告人李某州犯交通肇事罪，判处有期徒刑三年。

一审宣判后，李某州提出上诉。

河南省平顶山市中级人民法院经审理认为：上诉人李某州在驾驶车辆过程中发生重大交通事故后逃逸，道路交通事故认定书认定其负主要责任，其行为已构成交通肇事罪。关于上诉人及其辩护人提出"受害人存在重大过错，如果上诉人未驾车离开现场，是不应承担责任的"上诉意见及辩护意见，经查，事故发生后，上诉人驾车逃逸，道路交通事故认定书根据其逃逸情节及被害人的过错程度划分了事故责任，客观真实、合法有效，对事故认定书予以认可，对该辩解辩护意见不予采纳。关于上诉人及其辩护人提出"原判量刑幅度有误，应在三年以下量刑"的上诉意见及辩护意见，经查，因上诉人发生事故后逃逸且被害人存在过错，道路交通事故认定书认定上诉人负主要责任，即上诉人的逃逸行为已作为入罪要件，原判认定其构成交通肇事罪且肇事后逃逸，系对其逃逸行为的重复评价，属于法律适用错误，予以纠正，对该辩解辩护意见予以采纳。另二审审理期间，上诉人已和被害人家属达成和解协议，取得了被害人家属的谅解，经社区调查评估其具备适用社区矫正条件，对其可从轻处罚并适用缓刑。

河南省平顶山市中级人民法院依照《中华人民共和国刑法》第一百三十三条、第七十二条第一款，第七十三条第二款、第三款，《中华人民共和国刑事诉讼法》第二百三十六条第一款第二项规定，判决如下：

一、维持河南省平顶山市卫东区人民法院（2019）豫0403刑初22号刑事判决对原审被告人李某州的定罪部分；

二、撤销河南省平顶山市卫东区人民法院（2019）豫0403刑初22号刑事判决对原审被告人李某州的量刑部分；

三、上诉人（原审被告人）李某州犯交通肇事罪，判处有期徒刑一年六个月，缓刑二年。

【法官后语】

本案对于被告人李某州的行为是否构成交通肇事罪，若构成犯罪，是构成普通交通肇事罪还是以交通肇事逃逸加重处罚，存在不同意见。值得探讨及商榷。

一、关于定罪

在本案中，公安机关出具的道路交通事故认定书认定，被害人薛某猛未按照驾驶证载明的准驾车型驾驶机动车且未保持安全行车距离，薛某猛存在明显过错，可以减轻李某州的责任，故李某州负此事故的主要责任，薛某猛负此事故的次要责任。被告人李某州及其辩护人认为，事故认定书对责任的认定有误，李某州在道路中正常行驶，不存在任何过错，若有过错也仅是因为被追尾后离开现场的行为。

有学者认为，应区分交通行政管理上的责任与刑法上的责任，交通管理部门认定的行为人责任根据交通运输管理法规作出，这种认定是出于交通管理的需要，并不是刑法意义上的责任，行政法规与刑法的价值取向不同，司法机关不应直接根据道路交通事故认定书来认定行为人是否构成犯罪，而应该重新进行价值判断，将行政法规中的责任进一步转化为刑法标准上的责任。那么，审判人员能否直接根据公安机关作出的道路交通事故认定书来认定行为人是否构成犯罪？

笔者认为，在司法实践中，法官往往需要直接将公安机关作出的道路交通事故认定书作为入罪要件。交通事故发生后，公安民警及时赶赴事故现场，运用其所具有的专业交通知识对事故车辆、人员、环境等情况进行勘验、记录、分析，取得第一手资料，并对行为人的行为根据交通法规进行综合判断，从而使事故原因、基本事实得以固定，法官据此所作出的对犯罪事实的认定较为客观。若需要法官对交通事故各方应承担的责任重新进行价值判断，则可能存在事实难以认定、专业知识不足、个人认识不一、浪费司法资源、责任认定失衡等问题。就本案而言，首先，在事故发生后，李某州确有驾车逃逸行为，道路交通事故认定书根据其逃逸情节及被害人的过错程度划分了事故责任，客观真实、合法有效，应对事故认定书予以认可；其次，李某州违反交通运输管理法规，驾驶机动车辆发生重大交通事故致一人死亡且负此事故主要责任，其行为符合交通肇事罪的犯罪构成。故两级法院均对李某州构成交通肇事罪不持异议。

二、关于构成交通肇事罪前提下的量刑

一、二审法院对李某州犯交通肇事罪所应适用的量刑档次出现了两种不同意见。一审法院认为李某州驾驶机动车辆发生重大交通事故，致使被害人死亡，负此次事故的主要责任，且在事故发生后驾车逃逸，表明其意欲逃避法律追究，主观恶性较深，具有加重处罚情节，应在有期徒刑三年以上七年以下范围内量刑。二审法院认为道路交通事故认定书认定李某州负主要责任，即李某州的逃逸行为已作为入罪要件，一审判决认定其构成交通肇事罪且系肇事后逃逸，是对李某州逃逸行为的重复评价，逃逸行为作为定罪情节后不应再作为量刑情节，对李某州应在有期徒刑三年以下量刑。

笔者认为，司法实践中对逃逸等情节是否进行双重评价应分情况处理，要根据该类情节对行为人构成刑事犯罪的作用力、密切度等进行综合判断。如在本案中，公安机关根据李某州驾车逃逸的情节认定其负事故主要责任，因此，李某州的行为符合交通肇事致一人死亡且负事故主要责任而构成交通肇事罪，可见逃逸行为对行为人构成刑事犯罪起着决定性作用且密切关联，故已作为定罪情节使用的逃逸行为不应再作为加重情节用以提升行为人的量刑档次。但若抛开行为人的逃逸等情节，行为人即应承担事故的主要或全部责任的，即该类情节对定罪的作用力较小或密切度低时，则应在定罪后，对逃逸等情节再次进行评价。另外，若因行为人的逃逸等行为导致对事实的认定及事故责任的划分难以进行，则也可对逃逸等情节进行双重评价，以实现罪责相适应。

分情况处理的做法是罪责刑相适应原则在司法实践中的体现，行为人所犯的罪行应与其承担的刑事责任及所要受到的刑罚保持平衡、统一，是我国司法现代化、文明化的体现。在量刑时，要综合考虑行为人的主观恶性、人身危险性、客观犯罪行为、社会危害性等因素，尽力准确掌控案件的法律效果、政治效果与社会效果，不仅要使案件经得起法律规定与司法实践的检验，也要考虑民众情感的接受程度。分情况处理的做法也对行为人单纯的肇事行为应负何种责任的查实工作提出了更高要求，为避免法官在进行入罪判断时产生疑虑，要求持续推进以审判为中心的相关制度建设，倒逼公安机关在作出事故认定书时列出更为翔实的证据，呈现更为完整的案件事实与细节，帮助审判人员准确把握案件全貌，以作出更加公正、合理的判决结果。

编写人：河南省平顶山市卫东区人民法院　张元喆　张翔宇

40

前罪被特赦后发现缓刑考验期内犯新罪的处理

——胡某武诈骗案

【案件基本信息】

1. 裁判书字号

浙江省绍兴市中级人民法院（2018）浙06刑终741号刑事裁定书

2. 案由：诈骗罪

【基本案情】

被告人胡某武因犯故意伤害罪于2014年4月14日被江苏省宿迁市宿城区人民法院判处有期徒刑二年，缓刑三年。2015年10月21日被江苏省宿迁市中级人民法院裁定予以特赦。

2015年7月起，被告人胡某武先后设立量赢公司和墨昌公司，并以量赢公司为依托，成为天津贵金属和青岛齐鲁的会员单位代理商；以墨昌公司为依托，成为华益金安和西部贵金属的会员单位；以个人名义成为华中矿的会员单位代理商；并从上述现货交易平台分取客户交易手续费的提成以及客户的全部交易亏损作为返佣。2017年4月起，被告人胡某武又从他人处购得私自构建的AMS平台及软件、签约成为宝富国际的代理商，以外汇交易为名，通过赚取客户的交易手续费、点差和交易亏损进行非法获利。

2015年7月至2017年6月，被告人胡某武以量赢公司、墨昌公司为依托，招募周某飞、宋某杰和陈某志、刘某、钱某杰、钱某成、朱某媛等人为副总经理、业务总监、业务经理，招募吴某胜、任某胜、陈某伟、曹某、沈某奇等人为指导老师，招募朱某杰、王某、朱某、时某、沈某、冷某成、史某航、李某悦、江某、钱某婷等人为业务员，按比例分取各自客户的手续费作为提成。同时，被告人胡某武在公司内设置注册开户、净入金量、留存资金等项目的PK制度，给予业务总监、业务经理、业务员相应的奖惩，促使上述人员不断发展客户。在此过程中，被告人胡某武等人指令业务员通过电话、网络等途径对公司经营的现货、外汇平台进行宣传，将意向客户吸引到公司的“量融学院”网络直播间中，又通过业务总监、业务经理、业务员和指导老师相互配合，虚构指导老师水平高、能力强的假象，谎称在老师指导下投资可以赚钱获利，以此骗取客户信任，诱使客户到公司经营的现货、外汇平台开户投资。在客户开户后，被告人胡某武等人又指令业务员利用“话术”，隐瞒公司与客户之间系对赌关系、公司赚取客户亏损以及交易手续费被杠杆放大等真相，虚构公司能够指导客户赚钱获利的事实，进一步骗取客户信任，恶意引导客户频繁进行交易操作，进而产生大量的手续费；同时又在客户盈利时指导客户平仓、换交易品种做单，在客户亏损时指导客户持仓、设置大区间止损点，进而导致客户的交易亏损。在客户亏损后，上述人员再次相互配合，谎称可以提供更高级别、更专业的指导老师，诱使客户继续加金、加仓及频繁操作，进一步骗取客户的投资款。被告人胡某武通过上述手段，利用华益金安、西部贵金属、华中矿和AMS平台，骗取包括浙江嵊州人马某波在内的数十名客户人民币920余万元。

2017年6月15日，嵊州市公安局对位于上海市嘉定区南翔镇中暨大厦10楼的量赢公司进行搜查，查获手机2部、笔记本电脑2台、电脑硬盘8个、公司印章5枚、银行卡2张、纸质材料36张及现金人民币47725元，均暂扣于嵊州市公安局；次日，嵊州市公安局查封了被告人胡某武使用的9731中国银行账户，该账户内尚有余额人民币1577435.39元。

案发后，被告人胡某武由其家属代为赔偿了被害人马某波经济损失41796.65元，并获得了谅解。

【案件焦点】

1. 被告人之行为的定性：罪与非罪、非法经营罪与诈骗罪、是否系单位犯罪；2. 犯罪金额的认定；3. 前罪被特赦后发现缓刑考验期内犯新罪，是否应当撤销缓刑，数罪并罚。

【法院裁判要旨】

浙江省嵊州市人民法院经审理认为：（1）关于本案的定性问题。经查，根据在案的证据显示，被告人胡某武以量赢公司、墨昌公司为依托，利用相关交易平台，采用将客户吸引到直播室，通过业务总监、业务经理、业务员和指导老师相互配合，虚构老师指导能力强，在老师指导下投资可以赚钱获利等方式骗取客户信任，从而到相关现货、外汇平台上进行投资。隐瞒公司不产生利润、公司与客户系对赌关系、费用被杠杆放大等事实真相，以客户的交易手续费、点差以及亏损作为公司盈利，并以PK等奖惩机制激励业务员、业务经理故意引导客户频繁做单，在客户盈利时指导客户平仓、换交易品种做单，在客户亏损时指导客户持仓、设置大区间止损点，进而获取客户交易产生的手续费、点差以及客户的亏损。同时隐瞒外汇平台中客户的出入金完全由其公司掌握的情况下，仍通过虚构事实、隐瞒真相的方式骗取客户入金。上述事实，足以认定被告人胡某武主观上具有非法占有他人财物的诈骗犯罪故意，客观上实施了一系列虚构事实、隐瞒真相的诈骗犯罪行为，符合诈骗罪的构成要件，应以犯诈骗罪予以定性。该行为以非法占有为目的，其直接攫取交易相对方财物的行为与那些未经准许但尚且遵循交易规则而获取经营利润的非法经营行为有本质区别。故被告人及其辩护人对本案定性的辩解、辩护意见与查明的事实和法律规定不符，不予采纳。（2）关于犯罪金额的认定。经查，被告人的涉案金额有量赢公司的账户明细、墨昌公司的账户明细、AMS平台客户交易详情、讯付信息科技有限公司提供的交易明细、被告人银行交易明细，结合诸被害人的陈述及相关的交易记录等证据证实，足以认定。其中华益金安和AMS平台有客观性证据认定犯罪金额分别为5809144.5元、3187923.68元；西部贵金属和华中矿因没有账目予以证实，按照有利于被告人的原则，以已确认的被害人的损失确定犯罪金额分别为17718.22元、225789.03元，以上合计9240575.43元。鉴于被告人与被害人之间处于对立的经济利益关系，手续费、被害人投资亏损以及AMS平台无法出金的款项为被告人实际占有，辩护人所谓的被告人运行涉案平台的费用等属被告人的犯罪成本，均不应在犯罪数额中扣除，但在量刑时酌情予以考虑。（3）关于单位犯罪的认定问题。经查：根据《最高人民法院关于审理单位犯罪案件具体应用法律有关问题的解释》第二条之规定，个人为进行违法活动而设立的公司实施犯罪的，或者公司设立后以实施犯罪为主要活动的，不以单位犯罪论处。本案中，量赢公司、墨昌公司系为了进行违法犯罪活动而设立，且设立以后以实施诈骗犯罪为主要活动，不能认定为单位犯罪。故对辩护人提出本案系单位犯罪的辩护意见不予采纳。

被告人胡某武以非法占有为目的，结伙利用互联网采用虚构事实、隐瞒真相的方式骗取他人财物，数额特别巨大，其行为已构成诈骗罪，应依法惩处。公诉机关指控的罪名成立，应予支持。公诉机关提出被告人胡某武在缓刑考验期内犯新罪，应当撤销缓刑，并予数罪并罚的意见，因被告人之前犯罪被判处有期徒刑二年，缓刑三年，后被江苏省宿迁市中级人民法院裁定予以特赦，在该特赦裁定未经法定程序撤销的前提下，被告人之前罪所判刑罚不再执行，故该公诉意见不能成立，本院予以纠正。辩护人以被告人胡某武归案后能如实供述自己的罪行、赔偿被害人马某波的损失并获得谅解、部分财物被扣押并当庭自愿认罪等情节为由请求对被告人从轻处罚的辩护意见，本院予以采纳；辩护人对本案定性、金额等异议，与事实、法律规定不符，不予采纳。

浙江省嵊州市人民法院于 2018 年 10 月 12 日作出如下刑事判决：

一、被告人胡某武犯诈骗罪，判处有期徒刑十一年六个月，剥夺政治权利二年，并处罚金人民币 20 万元；

二、违法所得继续予以追缴，连同办案机关冻结的被告人账户中的人民币 1577435.39 元及扣押的现金人民币 47725 元，发还相应被害人（名单详见附页）；

三、扣押在嵊州市公安局的手机 2 部、笔记本电脑 2 台、电脑硬盘 8 个等作案工具予以没收，上缴国库；扣押在嵊州市公安局的公司印章 5 枚、银行卡 2 张等涉案物品，由扣押机关依法处理。

宣判后，被告人胡某武向浙江省绍兴市中级人民法院提出上诉。浙江省绍兴市中级人民法院于 2018 年 12 月 19 日作出如下裁定：

驳回上诉，维持原判。

【法官后语】

被告人前罪被判处有期徒刑并适用缓刑，后经特赦，但其在缓刑考验期内又犯新罪，是否应当撤销缓刑，数罪并罚？

特赦是对某些犯罪或特定的罪犯免除其全部或者部分刑罚的制度。对于前罪适用缓刑被特赦后，发现被告人在缓刑考验期内又犯新罪，是否应当撤销缓刑的问题。第一种观点认为，被裁定特赦可视为缓刑考验期满，但因犯罪行为发生在特赦前，即仍在缓刑考验期内，故应当根据《中华人民共和国刑法》第七十七条之规定，对其撤销缓刑，数罪并罚。第二种观点认为，被裁定特赦其本质是免除刑罚，可视为刑罚已经执行完毕，根据《中华人民共和国刑法》第七十一条“判决宣告以后，刑罚执行完毕以前，被判刑的犯罪分子又犯罪的，应当对新犯的罪作出判决，把前罪没有执行的刑罚和后罪所判处的刑罚，依照本法第六十九条的规定，决定执行的刑罚”，鉴于前罪刑罚因特赦而免除刑罚或视为刑罚已经执行完毕，故不应撤销缓刑，数罪并罚。

审判实践中，多数法院均采用了第二种观点。如江苏省南京市中级人民法院作出的（2016）苏01刑抗8号刑事判决认为：“原审被告人徐某犯危险驾驶罪的时间虽在原犯抢劫罪所判刑罚缓刑考验期内，但在本案审理期间，原审被告人徐某前罪被特赦，因犯抢劫罪所判刑罚不再执行。原审判决认定徐某在缓刑考验期内犯新罪，并据此撤销缓刑，适用数罪并罚，属于认定事实错误，适用法律不当”；如河南省三门峡市中级人民法院作出的（2016）豫12刑终184号刑事判决认为：“原判认定上诉人（原审被告人）陈某鑫、原审被告人烟某帅犯抢劫罪、抢夺罪的事实清楚，但原判在我院（2015）三刑赦字第00007号特赦裁定已经生效，未经法定程序予以撤销的前提下对原审被告人前罪缓刑予以撤销，属适用法律错误，应当予以纠正”；湖南省蓝山县人民法院作出的（2017）湘1127刑初314号刑事判决认为：“被告人谭某育在缓刑考验期内又犯新罪，应当撤销缓刑，予以数罪并罚；又因罪犯谭某育已被湖南省郴州市中级人民法院特赦，本院不予撤销其前罪之缓刑”。

笔者同意第二种观点。在本案中，被告人之前犯罪被判处有期徒刑二年，缓刑三年，后被江苏省宿迁市中级人民法院裁定予以特赦，该特赦裁定未经法定程序撤销，被告人之前罪所判刑罚经特赦而不再执行，故不应对其撤销缓刑，数罪并罚。

编写人：浙江省嵊州市人民法院　赵浙飞

（二）自首与立功

41

包庇案中自首的认定

——刘某包庇案

【案件基本信息】

1. 裁判书字号

北京市丰台区人民法院（2018）京 0106 刑初 1214 号判决书

2. 案由：包庇罪

【基本案情】

2018 年 7 月 23 日，在北京市丰台区吴家村路，被告人刘某在明知崔某酒后驾驶机动车肇事逃逸的情况下，自己冒充机动车驾驶员，帮助崔某逃避法律责任，对其进行包庇，后被民警查获。在被告人刘某尚未受到讯问、未被采取强制措施时，其主动投案，如实供述自己的罪行。

【案件焦点】

被告人刘某是否构成自首。

【法院裁判要旨】

北京市丰台区人民法院经审理认为：被告人刘某明知是犯罪的人而作假证明包庇，其行为已构成包庇罪，依法应予处罚。北京市丰台区人民检察院指控被告人刘某犯包庇罪的罪名成立。被告人刘某在未受到讯问、未被采取强制措施时，其主动投案，如实供述自己的罪行，故法院对其依法予以从轻处罚并适用缓刑。

北京市丰台区人民法院依照《中华人民共和国刑法》第三百一十条第一款，第六十七条第一款，第七十二条第一款，第七十三条第二款、第三款，第六十一条规定，作出如下判决：

刘某犯包庇罪，判处有期徒刑六个月，缓刑一年。

【法官后语】

司法实践中，被告人是否构成自首的问题是司法人员经常需要考虑的，而包庇罪这一罪名在实践中则涉及较少，对其构成要件的把握往往不够深入，而要认定包庇罪的被告人是否构成自首，则首先应当明确包庇罪的构成要件。下面，笔者将就上述问题进行分析探讨。

一、包庇罪的构成要件

根据《中华人民共和国刑法》第三百一十条第一款的规定，明知是犯罪的人而为其作假证明包庇的，行为人构成包庇罪。首先，包庇罪侵犯的客体是正常的司法秩序，其行为表现是作假证明包庇，是一种行为犯，其并不要求出现被包庇人得以逃避法律追究的犯罪后果。在本案中，被告人刘某在事故现场及在公安机关对其进行询问时，其均向公安机关谎称自己是车辆的实际驾驶人，并陈述了案发经过，其已经实施了作假证明包庇的行为。而本案在刘某被询问期间，车辆的实际驾驶人崔某已经从公安机关离开，在刘某交代自己替他人“顶包”的事实后，崔某才又被公安机关电话传唤到案。也就是说，刘某的包庇行为在客观上甚至已经使崔某逃避了法律追究。其次，包庇罪的主观方面要求行为人明知其包庇的人是犯罪的人。这里要明确的是罪与非罪的界限，笔者认为，罪与非罪需要经过侦查才能确认，且包庇人行为之初很可能无法确认被包庇人的行为是否构成犯罪，何况对专业的法律人士来说区分罪与非罪尚且存在一定难度，如果要求普通公民在实施包庇行为时就能够对某一行为是否一定构成犯罪有明确认知，无疑是过于苛求，因此，笔者认为，只要包庇的行为人在包庇他人时明知其包庇的人有可能构成犯罪即可。如果事后经过侦查，被包庇人确实构成犯罪，则行为人构成包庇罪；若被包庇人不构成犯罪，则行为人也不构成包庇罪。在本案中，崔某酒后驾车肇事逃逸，其在带刘某到达事故现场的过程中明确向刘某说过诸如“如果我进去了就什么都没有了”等言语，说明该二人已经意识到崔某的行为很有可能构成犯罪，而经过侦查，崔某的行为确实已经构成交通肇事罪，因此被告人刘某的行为构成包庇罪。

二、关于自首的认定

在本案中，显而易见，被告人刘某已经构成包庇罪的既遂，且以经如实供述自己的包庇罪行。然而本案存在一定的特殊性，由于被告人刘某在如实交代自己的包庇罪行时，已经在公安机关接受调查，因此对其是否构成“自动投案”则存在一定争议。

根据《最高人民法院关于处理自首和立功具体应用法律若干问题的解释》第一条第一项规定，自动投案，是指犯罪事实或者犯罪嫌疑人未被司法机关发觉，或者虽被发觉，但犯罪嫌疑人尚未受到讯问、未被采取强制措施时，主动、直接向公安机关、人民检察院或者人民法院投案。罪行尚未被司法机关发觉，仅因形迹可疑，被有关组织或者司法机关盘问、教育后，主动交代自己的罪行的，应当视为自动投案。《最高人民法院关于处理自首和立功若干具体问题的意见》中第一条第一项的规定，符合立法本意，应当视为自动投案的情形，应认定为自动投案。

本案被告人刘某被车辆的实际驾驶人崔某带到交通事故现场，向警察谎称自己是车辆驾驶人，后该二人及其他在场人员被带至公安机关配合调查，此时刘某及崔某均未被采取强制措施，警察对该二人进行分别询问，崔某在结束询问后离开公安机关，而刘某在被询问过程中向警察交代自己是替崔某“顶包”，其后警察对刘某以涉嫌包庇罪进行立案侦查并采取强制措施，并将崔某再次传唤至公安机关进一步调查。可见，被告人刘某系在其尚未受到讯问、未被采取强制措施时，主动、直接向公安机关如实交代了自己的包庇罪行，符合“自动投案”的构成要件，因此，被告人刘某构成自首。

此外还要说明的一点是，刑法规定自首制度，旨在通过鼓励犯罪人自动投案，一方面促使其改过自新，不再继续作案，另一方面即使案件得到及时的侦破与审判，节约司法资源。本案中，虽然即便被告人刘某没有自首，在后续的侦查过程中也会发现其他证据以查明车辆的实际驾驶人，然而不可否认的是，被告人刘某的自首行为确实在一定程度上使得案件得以及时顺利侦破，避免了公安机关在错误的侦查方向上渐行渐远，这无疑节省了司法资源，符合自首的立法本意。

综上所述，包庇案中，对被告人是否构成自首的认定，应当明确包庇罪的构成要件，以及被告人如实供述自己的包庇罪行时，其是否已被讯问或采取强制措施，同时结合自首的立法本意，进行综合评判。

编写人：北京市丰台区人民法院　李洋

42

具有犯罪嫌疑下主动交代不构成自首

——高某非法持有枪支案

【案件基本信息】

1. 裁判书字号

北京市石景山区人民法院（2018）京0107刑初120号刑事判决书

2. 案由：非法持有枪支罪

【基本案情】

2017年6月至9月，被告人高某通过淘宝网先后在不同店铺内分别购买了工程用具射钉枪、快排器及不锈钢管、瞄准器等零件，并将零件运至其位于北京市朝阳区东坝朝新嘉园西里一区10号楼2单元18××号的住所地内，非法组装成枪状物四支，后将该四支枪状物运至其位于北京市石景山区苹果园三区6栋9××号的住所地内存放。被告人高某于2017年9月19日被民警查获，民警从其存放地点内将枪状物4支全部起获。经鉴定，上述4支枪状物中1支为以火药为动力的枪支（枪口比动能为229.83 J/cm^2），3支为以压缩气体为动力的枪支（枪口比动能分别为63.00 J/cm^2、18.14 J/cm^2、14.28 J/cm^2）。上述枪支均已被依法收缴。

【案件焦点】

公安机关根据被告人高某的淘宝购物记录以及聊天情况，已经发现被告人高某可能持有疑似枪支物品，那么高某是属于“形迹可疑”还是“犯罪嫌疑”。

【法院裁判要旨】

北京市石景山区人民法院经审理认为：被告人高某违反国家关于枪支管理的法律、法规，非法制造枪支，其行为已构成非法制造枪支罪，依法应予惩处。北京市石景山区人民检察院指控被告人高某犯非法制造枪支罪的事实清楚，证据确实、充分，指控的罪名成立。鉴于被告人高某到案后能够如实供述自己的罪行，可以对其依法从轻处罚。辩护人关于被告人高某到案后能够如实供述犯罪事实，系初犯，认罪悔罪态度较好的辩护意见，予以采纳；关于高某系自首并建议对其适用缓刑的辩护意见，无事实和法律依据，不予采纳。

北京市石景山区人民法院依照《中华人民共和国刑法》第一百二十五条第一款，第六十七条第三款，第六十一条及《最高人民法院关于审理非法制造、买卖、运输枪支、弹药、爆炸物等刑事案件具体应用法律若干问题的解释》第一条第一款第二项之规定，判决如下：

被告人高某犯非法制造枪支罪，判处有期徒刑三年六个月。

【法官后语】

现实中“形迹可疑”主要有两种常见情形：一是司法机关或有关组织尚未掌握行为人犯罪的任何线索、证据，而是根据行为人当时不正常的衣着、举止、言语、神态等情况判断行为人可能存在违法犯罪行为。这种情形的特点是，“可疑”是非具体的、泛化的、无客观依据的，无法将行为人同某一具体犯罪案件联系起来，而只是有关人员根据经验和直觉来作出判断。在公路、铁路、水运、民航等部门的日常检查中，常能发现这种“形迹可疑”的人，不少案件也是通过这种检查、盘问而破获的。行为人若在接受这种检查时主动供述所犯罪行的，当然构成自首。二是某一犯罪案件发生后，司法机关或有关组织已经掌握了一定的证据或者线索，明确了侦查方向，圈定了排查范围，在排查或者调查过程中发现行为人的表现或者反应不正常，引人生疑，但尚不足以通过现有证据确定其为犯罪嫌疑人。这种情形的特点是，“可疑”具有一定的针对性，能够将行为人同具体案件联系起来，但这种联系仍不够明确和具有较为充分的把握，还不能达到将行为人锁定为犯罪嫌疑人进而采取强制措施的程度。这时，行为人主动供述所犯罪行的，仍应认定为自首。

但是，如果有关侦查人员从行为人身边或者住处找到客观性证据，如赃物、作案工具、带血迹的衣物等，或者有目击证人直接指认行为人为作案人，从而在行为人与具体犯罪案件建立起直接、明确、紧密的联系时，由于当时已有一定的证据指向行为人，其具有较其他排查对象更高的作案嫌疑，则行为人就“升级”为犯罪嫌疑人，而不再仅仅是“形迹可疑”了，因为对于侦查机关来讲，案件侦查到这个程度，就可以对其采取一定强制措施或者进行传讯了。

也就是说，判断行为人是否属于“形迹可疑”，关键就是看司法机关能否依凭现有证据特别是客观性证据在行为人与具体案件之间建立起直接、明确、紧密的联系，依据当时证据行为人作案的可能性已经大大提高，达到了被确定为“犯罪嫌疑人”的程度，能建立起这种联系的，行为人就属于犯罪嫌疑人；建立不起这种联系，而主要是凭经验、直觉认为行为人有作案可能的，行为人就属于“形迹可疑”。行为人在因“形迹可疑”受到盘问、教育时主动交代自己所犯罪行的，应当认定为自动投案，构成自首。

具体到本案中，公安机关在掌握了被告人高某在网上购买疑似枪支零部件线索的情况下，到高某家中询问其具体情况时，高某对公安机关隐瞒了真实情况，谎称已经扔掉了，后公安机关又在高某与其家人聊天过程中发现高某让其家人将相关物品收好的情况，再次到高某家询问时，高某才向公安机关如实供述持有枪支的罪行。从上述情况可以看出，公安机关已经掌握足以合理怀疑高某实施犯罪的证据和线索，即高某已经被公安机关认定为与待侦案件有一定的联系，此时高某的犯罪事实属于被公安机关发觉，高某就成了犯罪嫌疑人。在这种情况下，高某的行为就不构成自首。

编写人：北京市石景山区人民法院　张渝珹

43

危险驾驶案件中的自首认定

——吴某某危险驾驶案

【案件基本信息】

1. 裁判书字号

云南省玉溪市中级人民法院（2018）云04刑终156号刑事裁定书

2. 案由：危险驾驶罪

【基本案情】

2018年5月26日0时36分，被告人吴某某在酒后驾驶云FW82××号小型普通客车在通海县海滨路被通海县公安局巡逻警察大队发现，随后通海县公安局“110”报警服务台指令通海县公安局交通警察大队进行查处，民警在现场对其进行呼气酒精含量检测为 190.8mg/100ml 血，当日 1 时 49 分对被告人吴某某抽取了血样，并于次日送检，经检验被告人吴某某的血液中检出乙醇成分，其乙醇含量为 173.07mg/100ml 血，故被告人吴某某驾驶机动车时已达醉酒状态。

【案件焦点】

检察机关认定有自首情节，但本院审理后认定为坦白情节。

【法院裁判要旨】

云南省玉溪市通海县人民法院经审理认为：被告人吴某某醉酒驾驶机动车之行为，侵犯了交通运输安全，已经构成危险驾驶罪。被告人吴某某归案后如实交代了自己的犯罪事实，依法可从轻处罚。公诉机关指控被告人吴某某犯罪的事实、罪名成立，本院予以确认。为维护交通运输的正常秩序，鉴于本案情节，依照《中华人民共和国刑法》第一百三十三条之一第一款第二项，第六十七条第三款，第七十二条第一款、第三款，第七十三条第一款、第三款之规定，以被告人吴某某犯危险驾驶罪，判处拘役三个月，缓刑四个月，并处罚金人民币二千元。

一审宣判后，检察机关提出抗诉，被告人吴某某未上诉，二审维持原判。

【法官后语】

实践中，醉酒驾驶案件中自动投案的情形与其他刑事案件中的常见情形有一定区别。通常情况下，“自动投案”是被告人在其犯罪事实或者其本人未被司法机关发觉，或者虽被发觉但尚未受到讯问、未被采取强制措施时，主动、直接向司法机关或者所在单位等投案，或者经亲友规劝陪同投案、送其投案。

本案属于民警巡逻过程中查处的醉酒驾驶案件，虽然公安机关系血液酒精含量检测结论出来后才予以刑事立案，并电话通知被告人到案接受讯问的情况，但是公安机关在现场对嫌疑人呼气酒精含量检测并抽取了血样时已经了解了全案的主要案件事实，已经没有了逃跑的可能，并不适用“能逃而不逃”的情况，不宜认定为自首。

编写人：云南省玉溪市通海县人民法院　王伟

44

“形迹可疑”型自动投案的认定

——侯某等故意伤害、包庇、窝藏案

【案件基本信息】

1. 裁判书字号

北京市第三中级人民法院（2018）京03刑初103号刑事判决书

2. 案由：故意伤害罪、包庇罪、窝藏罪

【基本案情】

2018年1月10日17时许，被告人侯某在北京市朝阳区某展览中心1号门东侧路边，因行车纠纷与被害人林某（男，殁年39岁）发生冲突。其间，侯某使用随身携带的尖刀扎刺林某胸部、腹部，致其死亡。经鉴定，林某符合被锐器刺击胸部，造成心脏破裂，致失血性休克死亡。

案发后，被告人李某某在明知侯某涉嫌犯罪的情况下，仍帮助侯某藏匿其衣物及电动车，且向公安机关提供虚假证明包庇。被告人张某某在明知侯某涉嫌犯罪的情况下，仍驾车帮助侯某逃匿至湖北省武汉市。

被告人侯某、张某某于2018年1月12日10时许，在湖北省武汉市武汉山某物流公司G7仓库门前被民警抓获。被告人李某某在实施包庇行为后，2018年1月14日13时许，明知民警在工作站点找其进行调查，仍自行前往工作站点，被民警传唤到案。

在本院审理期间，被告人侯某与林某近亲属达成了调解协议，林某近亲属对侯某表示谅解。

【案件焦点】

张某某的到案行为是否构成“形迹可疑型自动投案”。

【法院裁判要旨】

北京市第三中级人民法院经审理认为：被告人侯某不能正确处理与他人的行车纠纷，故意伤害他人身体，并致人死亡，其行为已构成故意伤害罪；被告人李某某明知侯某是犯罪的人而帮助其隐匿罪证并作假证明包庇，其行为已构成包庇罪；被告人张某某明知侯某是犯罪的人而帮助其逃匿，其行为已构成窝藏罪；对上述三名被告人均应依法予以惩处。北京市人民检察院第三分院指控被告人侯某犯故意伤害罪，李某某犯包庇罪，张某某犯窝藏罪的事实清楚，证据确实、充分，指控的罪名成立。鉴于被告人侯某到案后能够如实供述主要犯罪事实以及侯某亲属代为赔偿被害人近亲属并取得谅解等本案具体情节，依法对其予以从轻处罚。鉴于李某某实施犯罪后，明知民警在工作站点找其进行调查，仍自行前往工作站点，被民警传唤到案，如实供述主要犯罪事实，成立自首以及本案具体情节，依法对其予以从轻处罚。鉴于被告人张某某到案后能够如实供述主要犯罪事实以及本案具体情节，依法对其予以从轻处罚。涉案财物本院依法予以处理。据此，本院根据被告人侯某、李某某、张某某犯罪的事实、犯罪的性质、情节和对于社会的危害程度，依照《中华人民共和国刑法》第二百三十四条、第三百一十条第一款、第六十七条第一款、第六十七条第三款、第四十五条、第四十七条、第五十六条第一款、第六十一条，《最高人民法院关于处理自首和立功具体应用法律若干问题的解释》第一条、第三条，《最高人民法院关于适用〈中华人民共和国刑事诉讼法〉的解释》第一百四十三条第二款、第一百五十七条之规定，判决如下：

一、被告人侯某犯故意伤害罪，判处有期徒刑十五年，剥夺政治权利三年；

二、被告人李某某犯包庇罪，判处有期徒刑十一个月；

三、被告人张某某犯窝藏罪，判处有期徒刑十一个月；

四、涉案财物留档备查（清单附后）。

【法官后语】

关于“自动投案”的认定，《最高人民法院关于处理自首和立功具体应用法律若干问题的解释》第一条第一项规定了多种“应当视为自动投案”的情形，其中依据“罪行尚未被司法机关发觉，仅因形迹可疑，被有关组织或者司法机关盘问、教育后，主动交代自己的罪行”而被视为自动投案的，即为“形迹可疑型”自动投案。此种自动投案认定的关键在于明确行为人主动交代犯罪事实对确定犯罪嫌疑人是否具有实质意义。可操作性标准即为行为人在交代犯罪行为时，司法机关是否已掌握足以在行为人与某种违法犯罪间建立起直接、明确、紧密联系的证据或线索。

对此，《最高人民法院关于处理自首和立功若干具体问题的意见》明确了“与犯罪有关的物品”即可建立这种有效联系的证据，即“罪行未被有关部门、司法机关发觉，仅因形迹可疑被盘问、教育后，主动交代了犯罪事实的，应当视为自动投案，但有关部门、司法机关在其身上、随身携带的物品、驾乘的交通工具等处发现与犯罪有关的物品的，不能认定为自动投案”。一般认为，在这种情况下，行为人即便不主动交代，有关部门仍可掌握其犯罪证据，此时行为人的交代对确定犯罪嫌疑人已不具有实质意义，也就不再构成自动投案。

“与犯罪相关的物品”是指足以将行为人与某种具体犯罪行为相联系的物品。认定“与犯罪相关的物品”需要注意：一是如凭借该被查获的物品已足以合理怀疑行为人实施了某种犯罪行为，即便是无法明确其属于何种具体犯罪行为，也应当认定行为人具有“犯罪嫌疑”而不构成自动投案，如毒品、枪支等违禁品。二是被查获的物品虽经事后侦查被认定为“与犯罪有关的物品”，但在该物品被查获的当下，仅凭此物品尚不足以将行为人与某种犯罪建立起直接、明确、紧密的联系，或行为人可对该物品的存在作出自圆其说的解释的，如行为人此时主动交代了犯罪事实，因该行为对确定犯罪嫌疑人具有实质意义，应当认定构成自动投案。如盗窃而来的手机、血迹被清洗干净的刀具等常见的生活用品。三是实践中，如果与犯罪有关的物品是通过正常工作方法难以发现的，此时的主动交代对确定犯罪嫌疑人就具有实质意义，可以认定为自动投案，如深挖埋藏的毒品等。四是在行为人身边、驾乘的交通工具等处发现了已被确定犯罪嫌疑的人，如行为人的共同犯罪人、行为人窝藏的其他犯罪人等，因发现“与犯罪有关的物品”尚可建立行为人与违法犯罪间的有效联系，举轻以明重，发现“与犯罪有关的人”则更属于行为人即便不主动交代，有关部门仍可掌握其犯罪证据的情形，故此时的主动交代不再构成自动投案。五是在司法实践中，如通过“与犯罪有关的物品”仍难区分行为人是“形迹可疑”还是“犯罪嫌疑”时，应遵循有利于被告人的原则，认定行为人在这种情况下的主动交代成立自动投案。

在本案中，被告人张某某在物流中心接受公安机关盘问时，在其身边发现了已被公安机关确定有重大犯罪嫌疑的侯某，侯某在案发后短时间内即从北京市转移至武汉市，而张某某又恰是驾驶大货车从事物流运输的司机，上述线索已足以使得张某某具有较其他排查对象更高的犯罪可能，其已经具有犯罪嫌疑。即使侯某与张某某约定拒不交代张某某的犯罪事实，公安机关仍可通过行车轨迹与侯某的活动轨迹等掌握其犯罪的证据，故此时张某某虽主动交代其犯罪事实，但对确定其系犯罪嫌疑人已不具有实质意义，因而其不构成自动投案。但张某某如实交代其犯罪事实的行为可以认定其构成如实供述，在量刑时予以考虑。

编写人：北京市第三中级人民法院　段伟　杨隽男

45

指控罪名与审理查明罪名不一致的认定及上诉人配合狱侦行为是否构成立功

——冯某受贿、伪造国家机关印章案

【案件基本信息】

1. 裁判书字号

四川省资阳市中级人民法院（2018）川20刑终18号刑事判决书

2. 案由：受贿罪、伪造国家机关印章罪

【基本案情】

被告人冯某在2014年至2016年担任四川省公安厅治安管理总队食品犯罪侦查处（以下简称食侦处）处长期间，利用职务上的便利，向成都宏川酒业有限公司打假办（以下简称打假办）索取其代为保管的四川省宜宾五粮液集团有限公司（以下简称五粮液公司）的索赔款20万元。其为拿到五粮液公司的案件返还款，授意他人伪造国家机关印章。

1. 受贿：2014年，食侦处联合五粮液公司授权的打假办打击办理张某某1等人制造销售假酒案过程中，张某某1等3人的亲属于2014年8月15日向五粮液公司支付了赔偿款20万元，因3人未按五粮液公司要求出具本人写的保证书等手续，致该索赔款未能按正常程序进入该公司账户，由打假办保管。冯某利用主管全省打击生产销售假冒伪劣商品犯罪的职权和打假工作需要支持的便利条件，于2014年10月、11月，2015年6月、7月，以每次5万元先后将该20万元从打假办张某某2、易某某处要走并用于个人开支。2016年5月下旬，冯某因被调查问话害怕事情暴露，于同月29日约张某某2、易某某在茶楼将20万元退还并授意为其掩盖索要20万元的事实。

2. 伪造国家机关印章：2014年至2015年，食侦处自行办理及四川省公安厅治安总队指定下级公安机关办理卢某某（6人）等制造销售假冒五粮液酒系列案件过程中，五粮液公司对卢某某（6人）等进行了索赔。根据五粮液公司文件规定，赔偿款按比例返还给办案单位。2014年10月，因打假办向五粮液公司申报办案单位返还经费需要盖有办案单位印章的收条，为拿到返还款，冯某授意张某某2去刻假公章。张某某2安排易某某、赵某某、蓬某某去办理，后易某某、赵某某、蓬某某在成都市九眼桥雇人雕刻了“四川省公安厅治安总队第五支队”印章并由易某某保管，易某某使用该章盖在卢某某等7案的返还办案经费的收条上，从五粮液公司领取了办案经费。2016年5月29日，冯某约张某某2、易某某在茶楼见面，授意张某某、易某某将该章毁掉，易某某将该章销毁。

【案件焦点】

1. 起诉指控的罪名与审理认定的罪名不一致时的认定；2. 上诉人配合狱侦行为是否构成立功。

【法院裁判要旨】

四川省乐至县人民法院经审理认为：被告人冯某利用职务便利向他人索取财物20万元，数额巨大，已构成受贿罪。其伙同他人伪造国家机关印章，已构成伪造国家机关印章罪，系共同犯罪。应当数罪并罚。在共同犯罪中，系主犯；对其索贿情节，从重处罚。公诉机关指控冯某犯贪污罪的证据不足，应按审理认定的罪名判决。依法判决：被告人冯某犯受贿罪，判处有期徒刑三年六个月，并处罚金二十五万元，犯伪造国家机关印章罪，判处有期徒刑一年，决定执行有期徒刑四年，并处罚金二十五万元。

冯某及其辩护人诉、辩提出，冯某不构成伪造国家机关印章罪；冯某配合狱侦工作，为侦办重大案件提供重要线索，构成重大立功。

一审法院依照《中华人民共和国刑事诉讼法》第一百九十五条第三项，《最高人民法院关于适用〈中华人民共和国刑事诉讼法〉的解释》第二百四十一条第一款第二项、第五项，《中华人民共和国刑法》第三百八十五条第一款，第三百八十六条，第三百八十三条第一款第二项、第二款，第二百八十条第一款，第十二条，第二十五条第一款，第二十六条第一款、第四款，第五十二条，第五十三条，第六十九条之规定，判决如下：

被告人冯某犯受贿罪，判处有期徒刑三年六个月，并处罚金二十五万元，犯伪造国家机关印章罪，判处有期徒刑一年，决定执行有期徒刑四年，并处罚金二十五万元。

（刑期从判决执行之日起计算。判决执行前先行羁押的，羁押一日折抵刑期一日，即自 2017 年 1 月 19 日起至 2021 年 1 月 18 日止。）

四川省资阳市中级人民法院经审理认为：原判认定事实和适用法律正确，审判程序合法。原判按照指控的事实并经审理查明证据，认定冯某等人伪造国家机关印章的事实并裁判，符合法律规定。经一审审理查明指控冯某犯贪污罪的证据不足，原判按照在案证据认定冯某构成伪造国家机关印章罪，符合法律规定；并对查明的证据详细分析，证实冯某为领取办案返还款安排他人私刻伪造国家机关印章并使用的事实。故对该诉、辩意见，不予采纳。冯某配合狱侦行为是否构成立功。经查明证据可以印证冯某通过努力获得了同押犯罪嫌疑人欲外传的书信后，报告管教民警；虽对该行为予以肯定和鼓励，但该行为并不符合法律规定的立功构成要件。故不予采纳。

四川省资阳市中级人民法院经审理认为：结合冯某在案发前退出贿赂款及悔罪表现，对其受贿量刑予以从轻处罚。根据本案犯罪的事实、犯罪的性质、情节和对于社会的危害程度，依照《中华人民共和国刑法》第三百八十五条第一款，第三百八十六条，第三百八十三条第一款第二项、第二款，第二百八十条第一款，第十二条，第二十五条第一款，第二十六条第一款、第四款，第五十二条，第五十三条，

第六十九条，《最高人民法院、最高人民检察院关于办理贪污贿赂刑事案件适用法律若干问题的解释》第二条第一款、第十九条第一款和《中华人民共和国刑事诉讼法》第二百二十五条第一款第二项之规定，判决如下：

一、撤销四川省乐至县人民法院（2017）川2022刑初102号刑事判决即被告人冯某犯受贿罪，判处有期徒刑三年六个月，并处罚金二十五万元，犯伪造国家机关印章罪，判处有期徒刑一年，决定执行有期徒刑四年，并处罚金二十五万元；

二、上诉人（原审被告人）冯某犯受贿罪，判处有期徒刑三年，并处罚金二十万元，犯伪造国家机关印章罪，判处有期徒刑一年，决定执行有期徒刑三年六个月，并处罚金二十万元。

（刑期从判决执行之日起计算。判决执行以前羁押的，羁押一日折抵刑期一日；指定居所监视居住的，指定居所监视居住二日折抵刑期一日。即自2017年1月26日起至2020年7月20日止。）

【法官后语】

本案处理的重点有：1. 起诉指控的罪名与审理认定的罪名不一致的，应按照审理认定的罪名作出有罪判决。具体到本案中，起诉指控贪污的犯罪事实中阐述了冯某安排他人去办理刻“四川省公安厅治安总队第五支队”（以下简称“第五支队”）印章的事实。原公诉机关认为，被告人冯某伙同他人伪造国家机关印章，利用职务之便，采取收入不入账的方式侵吞公款，数额较大，其行为触犯《中华人民共和国刑法》第二百八十条第一款、第三百八十二条第一款、第三百八十三条第一款第二项之规定，应当以贪污罪追究其刑事责任。该指控写明了触犯《中华人民共和国刑法》第二百八十条第一款，但并未明确应以伪造国家机关印章罪追究其刑事责任。在一审庭审中，公诉意见认为：证据证实被告人领取了12.5万元，并分配占有；为了得到这笔钱还安排张某某等人私刻国家机关印章，构成伪造国家机关印章罪被贪污罪吸收。建议依法认定被告人的受贿罪、贪污罪。从起诉书、公诉意见看，原公诉机关没有明确指控被告人构成伪造国家机关印章罪。一、二审法院均认为起诉指控的事实并经在案审理查明证据，认定冯某等人伪造国家机关印章的事实并裁判，符合《最高人民法院关于适用〈中华人民共和国刑事诉讼法〉的解释》

第二百四十一条第一款第二项"……起诉指控的事实清楚，证据确实、充分，指控的罪名与审理认定的罪名不一致的，应当按照审理认定的罪名作出有罪判决"法律规定。

《中华人民共和国刑法》第二百八十条，系《中华人民共和国刑法修正案（九）》修改增加的之一的后两款，对行为人为实施诈骗等犯罪又实施第二百八十条之一所列罪名的犯罪竞合，以刑罚重的犯罪定罪处罚。故二审裁判明确表述，冯某伙同他人伪造国家机关印章的行为在2015年《中华人民共和国刑法修正案（九）》施行前，按照从旧兼从轻原则处罚。

2. 上诉人配合狱侦行为是否构成立功。《中华人民共和国刑法》第六十八条规定犯罪分子有揭发他人犯罪行为，查证属实的，或者提供重要线索，从而得以侦破其他案件等情形，构成立功表现。所谓提供重要线索，是指犯罪分子向司法机关提供未被司法机关掌握的重要犯罪线索，如证明犯罪行为的重要事实或提供有关证人等；使案件得以侦破，是指司法机关根据犯罪分子提供的线索，查清了犯罪事实，侦破了案件。本案上诉人的配合狱侦行为。经查，二审查明的证据，一是该书信内容并不涉及具体犯罪事实，反映一些涉嫌有关犯罪痕迹；二是本案涉及的某案2017年12月5日立案、同月17日在成都市抓获，2018年1月19日刑拘，2月12日逮捕；三是该欲外传的书信，系同押犯罪嫌疑人于2月12日被逮捕情况下，13日获取书信。因此，二审对检察员认为在冯某提供线索之前，公安机关已经侦破了案件，有对犯罪情况的掌握的意见，予以支持。二审对冯某的该行为予以肯定和鼓励，严格审查该行为不符合法律规定的检举揭发他人犯罪行为、提供侦破其他案件的重要线索，经查证属实等立功表现的情形，不予认定立功。

编写人：四川省资阳市中级人民法院　龚琼

46

自首中罪行未被司法机关掌握的认定

——邢某票据诈骗、诈骗案

【案件基本信息】

1. 裁定书字号

北京市高级人民法院（2018）京刑终46号刑事裁定书

2. 案由：票据诈骗罪、诈骗罪

【基本案情】

2016年10月至11月，被告人邢某多次使用故意错开密码、无法承兑的支票，在北京市朝阳区、通州区等地的中国移动北京公司营业厅购买电话充值卡，骗取该公司款物共计1955万元。2016年11月，被告人邢某在北京市西城区将已作废的充值卡抵押给被害人董某萍，骗取董某萍钱款共计482.62万元。

【案件焦点】

被告人邢某对诈骗罪是否构成自首及能否因被告人构成自首对其从轻处罚。

【法院裁判要旨】

北京市第三中级人民法院经审理认为：被告人邢某以非法占有为目的，通过开具密码错误支票的手段骗取被害单位电话充值卡，数额特别巨大，其行为已构成票据诈骗罪，依法应予惩处；邢某还使用作废的电话充值卡通过抵押借款的方式骗取被害人钱款，数额特别巨大，其行为构成诈骗罪，依法亦应惩处，并对其所犯票据诈骗罪、诈骗罪实行并罚。北京市人民检察院第三分院指控被告人邢某犯票据诈骗罪、诈骗罪的事实清楚，证据确实充分，指控的罪名成立。对于邢某所提希望法庭对其从宽处罚的辩解及其辩护人所提邢某具有自首，主动退赃，认罪态度好，初次犯罪等从宽情节，希望法庭对邢某减轻处罚辩护的意见，经查，邢某在作案后自动投案，并如实供述犯罪事实，虽然构成自首，但由于其犯罪数额特别巨大，且给被害单位和被害人造成巨额损失，尚不足以对其从轻或减轻处罚。故邢某的辩解及其辩护人的辩护意见不能成立，不予采纳。对于被害单位的诉讼代理人、被害人的诉讼代理人所提希望法庭严惩邢某的意见，予以采纳。对于被害单位诉讼代理人、被害人的代理人所提追缴邢某的违法所得予以发还的意见，予以采纳。对于被害人的诉讼代理人所提将本案扣押的全部财产发还被害人董某萍的意见，经查，被害单位中国移动北京公司与被害人董某萍均因邢某的犯罪行为遭受损失，且均未得到弥补，在此情况下，应同等受偿。故被害人的代理人的该项意见不能成立，不予采纳。

北京市第三中级人民法院根据被告人邢某犯罪的事实、犯罪的性质、情节及对于社会的危害程度，依照《中华人民共和国刑法》第一百九十四条第一款第二项、第二百六十六条、第五十五条第一款、第五十六条第一款、第五十七条第一款、第五十二条、第六十九条第一款、第六十七条第一款、第六十一条、第六十四条及《最高人民法院、最高人民检察院关于办理诈骗刑事案件具体应用法律若干问题的解释》第一条第一款，《最高人民法院关于处理自首和立功具体应用法律若干问题的解释》第一条之规定，判决如下：

一、被告人邢某犯票据诈骗罪，判处无期徒刑，剥夺政治权利终身，并处没收个人全部财产；犯诈骗罪，判处有期徒刑十三年，剥夺政治权利三年，并处罚金人民币十三万元；决定执行无期徒刑，剥夺政治权利终身，并处没收个人全部财产；

二、责令被告人邢某退赔被害单位中国移动通信集团北京有限公司人民币一千九百五十五万元；被害人董某萍人民币四百八十二万六千二百元；

三、在案扣押款物分别予以发还或变价，所得变价款并入本判决第二项，按比例赔偿被害单位中国移动通信集团北京有限公司、被害人董某萍。

邢某以一审法院量刑过重为由提出上诉。其辩护人的辩护意见是，一审法院适用法律错误，上诉人构成自首，应当予以从轻处罚，一审法院量刑过重。北京市高级人民法院经审理认为：上诉人邢某以非法占有为目的，通过开具密码错误支票的手段骗取被害单位电话充值卡，其行为已构成票据诈骗罪，且数额特别巨大，依法应予惩处；邢某还使用作废的电话充值卡骗取被害人钱款，其行为构成诈骗罪，数额特别巨大，依法亦应予惩处，并对其所犯票据诈骗罪和诈骗罪并罚。

关于上诉人邢某及其辩护人所提一审判决量刑不当的上诉理由及辩护意见，经查，在案证据证明，邢某在2016年10月至2016年11月不到两个月的时间内，骗取中国移动通信集团北京有限公司多家营业厅共计人民币1955万元，并骗取董某萍482万余元，但赃款基本上未能追回，且邢某亦无退赔能力，造成被害单位和被害人巨额财产损失。虽邢某在作案后自动投案，并如实供述犯罪事实，系自首，但由于其所犯票据诈骗罪、诈骗罪均系数额特别巨大，给被害单位和被害人造成巨额损失，其中票据诈骗达1955万元，不足以对其从宽处罚。一审法院分别以票据诈骗罪判处其无期徒刑，剥夺政治权利终身，并处没收个人全部财产，以诈骗罪判处有期徒刑十三年，剥夺政治权利三年，并处罚金人民币十三万元，并决定对其执行无期徒刑，剥夺政治权利终身，并处没收个人全部财产，是适当的。故对上诉人及其辩护人所提上诉理由及意见，不予采纳。

北京市高级人民法院依照《中华人民共和国刑事诉讼法》第二百二十五条第一款第一项的规定，作出如下裁定：

驳回邢某的上诉，维持原判。

【法官后语】

本案的争议在于被告人邢某对诈骗罪是否构成自首及能否因被告人构成自首对其从轻处罚。

1. 自首的认定

对于邢某是否对诈骗罪构成自首，存在三种观点：第一种观点认为，由于被害人董丽萍报案在先，邢某在如实供述诈骗犯罪的事实之前该犯罪事实已经被司法机关掌握，邢某仅就票据诈骗的事实构成自首。第二种观点认为，根据《最高人民法院关于处理自首和立功若干具体问题的意见》（以下简称《意见》）第三条第二款的规定，本案中票据诈骗罪与诈骗罪属于在法律上密切关联的罪名，应当认为是同种罪行。就本案认定的犯罪数额来看，票据诈骗为1955万元，诈骗为480余万元，故根据上述《意见》中关于如实供述自己的罪行的具体认定：邢某多次实施同种罪行，虽然投案后没有交代全部犯罪事实，如实交代的犯罪数额多于未交代的犯罪数额，应认定为如实供述自己的主要犯罪事实，故邢某对全案构成自首。第三种观点认为，邢某如实供述了司法机关尚未掌握的全部犯罪事实，就全案事实构成自首。我们赞成第三种观点。

分析邢某是否构成自首，首先要回归证据，厘清本案案发及被告人的到案经过。经查，2016年12月5日，邢某拨打“110”电话报警称其涉嫌经济诈骗要自首，后被民警带至北京市公安局东城分局前门派出所。东城分局接报案后对邢某询问了解案情，邢某如实供述了自己利用故意错开密码的作废支票诈骗中国移动通信集团北京有限公司的事实，但没有供述诈骗被害人董某萍的事实。后因东城分局无管辖权，将该案移送至通州分局管辖。2016年12月7日，通州分局经济犯罪侦查大队接收该案并对邢某涉嫌票据诈骗案立案侦查。同日9时，被害人董某萍向北京市公安局西城分局报案称被邢某诈骗，西城分局于当日对董某萍被诈骗案立案侦查。同日13时，邢某在通州区看守所供述诈骗被害人董某萍的事实。因邢某已被北京市公安局通州分局刑事拘留，西城分局于2017年3月3日将案件移送通州分局。可见，邢某自动投案，如实供述票据诈骗的事实，无疑对票据诈骗罪成立自首。问题在于邢某自动投案之初没有如实供述诈骗董某萍的事实，而是在两天后如实供述该事实，且该时间点恰好在被害人董某萍报案之后的几个小时。

我们认为，邢某对诈骗董某萍的事实可以成立自首，主要理由如下：

一是从自首的立法目的来看，刑法规定自首制度，一方面是为了鼓励犯罪人主动投案、悔过自新，不再继续作案，另一方面是为了使案件及时侦破，提高司法效率、节省司法资源。在讨论自首的成立条件时，应以是否具备上述理由之一作为参考。就本案而言，邢某虽然未在主动投案当天供述全部犯罪事实，但在到案初期能够做到主动交代犯罪事实，根据其交代的犯罪事实和主动配合，可以更详细地搜集相关证据，推动案件证据链的形成。从该角度来看，应认定邢某就全案构成自首。

二是邢某作为被羁押的犯罪嫌疑人，所交代的事实属于司法机关尚未掌握的事实。如何判断是否已经被司法机关掌握，在这里需要明确两个问题：其一，司法机关是指全国所有司法机关还是仅指承办特定案件的办案机关；其二，何种程度或标准是判断犯罪事实已经被掌握的根据。我们认为此处的“司法机关”应当局限于承办特定案件的办案机关，不能机械地认为被害人在一处司法机关报案就等同于所有司法机关都掌握了案件事实。一般需要行为人被通缉或上网追逃，才能认定办理行为人案件的特定办案机关已经掌握的案件事实。本案中，一方面由于在案证据无法体现被告人被通缉或上网追逃；另一方面由于被害人的报案时间和被告人主动供述时间仅相差4小时，亦无公安机关内部传递案件情报的工作说明，且西城分局在时隔近三个月才将案件移送通州分局，应当认定邢某主动供述犯罪事实时，公安机关尚未掌握相关线索和事实。

三是就票据诈骗罪和诈骗罪的关系来看，能否认为两种罪名在法律上密切关联存在争议，一般认为对合犯、吸收犯、牵连犯等才是在法律上有密切关联的罪名，对于从立法角度进行较为严格区分的罪名，我们认为不应当视为同种罪名。

2. 自首对量刑的影响

经查，邢某在2016年10月至2016年11月不到两个月的时间内，骗取中国移动通信集团北京有限公司多家营业厅共计人民币1955万元，并骗取被害人董某萍482万余元，但赃款基本上未能追回，且邢某亦无退赔能力，造成被害单位和被害人巨额财产损失。虽邢某在作案后自动投案，并如实供述犯罪事实，系自首，但由于其所犯票据诈骗罪、诈骗罪均系数额特别巨大，给被害单位和被害人造成巨额损失，不足以对其从宽处罚。

编写人：宋环宇　毛乃赜　孙森森

47

自首主动性的确认和刑事责任能力的认定

——李某达故意杀人案

【案件基本信息】

1. 裁判书字号

北京市第三中级人民法院（2016）京03刑初132号刑事附带民事判决书

2. 案由：故意杀人罪

【基本案情】

被告人李某达和被害人周某某（女，殁年22岁）是中国传媒大学的同级校友。

为寻求刺激并经预谋，李某达以拍摄微电影为名，于2015年8月9日14时许，将周某某诱骗至李某达位于北京市朝阳区某某路北侧某某家园2号楼302号的暂住地，持事先准备的水果刀切、划周某某的颈部，造成周某某颈部左侧颈内静脉破裂。在周某某拨打电话求救期间，李某达对施救人员谎报地址，致周某某因失血性休克死亡。

被告人李某达作案后于2015年8月11日被公安机关查获归案。

另查明，被告人李某达的上述行为给附带民事诉讼原告人毛某某、周某某造成的经济损失包括：丧葬费人民币42519元、交通费人民币1万元，共计人民币52519元。

【案件焦点】

1. 被告人李某达是否构成自首；2. 能否依据本案精神疾病司法鉴定意见，认定李某达系完全刑事责任能力人。

【法院裁判要旨】

北京市第三中级人民法院经审理认为：被告人李某达故意非法剥夺他人生命，致人死亡，其行为已构成故意杀人罪，依法应予惩处。北京市人民检察院第三分院指控被告人李某达犯故意杀人罪的事实清楚，证据确实、充分，指控的罪名成立。被告人李某达的故意杀人行为给被害人周某某的近亲属造成了难以弥补的巨大伤害，其犯罪动机极其卑劣，犯罪性质极其恶劣，情节、后果特别严重，社会危害性极大。李某达到案后虽能如实供述所犯罪行，当庭认罪、悔罪，但不足以对其从轻处罚。因被告人李某达的犯罪行为给附带民事诉讼原告人造成的损失，应当依法予以赔偿。附带民事诉讼原告人所提赔偿丧葬费、交通费的诉讼请求合理，本院予以支持，精神损失费等诉讼请求于法无据，本院不予支持。据此，本院根据被告人李某达犯罪的事实，犯罪的性质、情节及对于社会的危害程度，依照《中华人民共和国刑法》第二百三十二条、第四十八条第一款、第五十七条第一款、第六十一条、第六十四条、第三十六条第一款及《中华人民共和国刑事诉讼法》第一百零一条，《最高人民法院关于适用〈中华人民共和国刑事诉讼法〉的解释》第一百五十五条第一款、第二款之规定，判决如下：

一、被告人李某达犯故意杀人罪，判处死刑，剥夺政治权利终身；

二、被告人李某达赔偿附带民事诉讼原告人毛某某、周某某丧葬费、交通费等共计人民币五万二千五百一十九元；

三、驳回附带民事诉讼原告人毛某某、周某某的其他诉讼请求；

四、扣押在案的剪刀、尖刀等物品予以没收（清单附后）。

【法官后语】

本案案发之初就引发了较大的舆论关注，该案也被称为“中传女生遇害案”。本案例涉及的法律适用问题主要包括：一是本案被告人李某达能否构成自首；二是能否依据本案精神疾病司法鉴定意见，认定李某达系完全刑事责任能力。下面就该两个问题进行分别阐述。

一、被告人李某达不构成自首

被告人李某达的辩护人申请法院依职权调取新证据即相关证言，认为根据李某达的陈述，有证人在李某达到案前一个小时，曾打电话告知李某达警察在寻找他，李某达知道此情况后，仍故意待在已经实名登记入住的酒店，应属于“现场待捕”型自首。《中华人民共和国刑法》第六十七条第一款规定：“犯罪以后自动投案，如实供述自己的罪行的，是自首。”其中，投案的“主动性”和“自愿性”是非常重要的考察内容。

笔者认为，根据在案证据，被告人李某达不构成自首。原因如下：

第一，李某达系被动到案，不属于自动投案。根据公安机关出具的《破案报告》，侦查机关根据报警人所述周某某失踪情况，认为李某达有重大作案嫌疑，并经工作得知李某达的暂住地（即案发地），民警立即赶往后发现门已经反锁。后又发现李某达在某酒店，民警立即赶往某酒店，在该酒店找到李某达。另经公安机关出具的《到案经过》，民警是依据查询到的李某达入住某酒店的地址将李某达查获归案。从以上情况看，李某达到案是民警经过侦查手段将其抓获的。

第二，李某达到案具有非自愿性，既不属于“一般排查阶段主动交代型”自动投案，亦非“现场待捕型”自动投案。

一方面，李某达不属于“一般排查阶段主动交代型”自动投案。根据《最高人民法院关于处理自首和立功若干具体问题的意见》（以下简称《意见》）规定，在司法机关未确定犯罪嫌疑人，尚在一般性排查询问时主动交代自己罪行的，应当视为自动投案。本案中，在报案以前，李某达和周某某一起失踪已超过24小时，李某达到案前已被列为重大嫌疑对象，侦查活动已明确针对李某达展开，并非未被察觉涉嫌犯罪，亦非一般性排查。故不能认定李某达属于“一般排查阶段主动交代型”自动投案。

另一方面，李某达不属于“现场待捕型”自动投案。根据《意见》的规定，明知他人报案而在现场等待，抓捕时无拒捕行为，供认犯罪的，应当视为自动投案。本案中抓获的地点已非案发现场，李某达被抓获地点已从案发现场转移至侦查机关预先不知道的某酒店客房，且该藏匿地点亦系公安机关经侦查工作得知；另外，本案李某达的到案具有必然性，侦查机关根据侦查工作找到了李某达的行踪，李某达待在客房行为本身不能减少司法成本；且在侦查机关寻找李某达并将其抓获的过程中，无证据证明李某达系明知他人报警而在房间等待；对于辩护人所提申请调取可能涉及李某达构成自首的新证据的意见，法院经庭外进行核实，无法找到证明该项主张的证据，故最终对该项申请予以驳回。

二、本案中精神疾病司法鉴定意见客观真实，与待证事实具有关联性，能够证实被告人李某达系完全刑事责任能力人

被告人李某达的辩护人提出李某达作案时并不是完全刑事责任能力人，并提交了经李某达签字确认的《重新鉴定申请书》，以鉴定机构没有对被鉴定人进行实验室检查、未做脑电图等为由，申请对李某达进行精神疾病和刑事责任能力的重新鉴定。

根据最高人民法院、最高人民检察院、公安部、司法部、卫生部颁发的《精神疾病司法鉴定暂行规定》（以下简称《规定》）第九条第一款第一项规定：“刑事案件中，精神疾病司法鉴定包括：（一）确定被鉴定人是否患有精神疾病，患何种精神疾病，实施危害行为时的精神状态，精神疾病和所实施的危害行为之间的关系，以及有无刑事责任能力。”该《规定》第十九条规定：“……被鉴定人实施危害行为时，经鉴定患有精神疾病，由于严重的精神活动障碍，致使不能辨认或者不能控制自己行为的，为无刑事责任能力。”其他诸条亦对鉴定人资质、鉴定人权利义务、委托鉴定书与鉴定书等程序性事项作出了专门规定。2011年司法部发布了《精神障碍者刑事责任能力评定指南》中推荐使用精神病患者刑事责任能力评定量表（RSCRs）作为标准化评定工具。在医学、心理学及专业鉴定领域，精神疾病司法

鉴定已经形成了一套规定健全、标准完善、程序合规的体系。

对于辩护人以鉴定机构没有对被鉴定人进行实验室检查、未做脑电图等为由，申请对李某达进行精神疾病和刑事责任能力的重新鉴定的申请，一方面，北京市公安局强制治疗管理处司法鉴定中心出具的精神病司法鉴定意见书中，该司法鉴定机构和鉴定人员均具有鉴定资质，鉴定工作的过程、依据等均符合法律的规定；另一方面，经审查，该精神病司法鉴定意见书具有真实性、客观性及与待证事实之间的关联性，具有证据能力。故合议庭驳回了辩护人的该项申请。

被告人刑事责任能力的判断既是对证据的审查，同时也需要法官依据经验和对案情的分析进行综合考察，也即除法律判断外，还应加入对事实和社会常识的判断。前一个层次是对行为人在医学上是否患有精神病进行判断，即“定病”；后一个层次是判断行为人在心理学意义上是否具有辨认和控制行为的能力，即“定罪”①。

关于被告人李某达是否具有完全刑事责任能力，经查，除该份精神病司法鉴定意见书用以证明李某达具有完全刑事责任能力；根据被告人李某达的供述、视频资料等证据，能够证明李某达杀害周某某，既存在明确的预谋、准备、诱骗等犯罪预备行为，也存在持刀切、划被害人的人体要害部位、阻止他人施救等犯罪实行行为，且李某达对其实施故意杀人的性质、方法、结果及因果关系均具有明确的认识，其明知故意杀人定会造成被害人的死亡；李某达在到案后所作供述的内容详尽、稳定，是李某达对于其所实施犯罪的真实表述，相反，无证据证明李某达在作案时丧失了辨认和控制能力。故可以认定被告人李某达在实施故意杀人行为时具有完全刑事责任能力。综合全案，精神疾病司法鉴定意见及其他在案证据均能够充分反映事实，即证明被告人李某达系完全刑事责任能力人。

编写人：北京市第三中级人民法院　于靖民　李烨

---

① 靳澜涛：《“越位”的专家与“隐身”的法官——精神病鉴定专家在司法裁决中的错位与归位》，载《北京警察学院学报》2018年第4期。

48

经检察机关电话通知到案并如实供述犯罪事实，应认定为自首

——焦永某贪污、受贿案

【案件基本信息】

1. 裁判书字号

河南省郏县人民法院（2018）豫0425刑初36号刑事判决书

2. 案由：贪污罪、受贿罪

【基本案情】

2012年10月，被告人焦永某与时任天昊公司经理助理宋国某商议后，由宋国某找到当时承建该公司园林小区项目的河南平工建筑有限公司的郑现某协调，以虚报该公司正在建设的园林小区工程预付款的方法，帮助焦永某套取工程预付款50万元，购买一辆奥迪A6轿车，由焦永某作为公务用车使用。2013年10月天昊公司车改时，该轿车未经公司指定的评估机构评估，也未经天昊公司相应决议，在明显低于市场价的情形下，焦永某私自将18万元作为车改的购车款，通过郑现某以退回预付工程款的形式退回天昊公司财务部门，自视已将该车购买。2015年4月1日，焦永某将该车进行价格评估，经评估该车价值23.684万元。后焦永某将该车于2015年10月22日从王某名下过户到自己名下，并将车辆差价5.684万元据为己有。

同时，被告人焦永某自2007年至2015年，先后担任平煤集团第六工程处委员会书记、天昊公司委员会书记、经理等职务。在此期间，焦永某利用其职务上的便利，多次非法收受他人财物，折合131万元，并为他人谋取利益。

另，平顶山市人民检察院反贪局发现焦永某及其家庭拥有的财产与其实际收入严重不符，电话通知焦永某到案接受询问，焦永某到案后如实供述侦查机关尚未掌

握的其贪污及受贿的犯罪事实。

【案件焦点】

被告人经侦查人员电话通知到案，并如实供述侦查机关尚未掌握的犯罪事实，是否应认定为自首。

【法院裁判要旨】

河南省郏县人民法院经审理认为：被告人焦永某在担任天昊公司委员会书记期间，利用职务之便，侵吞公共财物，数额较大，侵犯了公共财产所有权和国家的廉政建设制度，其行为已构成贪污罪；焦永某在担任平煤集团第六工程处委员会书记、天昊公司书记、经理期间，利用职务之便，多次非法收受、索取他人财物，为他人谋取利益，数额巨大，侵犯了国家机关正常工作秩序和国家的廉政建设制度，其行为已构成受贿罪。公诉机关关于以贪污罪、受贿罪追究被告人焦永某刑事责任的意见正确，法院予以支持。焦永某接到侦查人员电话通知到案，并如实供述侦查机关尚未掌握的其贪污及受贿的犯罪事实，其行为构成自首。故对于辩护人的辩护意见，予以采纳。焦永某有索贿情节，应从重处罚；因其自首，可以从轻或减轻处罚，鉴于焦永某真诚悔罪、全部退赃，又可对其从轻处罚。根据焦永某的犯罪事实、性质、情节，认罪态度及对社会的危害程度，依照《中华人民共和国刑法》第三百八十二条第一款，第三百八十三条第一款第二项、第三款，第三百八十五条第一款，第三百八十六条，第六十四条，第六十七条第一款及《最高人民法院、最高人民检察院关于办理贪污贿赂刑事案件适用法律若干问题的解释》第二条第一款、第十五条、第十八条、第十九条规定，判决如下：

一、被告人焦永某犯贪污罪，判处有期徒刑六个月，并处罚金10万元；被告人焦永某犯受贿罪，判处有期徒刑四年，并处罚金20万元，两罪并罚，决定执行有期徒刑四年零三个月，并处罚金30万元；

二、扣押在案的166万元，由扣押机关依法处理。

【法官后语】

根据《中华人民共和国刑法》第六十七条第一款、第二款的规定，犯罪以后自动投案，如实供述自己罪行的，是自首。被采取强制措施的犯罪嫌疑人、被告人和正在服刑的罪犯，如实供述司法机关还未掌握的本人其他罪行的，以自首论。

自首是影响量刑的一个重要法定情节，认定自首一般需要同时具备自动投案和如实供述两个法定要件。职务犯罪被告人经电话通知到案并如实供述侦查机关尚未掌握的罪行能否认定为自首，其焦点就在于对自动投案的认定。

一、投案是否基于行为人的意志

电话通知作为一种非面对面、不具有强制性或约束力的告知方式，目的是“约谈”被通知人，为调查谈话制造条件即让被通知人到案接受调查。实务中办案机关对通知事由、目的通常并不明示，多以协助调查、配合办案或证人询问方式约谈被通知人。本案中，焦永某在接到检察院电话通知后，其选择余地是很大的，既可以主动归案，也可以逃至别处，但其能够及时到案并如实供述自己的罪行，实际上是按自己意愿主动投案的行为，体现出归案的主动性和自愿性，表明其具有悔过之意，应当认为其具备了归案的自动性。

二、自动投案的时间节点

根据《关于办理职务犯罪案件认定自首、立功等量刑情节若干问题的意见》第一条规定：根据刑法第六十七条第一款规定，成立自首需同时具备自动投案和如实供述自己的罪行两个要件。犯罪事实或者犯罪分子未被办案机关掌握，或者虽被掌握，但犯罪分子尚未受到调查谈话、讯问，或者未被宣布采取调查措施或者强制措施时，向办案机关投案的，是自动投案。在此期间如实交代自己的主要犯罪事实的，应当认定为自首。

电话通知到案，应当根据情况区别对待，主要是根据犯罪嫌疑人供述犯罪事实的时间来确定。如果犯罪嫌疑人经办案机关电话通知到案后，接受第一次询（讯）问时，就如实供述犯罪事实的，可以认定自首。犯罪嫌疑人虽经电话通知到案，但未在第一次询（讯）问时供述犯罪事实，或在司法机关采取强制措施后，才如实供述犯罪事实的，不能认定自首。

三、要综合考虑各种主客观因素准确量刑

虽然电话通知到案可以被认定为自首，但犯罪嫌疑人能否获得从宽处理，则要综合考虑犯罪的事实、性质、情节和对于社会的危害程度，结合自动投案的动机、阶段、客观环境，交代犯罪事实的完整性、稳定性以及悔罪表现等具体情节，依法决定是否从轻、减轻或者免除处罚以及从轻、减轻处罚的幅度。

编写人：河南省郏县人民法院　李培森　马唷清

（三）减　　刑

49

死缓罪犯实际执行刑期不得少于十五年的理解与适用

——罪犯康某减刑案

【案件基本信息】

1. 裁判书字号

北京市第一中级人民法院（2018）京01刑更686号刑事判决书

2. 案由：减刑

【基本案情】

康某在服刑改造期间，能够认罪悔罪，遵守法律法规及监规，接受教育改造，确有悔罪表现，于2015年11月、2017年1月获得二次监狱改造积极分子奖励、2017年10月、2018年4月获得二次表扬奖励。

2017年4月10日，北京市第二中级人民法院出具的《关于对被执行人康某没收个人全部财产执行情况的说明》：本案于2007年7月24日立案执行，执行过程中，依据刑事判决继续追缴被告人康某的犯罪所得已追缴，在案扣押的物品已予以没收。没收个人全部财产判项经查找，未发现康某有可供执行的财产。附带民事赔偿在本案一审时经法院主持达成调解，康某赔偿附带民事诉讼原告人经济损失共计29万元。

北京市监狱管理局清河分局前进监狱认为罪犯康某在服刑改造期间，能够认罪悔罪，遵守法律法规及监规纪律，接受教育改造，确有悔罪表现，于2015年11月、2017年1月获得二次监狱改造积极分子奖励、2017年10月、2018年4月获得二次表扬奖励。北京市监狱管理局清河分局前进监狱根据康某的改造和奖励情况，提出对康某减去有期徒刑六个月。

【案件焦点】

司法解释规定的死缓罪犯实际执行刑期不得少于十五年应如何理解。

【法院裁判要旨】

北京市第一中级人民法院经审理认为：罪犯康某在服刑改造期间，认罪悔罪，遵守法律法规及监规，接受教育改造，确有悔改的表现，可以减刑。刑罚的执行应当坚持教育改造与惩罚、预防相结合的原则。对于在服刑期间确有悔改表现的罪犯，予以减刑，是对其改造表现的肯定，可以激励其继续积极改造。原审刑事裁判基于罪犯原犯罪的情节、社会危害程度等综合确定的刑罚，一经生效，亦应当尊重执行。虽然罪犯服刑改造过程中其表现符合减刑条件，但如果对于罪犯减刑频率过高、减刑幅度过大，以致罪犯被裁定减去的刑期总和过长，将使得刑罚惩罚与一般预防功能被弱化，不利于维护裁判的权威性与严肃性。故刑罚的执行应当坚持适当比例原则，切实贯彻宽严相济刑事政策，最大限度地发挥刑罚的功能，实现刑罚的目的。

根据《最高人民法院关于办理减刑、假释案件具体应用法律的规定》（以下简称《办理规定》）第十二条的规定，被判处死刑缓期执行的罪犯经过一次或者几次减刑后，其实际执行的刑期不得少于十五年，死刑缓期执行期间不包括在内。该条规定中的不能少于十五年，从理解及刑罚执行角度而言，并不意味着罪犯一般服刑期限达到十五年即可出狱，十五年应当理解为最基本的、最低的服刑期限。人民法院裁量对罪犯的减刑，不仅应当考察罪犯的服刑改造表现，还应当综合考察罪犯犯罪的性质和具体情节、原判刑罚等因素。鉴于康某因犯抢劫罪被判处死刑，缓期二年执行，其罪行属严重暴力性犯罪，对其减刑应慎重考量。结合康某刑罚执行实际情况，依此次报请建议，则康某的刑期止日为 2024 年 8 月 20 日，其实际服刑期间比法律规定的最低实际执行期仅多三个多月，考虑到特殊预防与一般预防的有机统一，刑罚功能的发挥与刑罚目的的实现，此次减刑幅度不宜过大，故本院对执行机关报请的减刑幅度予以酌减。

北京市第一中级人民法院依照《中华人民共和国刑法》第七十八条、第七十九条和《中华人民共和国刑事诉讼法》第二百六十二条第二款及《最高人民法院关于办理减刑、假释案件具体应用法律的规定》第二条、第六条、第十一条及第十二条规定，作出如下判决：

对罪犯康某减去有期徒刑一个月（减刑后应执行的刑期自2011年9月21日起至2025年1月20日止）。

【法官后语】

本案涉及司法解释规定的死缓罪犯最低服刑期限十五年的理解与掌握。刑罚执行机关认为，根据罪犯的服刑改造情况，如果罪犯被裁定减刑后，其最低服刑期限超过了十五年，则执行机关报请的减刑幅度就符合法律规定。人民法院从实质正义的角度去理解、执行司法解释，作出了不同于执行机关报请减刑幅度的裁定，具体理由如下：

1. 刑罚的执行应当坚持教育与改造、惩罚与预防相结合的原则。对于在服刑期间确有悔改表现的罪犯，予以减刑，是对其改造表现的肯定，可以激励其继续积极改造、悔过向善，对未来充满希望。同时也应注意，刑罚的执行本身是对于罪犯的一种惩罚，这种惩罚总量即刑罚的确定是基于罪犯原犯罪的情节、社会危害程度等综合确定。刑罚的执行一方面在于使罪犯感受到失去自由的痛苦，警醒其不再犯罪，另一方面通过对特定罪犯科以刑罚，实现一般预防功能，使具有预谋实施犯罪的人对于“所得”与“所失”进行衡量，最终放弃实施犯罪，遵纪守法。虽然罪犯服刑改造过程中其表现符合减刑条件，但如果对于罪犯减刑频率过高、减刑幅度过大，以致罪犯被裁定减去的刑期总和过长，将使得刑罚惩罚与一般预防功能被弱化，不利于维护裁判的权威性与严肃性。

2.《办理规定》第十二条规定的十五年理解与适用。分析认为该条规定中的不能少于十五年，是司法解释拟制的此类罪犯最低服刑期间，从理解及刑罚执行角度而言，并不意味着罪犯一般服刑期限达到十五年即可出狱，十五年应当理解为最基本的服刑期限，即为实现惩罚、预防功能需要的最低期限。对于绝大多数被判处死缓的罪犯，人民法院裁量对罪犯的减刑，不仅应当考察罪犯的服刑改造表现，还应当综合考察罪犯犯罪的性质和具体情节、原判刑罚等因素。在刑罚的执行过程中，只有极少数悔改表现特别突出，如有重大立功、立功等表现的罪犯，才适合该条款。因此，刑罚的执行应当坚持适当比例原则，切实贯彻宽严相济刑事政策，最大限度地发挥刑罚的功能，实现刑罚的目的。

3. 具体到本案中，罪犯康某因犯抢劫罪被判处死刑，缓期二年执行，其罪行属严重暴力性犯罪，依《办理规定》第七条应从严掌握减刑，慎重考量。结合康某刑罚执行实际情况，本次被报请减刑前，其在不到6年的服刑期间内，被报请减刑4次，共减去刑期5年7个月，平均每次减刑幅度1年以上，可以认为属于减刑幅度过快、幅度过大。如果完全采纳执行机关的报请建议，则康某的刑期止日为2024年8月20日，其实际服刑期间比法律规定的最低实际执行期仅多三个多月，考虑到特殊预防与一般预防的有机统一，刑罚功能的发挥与刑罚目的的实现，此次减刑幅度不宜过大，故本院对执行机关报请的减刑幅度予以酌减。

编写人：北京市第一中级人民法院　黄晓丰

三、刑事证据

50

故意伤害罪中法医鉴定的审查认定

——杨某故意伤害案

【案件基本信息】

1. 裁判书字号

广东省高州市人民法院（2017）粤 0981 刑初 245 号刑事判决书

2. 案由：故意伤害罪

【基本案情】

2016 年 12 月 2 日 19 时许，被告人杨某看见被害人廖某凯驾驶的小车（车牌号为粤 KEN9 × ×）停放在高州市区东升巷 36 号楼下，杨某因怀疑廖某凯与其前妻严某某感情有染，于是持随身携带的小刀对坐在车上驾驶座的廖某凯的头部、胸部、肩部等部位乱砍，廖某凯用手抵挡致其左手也被砍伤。廖某凯挣脱后逃走，杨某持刀追赶。最后廖某凯跑入高州市公安局北关派出所，杨某仍持刀进入派出所内欲对廖某凯实施伤害，被民警当场抓获。经法医鉴定，被害人廖某凯损伤程度属重伤二级，评定为八级伤残。

【案件焦点】

病历资料记载的血压数值与脉搏数值同时出现有悖于生物医学规律的情况下，是否仍按照病历资料记载的数值为标准对伤者的损伤程度作出评定。

【法院裁判要旨】

广东省高州市人民法院经审理认为：被告人杨某无视国家法律，故意伤害他人身体健康，致人重伤，其行为已构成故意伤害罪，应予以刑罚。公诉机关指控被告人杨某犯故意伤害罪的罪名成立，予以认定。对于被害人廖某凯的损伤程度属轻伤一级还是重伤二级，作如下认定：根据《人体损伤程度鉴定标准》第3.1款和第5.12.2d款的规定以及结合《人体损伤程度鉴定标准》附则B.8.7的内容，各种损伤引起休克（中度）可评定为重伤二级；中度休克的划分标准为：血压（收缩压）kPa为10~12（75~90mmHg），脉搏为110~130次/分，全身状况为抑制、苍白、皮肤冷。茂名市公安司法鉴定中心经鉴定，认为病历资料显示廖某凯受伤治疗前的脉搏为P70次/分，因此廖某凯伤后脉搏、全身状况未达到《人体损伤程度鉴定标准》第5.12.2d所规定的失血性休克（中度）的标准，故认为廖某凯的损伤程度不构成重伤二级。广东省公安司法鉴定中心经鉴定认为，虽然根据病历资料记载，廖某凯入院后血压为80/52mmHg，脉搏为70次/分，但根据医生笔录结合抢救过程分析，上述血压为入院后血压，脉搏不是同步测量，结合ICU记录，经过手术、输血补液等对症治疗后，其伤后8个小时左右脉搏为108次/分和P105次/分，说明其入院时病历记载为70次/分与实际情况明显不符，综合分析认为其当时脉搏应超过110次/分，结合对现场遗留血迹、创口部位、长度及深度和受伤后一度昏迷等情况，以及病历资料显示其出现的抵制、苍白、皮肤冷等情况分析，廖某凯受伤后短时间内大量失血，曾一度出现中度休克，可危及生命，故认为廖某凯的损伤程度构成重伤二级。对比上述两份鉴定结论，其分歧点在于病历资料记载的血压数值与脉搏数值同时出现有悖于生物医学规律的情况下，是否仍按照病历资料记载的数值为标准对伤者的损伤程度作出评定。经依法通知茂名市公安司法鉴定中心以及广东省公安司法鉴定中心的鉴定人员出庭说明情况，广东省公安司法鉴定中心根据廖某凯伤后8个小时左右脉搏为108次/分和P105次/分，认为廖某凯入院时病历记载为70次/分与实际情况明显不符，综合分析推定廖某凯当时脉搏应超过110次/分的分析意见更具科学性，故应以广东省公安司法鉴定中心粤公（司）鉴（法）字［2017］05001号鉴定书作为定案依据，被害人廖某凯的损伤程度应认定为重伤二级。公诉机关及被告人认为被害人廖某凯的损伤程度为轻伤一级的意见，不予采纳。粤国司鉴所［2017］临鉴字第019号司法鉴定意见书经审查认为，鉴定机构及鉴定人员具备相关鉴定资格，鉴定手段无明显瑕疵，鉴定程序合法，鉴定结论依据充分，故对该鉴定意见予以采纳，对辩护人提出重新鉴定的申请，予以驳回。被告人杨某归案后能够坦白认罪，依法可从轻处罚，对被告人杨某请求从轻处罚及辩护人认为被告人有从轻处罚情节的意见，均予以采纳。对公安机关扣押的犯罪工具小刀一把依法予以没收、销毁。

广东省高州市人民法院依照《中华人民共和国刑法》第二百三十四条第二款、第六十四条、第六十七条第三款，作出如下判决：

一、被告人杨某犯故意伤害罪，判处有期徒刑四年六个月；

二、对公安机关扣押的作案工具小刀一把依法予以没收、销毁。

【法官后语】

本案处理的重点在于如何认定被害人的伤情。轻、重伤鉴定标准中有一类条文与病历资料的关系紧密，医院病历内容与法医学鉴定结论有着直接的对应关系，对法医学鉴定书的结论起着决定性的作用。法医学鉴定的病历审查，要全面分析、综合评判，分析伤者的受伤、诊治经过和病情的发展、转归过程，来印证病历的内容。对病历的真实性、关联性、合法性进行审查，才能最终确认是否采信。

具体到本案中，第一次鉴定，茂名市公安司法鉴定中心基于病历资料显示被告人受伤治疗前的脉搏为P70次/分，因此被告人伤后脉搏、全身状况未达到《人体损伤程度鉴定标准》第5.12.2d所规定的失血性休克（中度）的标准，故认为廖某凯的损伤程度不构成重伤二级。第二次重新鉴定，广东省公安司法鉴定中心在病历资料记载的血压数值与脉搏数值同时出现有悖于生物医学规律的情况下，没有机械按照病历资料记载的数值为标准对伤者的损伤程度作出评定，而是根据医生笔录结合抢救过程分析，上述血压为入院后血压，脉搏不是同步测量，结合ICU记录，经过手术、输血补液等对症治疗后，其伤后8个小时左右脉搏为108次/分和P105次/分,说明其入院时病历记载为70次/分与实际情况明显不符，综合分析认为其当时脉搏应超过110次/分，同时结合对现场遗留血迹、创口部位、长度及深度和受伤后一度昏迷等情况，以及病历资料显示其出现的抵制、苍白、皮肤冷等情况分析，廖某凯受伤后短时间内大量失血，曾一度出现中度休克，可危及生命，故认为廖某凯的损伤程度构成重伤二级。显而易见，根据廖某凯伤后8个小时左右脉搏为

108次/分和P105次/分，认为廖某凯入院时病历记载为70次/分与实际情况明显不符，综合分析推定廖某凯当时脉搏应超过110次/分的分析意见更具科学性。

编写人：广东省高州市人民法院　李国创

51

强奸案中“一对一”证据的审查

——刘某全强奸案

【案件基本信息】

1. 裁判书字号

北京市第二中级人民法院（2018）京02刑终588号刑事裁定书

2. 案由：强奸罪

【基本案情】

2018年4月2日17时许，被告人刘某全在北京市丰台区芳菲路88号院8楼2单元3××房间内，以暴力、威胁手段强行与被害人邵某某发生性关系。当日19时许，被害人邵某某的女儿拨打电话报警。当日23时许，被告人刘某全被北京市公安局丰台分局玉泉营派出所民警传唤到案。

【案件焦点】

1. 被害人陈述与被告人供述互相矛盾，哪个更为真实可信；2. 被害人是否主动、自愿要求与被告人发生性关系；3. 被告人与被害人是否已实际发生性关系。

【法院裁判要旨】

北京市丰台区人民法院经审理认为：1. 关于被告人供述与被害人陈述哪个更为可信的问题。根据全案证据材料，被告人当庭辩称其生殖器未接触被害人的生殖器、未在被害人体内射精的供述内容，与在案鉴定意见相矛盾；被告人辩称其生殖器不能完全勃起、无法插入射精的意见也与医生证言相矛盾；被告人的多份供述本身也存在多处矛盾。综上，被告人供述与其他证据矛盾，且前后反复，不予采信。被告人自称曾在案发前与被害人发生过两次性关系的供述，亦无证据印证，亦不予采信。而被害人对于发生性关系及反抗的过程、受伤的经过及事后报警等陈述一直较为稳定，并有鉴定意见、诊断证明书及证人证言等证据佐证，陈述客观、真实，可予采信。2. 关于被害人是否以敲诈勒索钱财为目的主动与被告人发生性关系问题。第一，关于被害人是否事后向被告人一方索要20万元的情况，被告人的供述前后矛盾，可信性存疑，被告人儿子的证言与被害人陈述及被害人女儿的证言亦互相矛盾，对此本院认为，究竟是哪一方主动提出通过给付钱款进而私了解决此事，双方各执一词，但是被害人事后是否提出私了或者索赔与被告人是否实施强奸之间并无关联，且目前确无充分证据证明被害人是以敲诈勒索为目的引诱被告人发生性关系，被害人事后报警并未拖延，报警后也未提出赔偿，现在并未发现被害人以报警为要挟勒索钱款的情况；第二，被害人事后对其在内裤中垫纸的行为能够予以合理解释；第三，事发后被害人第一时间联系自己的老板即被告人的儿子以及自己女儿的行为亦符合常人心理；第四，被害人陈述、证人证言能够证实被告人与被害人除了工作之外并无私下交流或暧昧关系，且被告人亦承认这一点，且二人亦无任何纠纷。如果被害人的初衷是勒索钱财，按照正常逻辑其事后应当会给被告人一方留足筹钱及谈判的时间，但被害人在女儿到现场后便立即报警，时间距案发仅约一小时，具有及时性，报警后也未提出索要赔偿。综上，被告人及辩护人所提上述意见不能成立，被告人称被害人系卖淫女的相关辩解，更无相应依据，本院不予采纳。3. 关于被告人是否暴力殴打及言语威胁过被害人，被害人的伤是否自己抓伤用来陷害被告人的问题。第一，案发后公安机关对被害人一方的取证工作结束时已至次日凌晨，被害人其后即到医院检查，并进行伤情鉴定，被害人陈述的受伤位置、经过与伤情可以对应，亦有诊断证明书、鉴定意见予以佐证，可以证明被害人反抗性侵时身体受伤的情况及其不愿与被告人发生性关系的心理状态，且双方均认可二人无矛盾纠纷，被害人抓伤自己以陷害被告人的辩解毫无合理性和逻辑性；第二，被害人在受到被告人威胁和殴打后不敢呼救，符合常理，且二人均认可案发时房间并无他人，被告人以此相威胁，在客观上已经对被害人形成了心理恐吓和威胁的效果。综上，本院认为被害人的陈述稳定连贯、逻辑清晰，具有较高可信性，而被告人的辩解与在案证据不符且不合常理，不予采纳。4. 关于本案的鉴定意见、物证、书证、现场勘验检查笔录等证据是否能够证明本案客观事实的问题。本院认为，上述证据均能够与被害人陈述相互印证，可以反映本案的客观事实，足以证明被告人以暴力威胁被害人的方式强行与其发生性关系，并在其体内射精的事实。

北京市丰台区人民法院依照《中华人民共和国刑法》第二百三十六条第一款、第六十一条之规定，作出如下判决：

被告人刘某全犯强奸罪，判处有期徒刑四年。

宣判后，被告人刘某全提出上诉，二审法院同意一审法院裁判意见，二审法院驳回刘某全的上诉，维持原判，现判决已生效。

【法官后语】

该案例涉及在强奸案中，出现“一对一”证据时，如何对相互矛盾的证据进行审查与判断的问题。“一对一”证据多发生在强奸案等行为人单独实施的犯罪中，具有隐蔽性，一般为直接证据、言辞证据，而言辞证据又具有易变性的短板。基于以上特征，法官对“一对一”证据的审查和认定往往会陷入困境。下面笔者将在办理本案的过程中对审查强奸案中“一对一”证据的思路与心得进行梳理与总结。

1. 以审判为中心，充分保障当事人诉权，确保被告人当庭供述的合法性、自愿性，同时给予被害人出庭指控犯罪、陈述案情的机会和条件。

被告人作为犯罪行为的直接实施者，真实的供述通常较为稳定，虚假的供述在不同的情境和心理状态下会出现一定的偏差和矛盾，而这往往是审查被告人供述是否真实的关键点。被告人在侦查阶段虽然已经进行多次供述，然而被告人在此阶段的供述未必完全不受外力干预，因此在庭审中保障被告人再次就指控事实进行充分、自由供述的权利尤为重要。在此基础上，如果被告人的供述确系虚假，则更容易出现漏洞，或与其他证据形成矛盾。

被害人是犯罪过程的亲历者，其对案情的描述应当是最直观的，被害人陈述对查明案件事实的重要性不言而喻。然而司法实践中，被害人极少作为诉讼参与人参加庭审，法官所面临的被害人陈述往往只是书面的笔录，且在侦查阶段被害人的陈述次数一般不多，在某些方面有时也会出现反复。尤其在“一对一”证据的案件中，有的被告人供述看似稳定、可以自圆其说，如果不仔细斟酌，可能会产生先入为主的观念，此时，通知被害人出庭参加诉讼十分必要，在法庭严肃、庄重的氛围下，使被告人与被害人当庭对质、辩论，此时如果一方进行虚假陈述，在庭审中更易出现逻辑漏洞，而这些漏洞往往会成为法官增强内心确信、进而查明案件事实的重要突破口。

因此，在“一对一”证据案件中，更应当坚持以审判为中心的原则，赋予被告人与被害人当庭充分发表意见的机会和权利，让双方出于真实、自由的意志陈述案情，这是审查和判断证据真实性的重要一环。

2. 全面审查证据，不遗漏细枝末节，充分利用间接证据和补强证据规则，发现和排除直接证据间的矛盾。

在“一对一”证据案件中，要对双方言辞证据的合理性和稳定性进行审查。一方面，将双方各自的言辞证据进行纵向对比，审查其中是否存在前后反复或者自相矛盾之处，以判断各自言辞证据是否具备稳定性；另一方面，将双方的言辞证据进行横向合并分析，审查双方对案情的陈述是否符合客观事物发展的一般规律，以判断各自言辞证据是否具备合理性。

此外，要充分利用间接证据对直接证据的补强作用。虽然间接证据不能直接用于证明案件的主要事实，但是可以间接地证明案件某些细节，多个间接证据和直接证据相互补充，形成完整的证据链，从而排除“一对一”证据的矛盾点，达到刑事诉讼证明标准。在案件的直接证据相互矛盾、无法辨别真伪的情况下，认定案件事实的关键就在于间接证据，而某些间接证据会产生加强或推翻被告人供述或被害人陈述的效果，本案即如此。

总而言之，在审理“一对一”证据案件时，应当严格遵循以审判为中心的诉讼原则，全面客观审查全案证据，合理运用间接证据，寻找证据矛盾，以便增强内心确信，正确认定案件事实。

编写人：北京市丰台区人民法院　李洋

52

入室盗窃案中现场指纹的类推

——苏某某入室盗窃案

【案件基本信息】

1. 裁判书字号

广东省佛山市中级人民法院（2017）粤06刑终1105号刑事裁定书

2. 案由：盗窃罪

【基本案情】

2013年6月24日，被告人苏某某在佛山市禅城区文沙东六街某号某房，入户盗走被害人陆某某现金及劳力士手表一块、手机等财物。

2013年7月11日，被告人苏某某在佛山市禅城区文沙东五街某号某房，入户盗走被害人吴某某现金、黄金戒指、黄金手链、古银币等财物。

2014年10月7日，被告人苏某某在佛山市禅城区文龙街怡东花园某号某房，入户盗走被害人谭某某手机、手表、玉镯、项链、古银币、纪念章、玉佛、相机、收藏人民币等财物。

2016年12月18日1时许，民警在佛山市南海区狮山镇罗村罗湖一路金船湾宾馆抓获被告人苏某某。

【案件焦点】

在入室盗窃犯罪中，被告人苏某某拒不供认，如何根据在案证据定罪。

【法院裁判要旨】

广东省佛山市禅城区人民法院经审理认为：被告人苏某某提出无罪的辩解。经查，被害人陆某某、吴某某、谭某某在被盗后及时拨打“110”报警，公安人员接报后及时到场进行勘验，并在三个盗窃现场均提取到指纹。被告人苏某某归案后，民警提取其十指指印，并委托佛山市禅城区公安司法鉴定中心进行手印鉴定。经鉴定，发现在盗窃现场提取的指纹与被告人苏某某左手拇指为同一人所留。上述勘验现场、提取指纹、鉴定过程合法，证实被告人苏某某到过上述盗窃现场，并留有指纹。被告人苏某某所到地点均发生盗窃案件，且被害人均是在案发后及时报警并采集到指印；而根据被害人陈述，可以知道被告人苏某某只有在其室内做出移动或搜索的动作才有可能在提取到指印的物品上留存下指印，相关证据相互印证，足以证明被告人苏某某实施了以上盗窃行为。被告人苏某某辩称其未实施盗窃的辩解意见，不予采纳。被告人苏某某以非法占有为目的，入户盗窃他人财物三次，其行为已构成盗窃罪。

广东省佛山市禅城区人民法院依照《中华人民共和国刑法》第二百六十四条、第五十二条、第五十三条第一款之规定，判决如下：

被告人苏某某犯盗窃罪，判处有期徒刑一年八个月，并处罚金人民币3000元。

被告人苏某某持原审辩解提起上诉。广东省佛山市中级人民法院经审理认为：原审法院审理事实清楚，证据充分，量刑并无不当。故苏某某的上诉理由，不能成立，应予驳回。

广东省佛山市中级人民法院依法驳回苏某某的上诉，维持原审判决。

【法官后语】

本案处理重点主要在于对被告人现场指纹证明效力的认定。本案中，被告人苏某某对其留在现场的指纹无法作出“合理解释”，且存在矛盾；没有提供任何证据予以反驳，综合本案其他证据分析判断其具有入室盗窃的行为，从而构成本罪。

值得注意的是，根据现场指纹来认定被告人实施盗窃行为，是一种刑事推定，即根据已知的基础事实来推断出一个未知的事实。这种推定是基于基础事实与推定事实之间高概率的常态联系，具体到本案中，根据现场指纹来推出指纹所有人实施了盗窃行为具有高度盖然性，但据此得出的被盗物品，则需要结合其他证据审慎判断，按有利于被告人原则从严认定被盗物品。

编写人：广东省佛山市禅城区人民法院　郑泽坚

53

通过间接证据形成证据链可认定案件事实

——麦甲、麦乙故意伤害、盗窃案

【案件基本信息】

1. 裁判书字号

广东省高级人民法院（2018）粤刑终765号刑事裁定书

2. 案由：故意伤害罪、盗窃罪

【基本案情】

2016年5月、6月的一天，被告人麦甲、麦乙为非法获利，密谋决定出售安装GPS定位系统的小车再盗回。2016年6月的一天，麦甲、麦乙在58同城网向他人购买了一辆白色雅阁小车，伪造了粤××××××车牌和车辆行驶证，在车上安装了GPS定位系统。2016年6月14日，麦甲、麦乙将该车以13000元的价钱出售给被害人蔡甲。2016年6月18日，麦甲、麦乙利用GPS定位系统及备用钥匙，在化州市鉴江区大桥村一篮球场上将该车盗走。经物价部门鉴定，该白色雅阁小车被盗时价值人民币15000元。被告人麦甲、麦乙将车辆盗回后，再次在网络上发布出售白色雅阁小车的信息。2016年7月22日，被害人蔡甲、蔡乙等人在网络上发现该条售车信息，怀疑该车是其被盗车辆，便联系卖家并相约次日在化州市笪桥镇笪桥中学附近看车。2016年7月23日18时许，麦乙驾驶上述白色雅阁小车到笪桥中学门前与买家接洽，麦甲则驾驶一辆黑色无牌奥迪小车在旁接应。蔡甲及其朋友曾甲、蔡乙、蔡丙等人发现该白色雅阁小车正是被盗车辆。麦乙意识到罪行被发觉，遂逃跑，蔡甲等人随后追赶。双方追赶过程中，当地派出所工作人员黄甲、庞甲到达现场，协同蔡甲等人在化州市笪桥镇207国道良埇大道路口处追上麦乙并将其控制。麦甲见状驾黑色无牌奥迪小车在现场路段来回折返，反复冲撞控制麦乙的黄甲、庞甲、蔡甲、曾甲、蔡乙等人，意图协助麦乙逃脱。在此过程中，曾甲被撞到臀部；

蔡乙被撞到膝部受伤；黄甲在追赶拦截麦甲所驾车辆时，被该车撞倒并碾压受伤。之后，麦甲仍继续行凶，直至民警赶到才逃离现场。被害人黄甲经送医院救治无效死亡。经法医鉴定，被害人黄甲是因头颈部及躯干受钝性外力作用致重型颅脑损伤合并失血性休克死亡；被害人蔡乙的损伤程度属轻微伤。

【案件焦点】

在被告人麦甲翻供否认撞倒被害人黄甲致死的情况下，如何通过在案证据认定案件事实。

【法院裁判要旨】

广东省茂名市中级人民法院经审理认为：对于被告人麦甲及其的辩护人所提侦查机关未全面收集或藏匿对麦甲有利的现场视频和照片证据，在案证人证言不能相互印证，本案缺乏客观证据直接证实麦甲驾车撞倒被害人黄甲致死的事实，不能排除黄甲是被其他车辆撞倒的合理怀疑，根据现有证据不能认定麦甲构成伤害罪的辩解和辩护意见，经查，在盗窃罪行被发觉后，麦甲为协助同伙逃脱，驾车反复冲撞控制麦乙的人员，在此过程中撞伤被害人蔡乙，撞倒被害人黄甲并碾压致死，上述事实有其在侦查阶段的供述，被害人蔡甲、蔡乙的陈述和证人庞甲、曾甲、蔡丙、蔡丁、冯甲、李甲、陈甲的证言，及现场监控视频、现场勘验检查笔录、法医学尸体检验鉴定报告、法庭科学 DNA 鉴定意见予以证实，相互印证，足以认定。在案证人证言均系公安机关依法提取，并经庭审举证、质证，真实有效，予以采信。关于提取现场监控视频的过程，公安机关已予以说明并提供了相关证据，证实公安机关依法依规全面提取了现场监控视频。关于被害人黄甲的死因，根据现有证据已足以确认是麦甲的犯罪行为造成。麦甲庭审中否认撞倒被害人黄甲，不影响对其犯罪事实的认定。对于驾车冲撞人群可能造成的后果，麦甲主观上明知而反复为之，在撞倒黄甲后仍继续行凶，其行为性质恶劣，伤害他人的主观故意明显。麦甲所提其不构成故意伤害罪的辩解及其辩护人所提公诉机关指控麦甲犯故意伤害罪的事实不清、证据不足的辩护意见，均理据不足，不予采纳。

在盗窃罪行被发觉后，被告人麦甲故意伤害他人身体，致一人死亡，一人轻微伤，其行为已构成故意伤害罪。麦甲一人犯二罪，应予数罪并罚。麦甲曾因犯罪被判处有期徒刑，刑罚执行完毕以后，在五年以内再犯应当判处有期徒刑以上刑罚之罪，是累犯，应当对其从重处罚。麦甲的故意伤害犯罪行为性质恶劣，后果极其严重，具有极大的人身危险性。综合本案全部情形，对麦甲判处死刑，可不立即执行，但根据其人身危险性及累犯情节，应对其限制减刑。

广东省茂名市中级人民法院依照《中华人民共和国刑法》第二百三十四条第二款、第二百六十四条、第二十五条第一款、第四十八条第一款、第五十条第二款、第五十二条、第五十七条第一款、第六十四条、第六十五条第二款、第六十七条第三款之规定，作出如下判决：

一、被告人麦甲犯故意伤害罪，判处死刑，缓期二年执行，剥夺政治权利终身；犯盗窃罪，判处有期徒刑二年，并处罚金人民币二万元；决定执行死刑，缓期二年执行，剥夺政治权利终身，并处罚金人民币二万元；

二、对被告人麦甲限制减刑；

三、被告人麦乙犯盗窃罪，判处有期徒刑二年，罚金人民币二万元；

四、对被告人麦甲被扣押的作案工具黑色奥迪小汽车一辆，予以没收，上缴国库。

麦甲持原审辩解向广东省高级人民法院提出上诉，广东省高级人民法院经审理，同意原审法院裁判意见，裁定：

驳回上诉，维持原判。

【法官后语】

本案处理的重点主要在于如何通过间接证据认定案件事实。认定案件事实是根据在案证据综合作出，即使没有直接证据，如果间接证据经过查证属实，能够相互印证，并形成完整的证明体系，能够排除合理怀疑，亦可以认定案件事实。

具体到本案中，被告人麦甲在侦查阶段对驾车反复冲撞控制麦乙的人员的事实供认不讳，并供称在此过程中发觉撞倒他人，麦甲还指认了撞伤对象的地点。相关供述与同案人麦乙关于见到一名男子倒在麦甲车辆尾部的供述、被害人陈述及部分现场证人证言关于黄甲被麦甲车辆撞倒并碾压的内容在主要情节方面能够相互印证。现场监控视频记录了麦甲驾车在现场道路来回行驶及冲撞他人的事实，麦甲车辆车底提取的血迹、现场地面提取的血迹与黄甲血样经 DNA 鉴定 STR 分型一致。法医学尸体检验报告证实被害人黄甲是头颈部及躯干受钝性外力作用致重型颅脑损伤合并失血性休克死亡，即符合被撞倒碾压致死的情形。以上证据结合其他在案证据，均指向或不排除麦甲撞倒黄甲致死的基本事实，没有任何证据或线索表明黄甲系由他人致死。麦甲翻供否认撞倒他人并提出被刑讯逼供，一审法院启动非法证据排除程序进行了查证，没有发现侦查机关有非法取证的情形，麦甲也没有提供相关证据或线索。在案证据表明侦查机关全面合法提取了现场视频资料，被害人黄甲受害地点在监控盲区，勘查人员到场前其被送医，没有取得黄甲现场被撞倒及受伤情况的视频资料和照片属正常现象。案件证人在感知案件过程时所处环境、位置、角度、距离等客观条件不同，在观察力、记忆力和表达能力等方面存在个体差别，侦查人员询问时所提问题角度因人而异，相关证言可能存在不一致，但只要在主要情节方面能够相互印证，指向一致，可合理解释，不存在根本性矛盾，亦可作为定案证据。本案事发突然，现场比较混乱，证人证言有所偏差合乎常理，但在指证麦甲驾车撞倒黄甲的基本情节上相互印证，且与麦甲、麦乙在侦查阶段供述基本一致，依法可作为定案的依据。

编写人：广东省茂名市中级人民法院　张驰

54

未成年被害人有智力障碍但可正常表达，所陈述内容与其年龄、智力水平、文化程度、表达能力相称，可以采信其陈述

——匡某猥亵儿童案

【案件基本信息】

1. 裁判书字号

江西省萍乡市中级人民法院（2018）赣03刑终154号刑事裁定书

2. 案由：猥亵儿童罪

【基本案情】

被告人匡某与被害人王某某（女，2005 年 8 月 9 日出生）系居住在湘东区某小区（以下简称小区）的邻居。2018 年 2 月 15 日（即农历春节）前几天至 3 月，匡某明知王某某有轻微智障且仅十二三岁，仍然在自己楼下杂物间三次对王某某进行猥亵。被告人匡某利用零食、玩具等引诱被害人，将其带至匡某家位于小区的杂物间内，采取摸乳房，用嘴吸舔其两边乳头，要求被害人蹲下亲其的阴茎等方式对被害人进行猥亵，每次猥亵之后还交代被害人不许将此事告诉别人。针对指控的事实，公诉机关当庭出示并宣读了被害人的陈述，被害人奶奶的证言，被害人在读特殊学校的班主任老师的证言，被害人与被告人互相辨认的笔录，指认现场笔录及照片，被害人家属提供的照片，被害人的残疾人证，抓获经过，被害人及被告人的常住人口信息表等证据，证实被告人匡某猥亵不满 14 岁幼女，其行为应当以猥亵儿童罪追究其刑事责任。开庭过程中，被告人匡某表示对起诉书指控的犯罪事实均有异议，辩称其未对被害人实施猥亵行为。被告人匡某的辩护人则当庭提出公诉机关指控被告人匡某犯猥亵儿童罪的事实不清，证据不足，不能成立。理由如下：1. 被告人在公安机关的供述自相矛盾，与证人证言，被害人陈述关于猥亵的部位、时间、地点亦不相吻合，不能作为定案依据。且被告人在公安机关的供述是在公安机关的刑讯逼供下作出，在庭前会议中公诉机关未提交相关证据证实公安机关在讯问时未刑讯逼供，被告人的供述应依法排除，而且公安机关在讯问被告人，制作讯问笔录存在复制现象。2. 公安机关收集被害人的照片未经公安机关查证属实，不能作为定案依据。3. 被害人王某某的辨认笔录，办案人员与签字人员不符，程序不合法，见证人廖某连与被害人是亲属关系，可能影响案件公正处理，不宜作为本案的见证人，且辨认笔录上被害人未签字确认。故辨认笔录不能作为定案依据。4. 被害人的指认笔录因办案人员与签字人员不符，程序不合法，被害人未签字确认，且指认现场时未睁开眼睛，不符合规定。不能作为定案依据。5. 公安机关未对现场进行勘验，未对被害人受伤部位进行司法鉴定，不符合法律规定。

【案件焦点】

被害人是幼女且有智力障碍的情况下，是否可以采信其陈述，如何判断其陈述的证明力。

【法院裁判要旨】

对于被害人陈述的证明力问题，江西省萍乡市湘东区人民法院经审理认为：第一，从被害人的自身认知水平来看，被害人对于亲历的案件事实，是未超过其本人认知能力、辨别能力、表达能力所作的陈述。第二，从被害人陈述的内容来看，被害人陈述的内容是她亲身经历的过程，被害人对案发时的时间、地点、人物及事件发生过程有较为流畅且稳定的陈述，被害人陈述了被告人匡某三次对其进行猥亵的过程，从询问笔录中可以看出，这是被害人对自己直接感知的亲历事实的简单描述，其陈述过程没有混乱矛盾内容，思维较为清晰，且描述的内容均是对客观事实的描述，并没有猜测性、评论性、推断性的证言。第三，从全案证据印证情况来看，被害人的陈述能够与被告人在侦查机关的供述、证人证言及案发照片等证据相互印证，虽然有部分细节内容不一致，但并不影响对被害人陈述的效力认定。故其所作陈述能够作为定案证据。

一审法院于2018年9月26日作出如下判决：

被告人匡某犯猥亵儿童罪，判处有期徒刑三年。

宣判后，被告人匡某提出上诉，江西省萍乡市中级人民法院于2018年12月13日裁定：

驳回上诉，维持原判。

【法官后语】

刑事案件中对证据进行审查时不能机械化审查，而是要根据具体案件、具体证据的情况进行审查。未成年、精神上有缺陷的被害人所作的陈述并不一定不能采信，要结合被害人自身身体情况，所陈述的内容是否超出了其认知、表达的能力，及所作证据与全案其他证据是否能相互印证等方面来判断该证据的证明力。

从本案来看，猥亵儿童案的被害人未满十四周岁、有轻微智障且肢体三级残疾，在特殊学校读书，但通过当面与被害人进行交流，询问她一些问题，并询问与被害人共同生活的亲属和熟悉被害人的邻居，可知被害人虽然有轻微智力障碍，但具备一定的认知、记忆和表达能力，能够对简单事实进行较为流畅的描述，且被害人在接受公安机关询问时有成年亲属在场陪伴，生理和精神状态较为稳定。案件中被害人的陈述无论是从程序方面还是实体方面均符合法律规定，故经过合议庭评议认为，该陈述可以作为定案证据予以采信。该案的审理也提醒我们，法官在审查每份证据时，不仅要有扎实的法律功底，还要综合运用自己的日常生活经验、各领域的专业知识综合判断，才能对案件作出一个较为准确的判断。

编写人：江西省萍乡市湘东区人民法院　刘佳

55

未当场提取影响被害人隐私的物证可作证据使用

——冯某强奸案

【案件基本信息】

1. 裁判书字号

福建省厦门市中级人民法院（2018）闽02刑终717号刑事裁定书

2. 案由：强奸罪

【基本案情】

2017年10月16日8时许，被告人冯某从其暂住处厦门市海沧区东孚镇过坂村过坂社5－1号3××室出来到四楼后返回时，光着上身，下身只穿着一条内衣短裤，推开了被害人何某所居住的304房门。被害人何某（穿着睡衣）质问其因何能进入，二人因此发生争吵，被害人何某遂拨打其姐夫侯某电话告知有陌生男子闯入住处。之后，被告人冯某掐住被害人何某的脖子将其推倒在房间地板上，关上房门对其进行殴打并强行脱去何某的睡裤和内衣短裤。被害人何某挣扎站起来要打开房门，被告人冯某又将何某推倒在床上，压在何某身上，欲强行与被害人何某发生性关系，因何某极力抓扯反抗并大声呼救而未能得逞。随后，侯某赶到并踹门，和老乡刘某等人将欲逃走的被告人冯某控制住，被害人何某当即用手机报警。民警出警到达现场将被告人冯某带回审查。经查，被害人何某左肘关节外侧、右肘关节背侧、左大腿中段内侧、左膝关节前侧、右膝关节前侧有多处擦伤或皮下血肿，体表挫伤面积在15.0cm^2以上，损伤程度评定为轻微伤；被告人冯某右颈前部后部见散在擦伤，左下腹见散在擦伤，左前臂背侧上段见划伤，中段背侧见皮下出血和擦伤。案发后，提取的内裤一条及钥匙等物证随案移送。

【案件焦点】

物证内裤与本案是否具有关联性，能否作为证据使用。

【法院裁判要旨】

福建省厦门市海沧区人民法院经审理认为：被告人冯某以暴力手段强奸妇女，其行为已构成强奸罪。被告人冯某的强奸行为因意志以外的原因未得逞，是犯罪未遂，依法可以比照既遂犯减轻处罚。

福建省厦门市海沧区人民法院依照《中华人民共和国刑法》第二百三十六条第一款、第二十三条、第六十四条规定，作出如下判决：

一、被告人冯某犯强奸罪，判处有期徒刑二年五个月；

二、扣押在案的钥匙一串发还被告人冯某。

冯某持原审辩解提起上诉。福建省厦门市中级人民法院经审理认为：冯某以暴力手段强奸妇女，其行为已构成强奸罪。冯某的强奸行为因意志以外的原因未得逞，是犯罪未遂，依法可以比照既遂犯减轻处罚。原判认定事实清楚、定罪准确、审判程序合法，已充分考虑上诉人的犯罪事实、犯罪的性质、情节、后果和认罪态度等量刑因素，所作出的量刑适当，上诉人冯某及其辩护人要求改判无罪的上诉、辩护意见理由不足，不予采纳。福建省厦门市中级人民法院依照《中华人民共和国刑事诉讼法》第二百三十六条第一款第一项规定，作出如下裁定：

驳回冯某的上诉，维持原判。

【法官后语】

物证的提取应当依照法定程序进行，在实践中对于物证的提取遵循现场原物提取为原则，但是未在现场提取的物证不能一概否认其证据资格。本案中，作为重要物证的被害人的内裤虽然没有在案发现场进行直接提取，然而其仍然可作为证据使用。

一、强奸案现场取证不利于被害人隐私保护

本案案发后，公安民警（均为男性）接到报案后赶到现场，发现被害人何某坐在房间床上，下身用被子盖住，上身穿睡衣，现场有证人侯某、刘某及被告人冯某等人在场，且均为男性。而此时被害人的睡裤和内裤已被撕扯掉。从现场的环境看，仅有被害人一名女性在场，且处于衣不蔽体的状态，此时的被害人身心刚刚遭受严重的冲击，在没有女性民警或工作人员帮助的情况下直接提取内裤，显然不利于安抚被害人的情绪和保护其隐私。故民警针对办案现场实际情况，让被害人将被撕扯掉的睡裤和内裤穿上后再行带回派出所的处置是合适的。

二、不利情形消除后进行了及时取证

民警将被害人、被告人和证人一同在公安民警的控制之下带到派出所后当场对在案物证予以提取并拍照固定的方式取证，属于不利情形消除后及时提取物证。公安机关按照规定制作了物证提取笔录、接受证据材料清单等文书材料并有相关民警的签字、盖章，该取证方式不违反刑事诉讼法关于证据提取的相关规定，故内裤的来源合法且取证程序合法，具有证据资格。

三、物证与本案具有关联性

证据关联性指在审判中根据法律、逻辑和经验法则，证据与案件事实之间存在的一定程度的证明或证否的关系。经过法定程序提取的内裤系被抓烂，与检查笔录中被告人全身存在多处抓伤、被害人全身存在多处擦伤的伤情鉴定可以相互印证，可以证实被告人在强奸过程中遭受被害人激烈的反抗，该内裤指向被告人使用暴力、被害人激烈反抗的事实，与本案具有关联性。

综上，本案中公安机关出于对被害人隐私保护的要求，没有在案发现场提取作为关键物证的内裤一条，在不利情形消除之后，及时依法提取了物证，物证来源及取证程序合法，并且可以在一定程度上证明被告人的暴力行为，与本案具有关联性，该物证可以作为证据使用。

编写人：福建省厦门市海沧区人民法院　陈军晖　陈芳序

56

根据电脑 IP 鉴定金额及被告人自认书证能否直接认定犯罪金额

——吴某职务侵占案

【案件基本信息】

1. 裁判书字号

北京市丰台区人民法院（2018）京 0106 刑初 1512 号刑事判决书

2. 案由：职务侵占罪

【基本案情】

2014 年至 2015 年 5 月，被告人吴某实际在北京某天书店有限公司（以下简称“某天公司”）任批销部经理职务，具有与购书单位订立合同、结算书款的职权。其间，被告人吴某向哈尔滨某蜂鸟文化发展有限公司、北京某林书海文化发展有限公司、北京某嘉文化发展有限公司推销北京某天书店图书有限公司所销售书目，上述公司将书款打入被告人吴某名下银行账户，被告人吴某将其中部分书款截留不上交某天公司，并在某天公司结算系统中修改结算回款记录，侵占公司货款。经查，案发期间，被告人吴某共收取上述公司打入其工商银行账号人民币 1214924.74 元，被告人吴某交回公司登记回款共计人民币 389567.29 元。某天公司发现其侵占行为后，被告人吴某打入北京某天书店有限公司第六分公司账户人民币 50 万元。

被告人吴某于 2016 年 2 月 5 日被公安机关抓获。

【案件焦点】

在职务侵占罪中，除需满足主体条件外，入罪标准还要求侵占数额较大，能否根据电脑 IP 鉴定金额及被告人自认书证直接认定犯罪金额。

【法院裁判要旨】

北京市丰台区人民法院经审理认为：被告人吴某身为某天公司批销部经理，利用其销售图书并收取书款的职权便利，将部分书款占为己有，现公诉机关指控所提供的证据仅能证明被告人吴某侵占公司财物系数额较大，其行为已构成职务侵占罪，应予处罚。北京市丰台区人民检察院指控被告人吴某犯职务侵占罪的罪名成立，但是指控的事实认定不正确，本院依法更正。量刑方面，被告人吴某始终不能如实供述犯罪事实，其所提出的立功情节未能查证，不具有法定的从轻处罚情节。本院在量刑时考虑其退回部分钱款的情节。

北京市丰台区人民法院依照《中华人民共和国刑法》第二百七十一条第一款、第六十四条、第六十一条及《最高人民法院、最高人民检察院关于办理贪污贿赂刑事案件适用法律若干问题的解释》第一条、第二条、第十一条之规定，判决如下：

一、被告人吴某犯职务侵占罪，判处有期徒刑三年六个月（刑期自判决执行之日起计算。判决执行前先行羁押的，羁押一日折抵刑期一日，即自2016年2月5日起至2019年8月4日止）；

二、责令被告人吴某继续退赔被害单位北京某天书店有限公司人民币三十二万五千三百五十七元四角五分；

三、随案移送电脑主机一台于判决生效后发还被害单位北京某天书店有限公司。

【法官后语】

职务侵占罪，犯罪金额是对被告人定罪量刑的依据，直接决定罪与非罪、量刑大小。本案争议焦点是如何根据证据认定职务侵占金额，即是否达到数额巨大标准。

第一种观点是根据电脑IP鉴定金额认定犯罪金额650万余元。理由是：根据某天公司出具证明及证人任某等人证实地址尾号13和189两个IP通过电脑登录结算系统修改结算回款，根据司法会计鉴定意见书核销货款6542007.64元，且上述IP地址为吴某使用，因此应根据电脑IP鉴定金额认定。

第二种观点是依据被告人自认书证认定犯罪金额。本案有两份吴某签字的认可以登录结算系统修改结算数据的方式侵占公司书款的认可材料，虽然前后金额不一致，但是吴某均签字确认，且承诺归还钱款，且没有证据证明吴某受到胁迫书写。另外，在第一份文件上注明了第二份文件上的金额包含第一份文件中所承认侵占的金额，因此应以第二份四百余万元认定犯罪金额。

第三种观点是不能仅根据电脑IP鉴定金额及被告人自认书证认定犯罪金额，宜根据证据裁判规则客观认定。本案两份鉴定是基于某天公司提供的材料，两份被告人自认书证中的金额与结算部计算的金额有关系，还需要其他证据来佐证，因此基于本案全部证据作出的判断更科学。

笔者同意第三种观点，理由如下：第一，根据鉴定意见，即使涉及修改某天公司结算系统的两个IP地址均为公司分配给吴某所使用，也仅能证明是这两个IP地址操作了修改结算数据的行为，IP地址和具体操作的人之间并非排他的能做唯一的认定。因此，不能排他证明全部结算数据均系被告人吴某修改亦不能证明吴某侵占650万元货款的事实。第二，没有充分证据证明结算系统中修改的数据所对应的钱款均被吴某侵占。批销部除被告人吴某外，另有三名业务员，虽然证人周某、王某均证称已将打入自己账户的某天公司回款取出现金交给吴某，但是账户中没有一笔钱是转账给吴某的，虽吴某有两份自认书证，但其始终否认，根据证据裁判规则，没有其他证据佐证，现有证据不足以证明没有回到公司的钱款就是被吴某侵占的金额。第三，本案应以被告人吴某收到书款后没有上交公司而自己非法占有的部分来计算犯罪金额更为科学。即客观证据要证明客户把钱打给吴某，吴某没有交给某天公司的部分应认定为吴某侵占的书款。

综上，职务侵占的犯罪金额如没有其他客观证据佐证或缺少完整的证据链条，应根据全案证据作出更为科学的认定。根据《最高人民法院、最高人民检察院关于办理贪污贿赂刑事案件适用法律若干问题的解释》第一条、第二条、第十一条的规定，职务侵占数额巨大的起点为100万元。本案被告人吴某的自认书证缺少其他证据佐证，根据IP地址的鉴定报告缺少完整的证据链条，因此本案根据吴某没有上交的货款80余万元认定为职务侵占金额，未达到数额巨大的标准。

编写人：北京市丰台区人民法院　薛碧晗

57

如何理解刑事案件证据确实、充分

——董某危险驾驶案

【案件基本信息】

1. 裁判书字号

福建省厦门市中级人民法院（2017）闽02刑终656号刑事裁定书

2. 案由：危险驾驶罪

【基本案情】

2016年6月22日21时许，被告人董某饮酒后雇请代驾陈某某驾驶“闽D787××”号小型汽车，由厦门市思明区海湾公园荣誉酒店往厦门市集美区方向行驶，行至厦门大桥收费站出口处附近时，被告人董某示意陈某某下车离去。之后，被告人董某驾驶该车辆沿厦门大桥行驶至厦门大桥与厦门高速进出口连接线万达广场路段时，刮碰路边护栏并在车内睡着，直至次日1时许被公安机关查获。经鉴定，案发时被告人董某血液中酒精含量为141.95mg/100mL，属醉酒驾驶机动车。归案后，被告人董某供述称因醉酒记不清案发经过。

【案件焦点】

应结合全案证据和生活常理进行综合评判，而非随意进行不当怀疑。

【法院裁判要旨】

福建省厦门市集美区人民法院经审理认为：被告人董某在道路上醉酒驾驶机动车，其行为已构成危险驾驶罪。公诉机关指控的罪名成立。公诉机关的量刑建议适当，予以采纳。

福建省厦门市集美区人民法院依照《中华人民共和国刑法》第一百三十三条之一第一款第二项的规定，判决如下：

被告人董某犯危险驾驶罪，判处拘役一个月十五日，缓刑四个月，并处罚金人民币二千五百元。

被告人董某提出上诉。福建省厦门市中级人民法院经审理认为：原判定罪准确，量刑适当，审判程序合法，裁定如下：

驳回上诉，维持原判。

【法官后语】

在不认罪案件中，被告人或辩护人提出的辩护理由就是控方的证据不够充分，不能够排除合理怀疑。同时，被告人或辩护人往往会提出各种假设的可能性作为抗辩。这类案件通常直接证据很少甚至没有，导致案件在事实认定上给法官带来了较大的困难。如何进行公正的裁判，就需要结合全案的证据及被告人的辩解进行综合考量。

具体到本案，辩护人提出了两个怀疑，一是公诉机关提取血样时未使用具有抗凝功能的试剂管、血样已遭到污染、血液酒精含量没有达到醉酒标准的存疑；二是没有董某醉酒在道路上驾驶车辆的直接证据，怀疑是代驾人员陈某某造成事故停车。关于这两个怀疑，就危险驾驶案件整体来看，第一个怀疑属于合理怀疑，因为危险驾驶案非常重要的证据即公安机关提取的血样及血样的酒精含量，是本类案件定罪量刑最重要的证据或者事实，如果一旦检材出现严重错误，则直接导致定罪量刑错误；对于第二个怀疑，虽然不能说是非常极端或极不可能的怀疑，但就日常生活经验和逻辑法则来讲，也不是很合理的怀疑，因此，只是被告人没有提供相应的线索或材料，或者合理的解释，否则，可以视为不合理的怀疑，不用排除，可以直接认为不成立，但是，即使可以直接认为不成立，也同样可以利用证据来分析怀疑的不成立，更有利于被告人认罪服法。

我们来分析本案证据，从而排除上述两个怀疑：第一，公安机关的执法记录视频证实交警到达现场时董某系在驾驶座上睡觉，副驾驶座放置着手机眼镜盒钱包等个人物品，现场照片及现场图可以证实事故车辆右前侧与路边护栏碰擦，副驾驶座车门打开困难，车辆受损比较轻微，证实案发现场情况正常自然，案发时车内仅董某一人且在驾驶座位置上；第二，代驾司机陈某某在交警走访调查系主动亮明身份并配合公安机关调查，稳定证称当日在酒店门口接受董某的现场雇请为董某代驾，后驾驶至厦门大桥出岛方向收费站的天桥附近，董某让其停车下车，董某从副驾座下车来到驾驶座并支付了100元代驾费用，其从路中护栏一缺品处横穿道路过街，搭乘公安机关离开，现场照片证实了厦门大桥收费站出岛方向附近绿化带确实有一小缺口，故代驾司机的证言具有相当的可采性；第三，从厦门大桥收费站经厦门大桥至厦门高速连接线万达广场路段系封闭道路，电话记录清单能够证实董某的手机于案发当晚22时许至次日凌晨1时许无拨出电话，可排除董某在该路段再雇请他人驾驶车辆的可能性；第四，被告人董某在一审庭审能够自愿认罪。由上述四点分析可以排除由代驾司机陈某某或他人驾驶车辆至事故地点的合理怀疑。

编写人：福建省厦门市集美区人民法院　陈于婧

58

司法鉴定意见与客观情况明显不同时，不宜全盘采信

——邹某达非法占用农用地案

【案件基本信息】

1. 裁判书字号

福建省泉州市中级人民法院（2018）闽05刑终497号刑事判决书

2. 案由：非法占用农用地罪

【基本案情】

邹某达为开发建设“安溪大坪金刚山泉厦雄狮文化旅游景区”，于2017年5月间，未经林业主管部门审核批准，擅自雇请挖掘机到大坪乡萍州村“茶仔仓”山场挖掘、平整林地，造成林地被大量毁坏。经福建智立司法鉴定所司法鉴定：“茶仔仓”山场被毁坏的林地面积计114.94亩，其中经济林地112.24亩，生态公益林地面积2.7亩。邹某达于2017年6月15日向安溪县公安局投案。案发后，被告人邹某达向安溪县林业局缴交生态修复保证金人民币636278元，承诺对被毁林地进行

修复并已种植部分植被。另查明，邹某达及其家属在被毁林地上种植的草皮等植被目前长势良好，部分被毁林地也自行长出植被。鉴定意见书认定的“原有林地上的植被已全部被毁无法恢复”不准确。

【案件焦点】

司法鉴定意见与客观情况明显不同时，对鉴定项目的判断标准。

【法院裁判要旨】

福建省安溪县人民法院经审理认为：被告人邹某达违反土地管理法规，未经林业主管部门批准，非法毁坏、占用经济林地、生态林地114.94亩，改变被占林地用途、数量较大，造成林地大量毁坏，其行为已构成非法占用农用地罪。福建省安溪县人民检察院指控被告人邹某达犯非法占用农用地罪的罪名成立。被告人邹某达在犯罪以后，主动向公安机关投案，如实供述自己的罪行，是自首，依法予以从轻处罚；其案发后缴交生态修复保证金，在被毁坏的林地上补种樱花、红花继木、草籽等修复生态环境行为，是悔罪表现，可酌情予以从轻处罚。被告人邹某达辩称清表是受张某惠委托整理遭台风破坏损毁的区域，未破坏植被，鉴定并非事实。与事实、证据不符，不予采纳；被告人邹某达自愿认罪，辩解案发后已缴交生态修复保证金及征地保证金，在部分毁坏的林地上补种樱花、红花继木、草籽，请求从轻处罚的意见予以采纳。请求宣告缓刑的意见不予采纳。辩护人董某启辩称对定罪没意见，被告人邹某达已缴交生态修复保证金及征地保证金，自首，建议从轻处罚的意见予以采纳；辩称被告人对法律不甚了解，犯罪情节比较轻，建议大幅度减轻处罚并适用缓刑的意见与事实、法律规定不符不予采纳。辩护人林某成辩称涉案情节显著轻微，被告人没有主观故意及实施非法占地的行为，不认为是犯罪，侦查环节有多处程序瑕疵，被告人没有犯罪前科，没有破坏后果，情节轻微，可以不定罪或免予刑事处罚也可符合宣告缓刑的意见前后矛盾，又与事实、法律规定不符，不予采纳；辩称被告人邹某达的行为构成自首已缴交生态修复保证金及征地保证金，予以从轻处罚的意见予以采纳。

福建省安溪县人民法院依照《中华人民共和国刑法》第三百四十二条、第六十七条第一款、第六十四条及《最高人民法院关于审理破坏林地资源刑事案件具体应用法律若干问题的解释》第一条之规定，作出如下判决：

被告人邹某达犯非法占用农用地罪，判处有期徒刑二年，并处罚金人民币二万元。

（刑期从判决执行之日起计算。判决执行以前先行羁押的，羁押一日折抵刑期一日。刑期自2017年6月15日起至2019年6月14日止。罚金应在判决生效后十日内缴纳。）

邹某达不服一审判决，提起上诉。福建省泉州市中级人民法院经审理认为：关于上诉人及其辩护人提出的福建智立司法鉴定所闽智司鉴所［2017］林鉴字第06120号司法鉴定意见书不合法，鉴定意见不能作为定案依据的问题。经查，福建智立司法鉴定所系有权鉴定机构，鉴定人具有相应的鉴定资格，鉴定人员利用安溪县2016年林业地理信息图对坡勾绘，逐块对被毁林地位置及范围进行确定，鉴定出被毁林地总面积为114.94亩，鉴定方法和过程符合相关规定。其后又通过谷歌卫星地图进行比对，再次确定鉴定范围，作出《福建智立司法鉴定所关于"闽智司鉴所［2017］林鉴字第06120号鉴定报告"的质疑答复》对上诉人提出的几个质疑问题进行答复，该鉴定意见书关于被毁林地面积部分的结论合法、有效，可以作为本案定案依据。因此，该诉辩理由不能成立，不予采纳。关于上诉人的辩护人提出的鉴定意见书中"原有林地上的植被已全部被毁无法恢复"的结论与事实不符的问题。经查，上诉人及其家属在被毁林地种植的草皮等植被目前长势良好，部分被毁林地也自行长出植被，鉴定意见书认定"原有林地上的植被已全部被毁无法恢复"与事实不符。因此，该辩护意见予以采纳。关于邹某达及其辩护人提出的邹某达的行为是职务行为，本案属于单位犯罪的问题。经查，邹某达虽有注册安溪狮城旅游开发有限公司、福建金刚春秋文创产业有限公司等公司并担任法定代表人，但这些公司均未开展营业活动，本案不能认定为单位犯罪。上诉人邹某达在未办理审批手续的情况下，雇佣他人对林地进行清表挖掘，挖掘费用从其私人账户中支出，其本人应对该起犯罪承担刑事责任。因此，该诉辩理由不能成立，不予采纳。

综上，上诉人邹某达违反土地管理法规，未经林业主管部门批准，非法毁坏、占用经济林地、生态林地114.94亩，改变被占林地用途，数量较大，造成林地大量毁坏，其行为已构成非法占用农用地罪。原审定罪准确。上诉人邹某达在犯罪以后，主动向公安机关投案，如实供述自己的罪行，是自首，依法予以从轻处罚。其案发后已足额缴纳生态修复保证金，并在被毁坏的林地上补种樱花、红花继木、草籽等植被对生态环境进行修复，二审期间经查被毁林地的植被已有所恢复，可对其从轻处罚。原审判决认定“原有林地上的植被已全部被毁无法恢复”不当，应予纠正。综合上诉人邹某达的犯罪情节、认罪态度、悔罪表现、对社会的危害程度以及二审期间查明的植被恢复情况，可对其再予从轻处罚。一审审判程序合法，但量刑偏重，予以改判。上诉人及其辩护人的诉辩理由部分予以采纳。出庭检察员的出庭意见中关于定罪的部分予以采纳，关于驳回上诉、维持原判的意见不予采纳。

福建省泉州市中级人民法院依照《中华人民共和国刑法》第三百四十二条、第六十七条第一款，《最高人民法院关于审理破坏林地资源刑事案件具体应用法律若干问题的解释》第一条，《中华人民共和国刑事诉讼法》第二百二十五条第一款第二项之规定，作出如下判决：

一、撤销福建省安溪县人民法院（2017）闽0524刑初1241号刑事判决；

二、上诉人邹某达犯非法占用农用地罪，判处有期徒刑一年六个月，并处罚金人民币二万元。

（刑期从判决执行之日起计算。判决执行以前先行羁押的，羁押一日折抵刑期一日，即自2017年6月15日起至2019年1月14日止。罚金应于判决生效后一个月内缴纳。）

【法官后语】

本案的争议焦点在于司法鉴定意见与客观情况存在冲突时的采纳认定问题。司法鉴定意见是法官查明案件事实、据以裁判的依据。在诉讼过程中，由于社会分工的精细化以及法官业务知识要求的限制，导致其对于特定行业的专门性知识无法作出准确的专业性判断，因此其在面对较为复杂专业性问题时必须借助于行业内的特定机构、特定人员出具的鉴定意见才能较为准确了解，形成对案件事实的正确了解，并据此作出裁判。司法鉴定意见是在诉讼中法官借以对其他案件证据的真伪性进行判断的重要参考，同时也可以作为判断其他证据的证明力大小的依据。

对司法鉴定意见的采信应当从以下几方面进行判断：首先，审查鉴定主体是否合法，鉴定人员是否具有鉴定资质、是否具有鉴定专门性问题的业务知识和水平、能力，如对涉及药品、农药、毒品等特殊物品的鉴定时，应审查其鉴定主体是否具有相应资质，其鉴定人员是否具有开展鉴定的资格。其次，要审查鉴定意见的形式和内容是否符合法律的有关规定，如是否符合鉴定需要的人数，鉴定的方法是否符合鉴定程序等。再次，要审查鉴定程序是否合乎鉴定操作规范，是否合乎程序要求。最后，要审查鉴定过程中是否存在违反操守的不端行为，如鉴定人是否与本案有利害关系而未进行回避等。

本案中，控辩双方争议最大的点为福建智立司法鉴定所出具的闽智司鉴所［2017］林鉴字第06120号司法鉴定意见书。从本案的证据材料中可以体现，该份鉴定意见书鉴定主体合法，鉴定意见的形式和内容符合法律规定，鉴定程序合乎鉴定操作规范，且无证据证明鉴定过程有不端行为。但是鉴定意见书中的“原有林地上的植被已全部被毁无法恢复”的结论，一审予以采纳，二审认为该结论与事实不符，不予采纳，并以此为由对一审判决予以改判。

本案系台湾同胞在大陆进行投资创业过程中，未能依法开发引发的刑事案件。被告人邹某达拟开发建设的“安溪大坪金刚山泉厦雄狮文化旅游景区”于2013年左右引进，本案发生源于邹某达对大陆政策法规的不了解，在办案过程中，承办人注意拿捏尺度，掌握统战政策，多次对被告人邹某达释明相关法律规定。案发后，与其家属积极沟通，促使其缴纳生态修复保证金并对破坏的林地予以修复。从本案发生的起因与被告人邹某达案发后的采取的补救措施可以看出其主观恶性小，对犯罪后果进行一定程度的弥补。因邹某达非法占用农用地而毁坏的林地上，已经补种了樱花、红花继木、草籽等。司法鉴定意见书中认定的“原有林地上的植被已全部被毁无法恢复”是鉴定人员从专业角度出发，围绕邹某达非法占用农用地行为导致对整个生态循环系统造成的破坏作出的鉴定意见。然而林业案件的司法鉴定中，长期存在着鉴定标准不统一的情况，尽管本案中，鉴定程序合法，鉴定人员也针对当事人的质疑作出了明确的答复。但是从现场照片可以判断，其鉴定结论中的植被无法恢复明显与事实不符。全盘采信鉴定意见，并以此作为定罪量罚依据，明显违背罪刑相适应原则。邹某达并非林业方面的专业人士，其犯罪主观恶性小，案发后积极补救，认罪认罚。二审的判决跳出专业意见的限制，从客观事实出发，充分做到以事实为依据，以法律为准绳，同时，二审的改判思路，在法官对特定行业的专业性问题究竟应当选择结合全部案情自由心证还是选择全盘接纳专业人士的意见，具有重要的指导意义。

编写人：福建省安溪县人民法院　施路云　陈志生

59

瑕疵证据虽然不影响定罪量刑但仍要予以排除

——马某秋寻衅滋事案

【案件基本信息】

1. 裁判书字号

北京市第二中级人民法院（2018）京 02 刑再 3 号刑事裁定书

2. 案由：寻衅滋事罪

【基本案情】

2016 年 3 月 5 日 11 时许，马某秋为表达诉求，在本市东城区王府井大街丹耀大厦附近，采用服用农药的方式制造影响，造成大量群众围观。马某秋被公安机关当场抓获。

上述事实，有经一审当庭举证质证、审核属实的被告人马某秋的供述，证人杨某、薛某琴、汤某霞的证言及辨认笔录，北京市公安司法鉴定中心出具的毒物检验报告，扣押清单、照片，北京市公安局东城分局王府井大街派出所出具的到案经过、工作说明，中国人民解放军第 307 医院出具的医学诊断证明书，事发现场监控录像及截图，行政处罚决定书，常住人口基本信息等证据证实。

【案件焦点】

瑕疵证据虽然不影响定罪量刑但仍要予以排除

【法院裁判要旨】

根据上述事实和证据，北京市东城区人民法院经审理认为：被告人马某秋在公共场所起哄闹事，造成公共场所秩序严重混乱，其行为妨害了社会管理秩序，已构成寻衅滋事罪，依法应予惩处。鉴于被告人马某秋能够如实供述犯罪事实，依法予以从轻处罚。故判决如下：

一、被告人马某秋犯寻衅滋事罪，判处有期徒刑七个月；

二、未随案移送的绿色瓶子一个，由扣押机关北京市公安局东城分局依法处理。

马某秋不服一审判决提出上诉后，北京市第二中级人民法院二审经审理查明，原审法院认定上诉人马某秋犯寻衅滋事罪的事实是清楚的。认定上述事实的证据已经一审法院举证、质证，予以确认，北京市第二中级人民法院经审核属实亦予以确认。裁定如下：

驳回上诉人马某秋的上诉，维持原判。

北京市第二中级人民法院经再审查明：原审上诉人（原审被告人）马某秋于2016年3月5日11时许，为表达诉求，在北京市东城区王府井大街丹耀大厦附近，采用服用农药的方式制造影响，造成大量群众围观。马某秋被公安机关当场抓获。证明马某秋寻衅滋事事实的证据有：被告人马某秋的供述，证人杨某、薛某琴、汤某霞的证言，北京市公安司法鉴定中心出具的毒物检验报告，扣押清单、照片，北京市公安局东城分局王府井大街派出所出具的到案经过、工作说明，中国人民解放军第307医院出具的医学诊断证明书，事发现场监控录像及截图，行政处罚决定书，常住人口基本信息等证据，上述证据经本院审核属实，予以确认。证人杨某、薛某琴、汤某霞在辨认笔录所附10张不同女性正面免冠照片中均辨认出7号照片的女子为其中一名喝农药倒地的女子，但上述三份辨认笔录所附7号照片女子不是马某秋，且辨认笔录所附10张照片中没有马某秋的照片，一审判决、二审裁定认定马某秋寻衅滋事事实的证据中辨认笔录出现瑕疵。

关于北京市人民检察院第二分院所提（2016）京02刑终384号刑事裁定认定马某秋犯寻衅滋事罪的事实清楚，主要证据确实、充分，但据以定罪量刑的辨认笔录应予排除，建议法院裁定纠正并维持原判决、裁定的意见成立，本院予以采纳。

关于马某秋所提辨认笔录没有其照片的辩解及辩护人所提辨认笔录应当予以排除的相关辩护意见成立，本院予以采纳。

关于马某秋辩护人所提因辨认笔录不真实，证人杨某、薛某琴、汤某霞对本案事实所作的证言丧失证据价值，应相应予以排除的相关辩护意见，经查，证人杨某、薛某琴、汤某霞的证言关于对喝药人体貌特征的描述与马某秋本人相符，对案件事实的陈述与其他证据能够相互印证，证言客观、真实，能够证明马某秋寻衅滋事的事实，故辩护人的上述辩护意见不能成立，本院不予采纳。

关于马某秋所提要求对绿色瓶子进行指纹及 DNA 鉴定的申请及辩护人所提据以定罪的物证绿色装有“敌敌畏”的农药瓶子不具有证据意义、毒物检验结论也丧失了其证明力，应当予以排除的相关辩护意见，经查，公安机关对商标为“敌敌畏”的绿色瓶子进行拍摄后制作照片，并说明上述照片为马某秋持有的“敌敌畏”农药，该照片制作说明上有马某秋的签名；在本院再审庭审中，马某秋认可上述签名系其本人所签。马某秋的上述鉴定申请及辩护人所提应当对物证绿色装有“敌敌畏”的农药瓶子及毒物检验结论予以排除的相关辩护意见与查明的事实不符，对马某秋的鉴定申请，本院不予支持；辩护人的相关辩护意见，本院不予采纳。

关于马某秋所提其的行为只有几个人围观，没有造成交通阻塞和严重秩序混乱的辩解，经查，马某秋于中午 11 时许，在人员密集、客流较大的北京市东城区王府井大街当众服用农药，其行为妨害了社会管理秩序，造成了公共场所秩序严重混乱，其辩解与查明的事实不符，不能成立，本院不予采纳。

北京市第二中级人民法院认为：原审上诉人（原审被告人）马某秋在公共场所起哄闹事，造成公共场所秩序严重混乱，其行为妨害了社会管理秩序，已构成寻衅滋事罪，依法应予惩处。鉴于马某秋能够如实供述犯罪事实，依法予以从轻处罚。一审判决、二审裁定认定马某秋犯罪事实的证据中辨认笔录出现瑕疵，证人杨某、薛某琴、汤某霞对本案嫌疑人的辨认笔录不能作为证据使用，本院经过再审后将上述三份辨认笔录予以排除。一审判决、二审裁定认定马某秋犯寻衅滋事罪的其他证据确实、充分，本院经过再审排除上述三份辨认笔录，并不影响一审判决、二审裁定对马某秋的定罪量刑。一审法院、二审法院根据马某秋犯罪的事实、犯罪的性质、情节和对于社会的危害程度作出的判决、裁定，定罪正确，量刑适当。本院依照《中华人民共和国刑事诉讼法》第二百五十六条，《最高人民法院关于适用〈中华人民共和国刑事诉讼法〉的解释》第三百八十九条第一款第二项的规定，裁定如下：

维持本院（2016）京 02 刑终 384 号刑事裁定和北京市东城区人民法院（2016）京 0101 刑初 298 号刑事判决。

【法官后语】

本案的证据之一，由公安机关制作的证人对犯罪嫌疑人的辨认笔录出现错误，辨认笔录所附照片中没有被告人马某秋的照片，公诉机关将错误的辨认笔录作为指控马某秋犯寻衅滋事罪的证据向法庭出示，一审、二审法院均将错误的辨认笔录作为认定马某秋犯罪的证据予以确认。再审期间，通过法定程序将错误的辨认笔录予以排除后仍维持了原判的定罪量刑。

收集物证、书证不符合法定程序，可能严重影响司法公正的，应当予以补正或者作出合理解释；不能补正或者作出合理解释的，对有关证据应当予以排除。本案中，辨认笔录中所附的照片没有马某秋的照片，而证人辨认出的7号照片中的女子不是马某秋。一份刑事案件的判决应该是严谨的，虽然认定马某秋犯寻衅滋事罪的其他证据确实、充分，但对于瑕疵证据必须予以排除，以维护刑事判决的严谨性、权威性。

编写人：北京市第二中级人民法院　蔡宁

60

只有“合理”的怀疑才需要排除

——曾某某危险驾驶案

【案件基本信息】

1. 裁判书字号

福建省厦门市中级人民法院（2018）闽02刑终675号刑事裁定书

2. 案由：危险驾驶罪

【基本案情】

2017年6月14日22时许，被告人曾某某饮酒后驾驶“闽DH88××”号车辆行驶至厦门市集美区中宛路聚镇小区附近路段时，将车辆停放在道路中间，其本人在驾驶室内睡觉，后被接到群众报警赶至现场的民警当场抓获。经司法鉴定，被告人曾某某血液中酒精含量为204.45mg/100mL，属醉酒后驾驶机动车。归案后，被告人曾某某拒不如实供述上述犯罪事实。

【案件焦点】

如何理解刑事诉讼法证明标准所指的合理怀疑。

【法院裁判要旨】

福建省厦门市集美区人民法院经审理认为：被告人曾某某在道路上醉酒驾驶机动车，其行为已构成危险驾驶罪。公诉机关指控的罪名成立。公诉机关的量刑建议适当，予以采纳。

福建省厦门市集美区人民法院依照《中华人民共和国刑法》第一百三十三条之一第一款第二项的规定，判决如下：

被告人曾某某犯危险驾驶罪，判处拘役二个月，并处罚金人民币二千五百元。

被告人曾某某提出上诉。福建省厦门市中级人民法院经审理认为：原判定罪准确，量刑适当，审判程序合法，裁定如下：

驳回上诉，维持原判。

【法官后语】

在刑事司法实践中，不少案件的被告人拒不认罪，这些拒不认罪的案件，又往往直接证据很少甚至没有，这就导致案件在事实认定上给法官带来了较大的困难，虽然刑事诉讼法规定，没有被告人供述，证据确实充分的，可以认定被告人有罪和处以刑罚，刑事诉讼法同时亦对证据确实充分规定了三个条件：（1）定罪量刑的事实都有证据证明；（2）据以定案的证据均经法定程序查证属实；（3）综合全案证据，对所认定事实已排除合理怀疑。前两个条件通常能够满足，就第三个条件在司法实践中经常成为控辩双方的争议焦点。有辩护律师经常以没有被告人供述、也没有直接证据、更没有如DNA鉴定意见等证据为理由，提出所谓的合理怀疑，认为不能认定犯罪事实。笔者认为，刑事诉讼比民事诉讼的高度盖然性证明证准更加严格，是排除合理怀疑这一相对主观的标准，2012年在修订刑事诉讼法时确立了英美法系的这一定罪标准，该标准是我国刑事证据确实充分标准的另外表述，或者说确实充分的证据能够排除合理怀疑，或者说以证据作为外在表现形式能够导致法官形成内心确认，是主观和客观的统一体，因此，排除合理怀疑并不是要求排除所有一切怀疑，需要排除的应当是基于现有在案证据、符合日常生活经验和逻辑法则的怀疑，而不是一般性的、随意的、凭空猜测的、极不可能或极端的怀疑。

刑事诉讼中公诉机关承担举证责任是世界各国通行的法治原则，我国刑事诉讼也没有例外，为此，《中华人民共和国刑事诉讼法》第五十一条明确规定："公诉案件中被告人有罪的举证责任由人民检察院承担……"但笔者认为，任何原则都有例外，在特定情况下，行为人有责任对极其特殊事实予以合理解释和说明，否则应当承担不利后果。比如，《中华人民共和国刑法》第三百九十五条的巨额财产来源不明罪，国家工作人员的财产明显超过合法收入，差额巨大的，可以责令该国家工作人员说明来源，不能说明来源的，差额部分以非法所得论，追究刑事责任，这是以立法形式确定了追究该犯罪时举证责任倒置，而在司法实践中，法官应当根据实践情况，对于极其特殊的情形要求行为人做出合理解释，从而更准确地认定事实。

编写人：福建省厦门市集美区人民法院　张显春

四、程序与其他

61

强制医疗机构拒绝收治能否作为驳回强制医疗申请的条件

——安某强制医疗案

【案件基本信息】

1. 裁判书字号

北京市房山区人民法院（2018）京0111刑医2号强制医疗决定书

2. 案由：强制医疗

【基本案情】

2018年3月24日5时许，在北京市房山区拱辰街道西部回迁楼9号楼2单元6××室内，安某（时年84岁）因怀疑其妻子于某（殁年76岁）与他人有不正当关系，遂趁于某睡觉之机，拿菜刀砍击于某头部，用把锅击打于某头部，用水果刀扎于某背部，用拐棍击打于某身体，致于某死亡。经鉴定，死者身份确定为于某；于某符合被他人利用片刀类锐器多次砍击头面部、用单刃锐器多次刺击背部致创伤失血性休克合并重度颅脑损伤死亡。经北京市公安局监所管理总队司法鉴定中心鉴定，被申请人安某诊断为器质性精神障碍，实施违法行为时处于妄想状态，所实施违法行为受妄想支配，丧失辨认与控制能力，评为无刑事责任能力。

被申请人安某于2018年3月24日被公安机关查获归案。

【案件焦点】

强制医疗机构拒绝收治被申请人能否作为驳回强制医疗申请的条件。

【法院裁判要旨】

北京市房山区人民法院经审理认为：被申请人安某以暴力方法剥夺他人生命，其虽经法定程序被鉴定为依法不负刑事责任的精神病人，但其行为具有严重的社会危害性，其法定代理人亦表示对其进行监管和治疗的能力不足，其仍有继续危害社会的可能，且被申请人安某及其法定代理人亦同意对其强制医疗，另外，考虑到设立强制医疗程序的目的在于保护社会免受精神病人继续侵害，并使精神病人得到妥善处置，故本院认为被申请人安某符合强制医疗的条件。北京市房山区人民检察院申请对安某强制医疗的意见、安某及其法定代理人、指定诉讼代理人的相关意见，均符合法律规定，本院均予以采纳。综上，依照《中华人民共和国刑法》第十八条第一款，《中华人民共和国刑事诉讼法》第二百八十四条以及《最高人民法院关于适用〈中华人民共和国刑事诉讼法〉的解释》第五百三十一条第一项之规定，决定如下：

对被申请人安某强制医疗。

【法官后语】

本案存在两个特殊情节，一个情节是被申请人安某已经84岁高龄，身患多种疾病，另一个情节是北京市安康医院以安某身患多种躯体疾病为由拒绝收治。在这种情况下，是否应当对安某强制医疗，合议庭存在分歧。

第一种意见认为，被申请人安某继续危害社会的可能性较小，拟驳回检察院的强制医疗申请。主要有以下几点理由：一是在公安机关对安某采取临时保护性约束性措施时，强制医疗的唯一执行机构北京市安康医院曾对安某出具不予收治的情况说明。经沟通，北京市安康医院表示即便作出强制医疗，该院也不会收治。因此，在北京市安康医院不予收治的情况下，下一步应当如何处理无法可依。二是被申请人安某已经84岁高龄，缺乏独立生活能力，通常而言不致再实施危害公共安全或者严重危及公民人身安全的暴力行为。三是被申请人安某患有多发腔隙性脑梗死，符合脑白质脱髓鞘改变，老年性脑改变，高血压、心脏病等严重疾病，其本身需要看病治疗，实施危害公共安全、严重危及公民人身安全的暴力行为的可能性较小。

四是被申请人安某的法定代理人及近亲属虽然表示监管安某的能力不足，但并不是完全没有监管能力，其长子已退休，能长期监管，其次子及女儿虽表示还在上班，但也可以协助监管，且监管安某是他们的义务，不能因其不愿意监管就把责任推给国家。综合以上几点，拟驳回检察院对安某的强制医疗申请，责令安某的家属对其实施严加看管和医疗。

第二种意见认为，应当对安某予以强制医疗。主要基于以下几点理由：一是不能将强制医疗机构是否收治作为是否决定对被强制医疗人进行强制医疗的依据予以考虑。强制医疗机构作为执行强制医疗的法定机构，其无权拒绝执行法院作出的生效裁决。如果确因被申请人的躯体状况不符合收治条件，可参考保外就医的相关规定，对其作出类似于暂予监外执行的决定。二是安某虽然年岁较大，还患有躯体疾病，但其行为属于剥夺他人生命的严重暴力犯罪，且该行为仍然是在如此大年岁的情况下实施的，其人身危险性和社会危害性较大，难以保证其不再实施类似的行为。三是安某的法定代理人及近亲属均表示自己无力对其进行监管，均表示希望对安某强制医疗。在家属无法进行有效监管的情况下，谁也无法保证其不会再实施危及他人生命、健康的行为。而且安某所居住的小区人口众多，如果无家属进行监管或家属监管不到位，难以确保其不会再次实施严重暴力行为。综合全案的情况来看，应当对其强制医疗。

笔者认为，第二种意见更为妥当。是否对被申请人作出强制医疗的核心要素是审查其是否具有人身危险性，是否仍然会继续实施危害社会的行为。强制医疗机构是否收治被强制医疗人，不能成为法院是否作出强制医疗决定的依据；被强制医疗人的躯体疾病，也不能成为法院是否作出强制医疗的决定性因素。在行为人仍有继续实施严重危害他人生命、健康和公共安全的情况下，不对其强制医疗须慎重。另外，根据相关管理规定，强制医疗机构每半年需对被强制医疗人进行一次评估诊断，如经诊断评估认为其病情进一步好转或者痊愈，符合解除强制医疗的条件，可及时提出对其解除强制医疗的意见。此外，如果行为人的法定代理人认为安某不再需要强制医疗，且其有能力对安某进行监管，亦可向法院提出解除强制医疗申请。总之，对于本案这种情况，在有相关救济渠道的情况下，对行为人作出强制医疗是最为稳妥的做法。

当然，需要说明的是，本案在对安某作出强制医疗决定之后，经多方沟通协调，北京市安康医院最终还是对安某进行了收治。这仅是个案，不可能所有的案件都能这么顺利解决。因此，我们也建议有关部门参照保外就医和暂予监外执行的相关规定，及时出台相关规范性文件，以使应当进行强制医疗但身患严重躯体疾病的行为人保外就医有规可循。毕竟，强制医疗机构的主要职责是治疗行为人的精神疾病，而对于行为人的躯体疾病治疗能力有限，不宜让其承担过多法外之责。

编写人：北京市房山区人民法院　陈艳飞

62

欺诈犯罪语境下刑民交叉案件责任聚合分析

——邱某铃等三人骗取贷款案

【案件基本信息】

1. 裁定书字号

北京市第三中级人民法院（2018）京 03 刑终 199 号刑事裁定书

2. 案由：骗取贷款罪

【基本案情】

2014 年 3 月至 2014 年 6 月，被告人邱某铃、连某祥、林某在北京南天弘茶叶市场有限公司法定代表人郑某（另案处理）等人的组织下，以组成每组 3 人至 4 人互相担保的“联保体”形式，在北京市朝阳区建国门外大街 17 号 38－39 栋，向广发银行股份有限公司北京日坛支行（以下简称广发银行日坛支行）提供虚假经营证明、房产证明等材料，申请办理“联保易”贷款，骗取银行贷款。截至案发，三被告人尚分别欠银行本金 255 万元，三被告人后被抓获归案。

【案件焦点】

骗取贷款罪的受害人已经生效民事判决取得实体权利并进入执行阶段后，行为人构成犯罪的，应当如何在刑事裁判文书中表述涉案财产处置问题。

【法院裁判要旨】

北京市朝阳区人民法院经审理认为：被告人连某祥、邱某铃、林某，使用虚假材料骗取银行贷款，给银行造成重大损失，三被告人的行为均触犯刑法，构成骗取贷款罪，依法应予惩处。但仅依据广发银行日坛运行出具的《说明》即认定三被告人欠款本金数额有失偏颇，经查，广发银行日坛支行提供的贷款合同、保证金质押合同均未规定贷款人在无法还款的情况下，保证金应首先折抵利息和罚息，故，将三被告人贷款时交纳的保证金直接折抵部分利息及罚息等既无法律依据又无事实依据，本院对此予以纠正。三名被告人均以自己及自己名下商铺的名义向银行申请贷款，并实际到银行签署文件、提交材料，这些行为是银行发放贷款不可或缺的部分，作为具体行为的实施者，三被告人的作用不符合刑法关于从犯的认定。鉴于三被告人归案后能够如实供述基本犯罪事实，当庭自愿认罪、认罚，对三被告人依法从轻处罚。

北京市朝阳区人民法院依照《中华人民共和国刑法》第一百七十五条之一、第五十二条、第五十三条、第二十五条第一款及第六十一条之规定，作出如下判决：

被告人连某祥犯骗取贷款罪，判处有期徒刑一年三个月，罚金人民币四万元；被告人邱某铃犯骗取贷款罪，判处有期徒刑一年三个月，罚金人民币四万元；被告人林某犯骗取贷款罪，判处有期徒刑一年三个月，罚金人民币四万元。

北京市朝阳区人民检察院提出抗诉，被告人邱某铃提出上诉。北京市第三中级人民法院经审理认为：骗取贷款犯罪中行为人与银行签订的借款合同并不因行为人的行为构成犯罪而当然无效，为了实现刑民交叉案件的合理衔接、避免行为人重复承担责任，在民事判决已经对行为人应承担的民事义务作出认定后，不宜在刑事案件审理中再判令追缴行为人的违法所得或责令行为人退赔。一审法院在量刑时，考虑到邱某玲归案后如实供述基本犯罪事实，当庭自愿认罪、认罚等从宽处罚情节，已对邱某玲从轻处罚。本院审理期间，未发现有证据证明邱某玲还具有其他从宽处罚情节，不宜再对邱某玲从轻或减轻处罚。

北京市第三中级人民法院依照《中华人民共和国刑事诉讼法》第二百二十五条第一款第一项的规定，作出如下裁定：

驳回北京市朝阳区人民检察院的抗诉及邱某玲的上诉，维持原判。

【法官后语】

一、当事人涉嫌犯罪时合同效力的认定

同一行为同时引起公法、私法上的不同效果时，必须遵循公私法相互区分、各自自治的基本理论，分别依据不同的规则予以评价。

合同一方实施欺诈行为订立合同，只有在损害了国家利益的情形下合同无效；而实施欺诈行为导致对方陷入错误认识，违背真实意思表示情况下订立的合同，法律赋予受欺诈方自主选择权，可以要求仲裁机构或者法院变更合同或者撤销合同。欺诈方构成犯罪的刑事判决并不能产生所涉合同被撤销的法律效果。受损方未在一年的除斥期间内主张撤销或者变更合同的，合同有效。

本案中，邱某铃等人向广发银行日坛运行提供虚假经营证明、房产证明等材料，申请办理“联保易”贷款，其行为构成骗取贷款罪，而《中华人民共和国刑法》第一百七十五条对骗取贷款罪的评价重点在于对违反或者扰乱国家金融管理秩序行为的否定性评价，邱某铃等人使用虚假证明材料并不导致金融借款合同形式要件或者实质要件缺失而无效。同理，再以非法吸收公众存款罪为例，《中华人民共和国刑法》第一百七十六条对于借贷合同双方合意的借贷行为并未予以否定，因此行为人构成非吸犯罪的，并不导致单个的民间借贷合同无效。

二、责任聚合下刑民交叉案件的程序冲突

关于刑民交叉类案件，目前司法实践中主要的处理方式有以下几种：终止审理，驳回起诉；中止审理；继续审理。

在审理民事案件中，对于可能涉及刑事犯罪的案件，多数处理方式是裁定驳回起诉，由刑事判决对欺诈行为人的犯罪行为定性，并追缴犯罪所得退赔被害人。然而，任何人不得从其非法行为中获利。如果仅仅通过刑事追赃程序试图挽回被害人的损失，意味着犯罪行为人将因其自身犯罪行为而免除了支付约定利息、罚息等合同义务，在有担保合同情况下，也免除了担保人的担保责任，这既不能保护合同守约方的合法权益，更是变相地允许犯罪行为人从犯罪活动中获利。

本案的审理为刑民交叉案件的处理提供了一种新思路：其一，当民事判决就被害人的损失已经判决了合同责任之后，将不再启动刑事追赃程序，刑事判决主文不再赘述，最大限度实现被害人的合法权益。其二，民事案件处理完毕的钱款作为犯罪数额进行认定，特别是多个债权人并存，部分债权人通过民事诉讼已经确定数额的情况下，不应剔除，应当纳入整体犯罪数额考虑，但是量刑时可以酌情从轻处罚。被告人通过民事判决偿还被害人的方式、偿还多少不影响先前已经既遂的犯罪总数额的认定。需要注意的是，如果通过民事强制执行方式实际返还的钱款，不宜认定被告人具有悔罪表现。

编写人：北京市第三中级人民法院　宋环宇　段惠云

63

准确认定黑社会性质组织与恶势力、恶势力犯罪集团

——何某光等人涉黑恶案

【案件基本信息】

1. 裁判书字号

广东省广州市中级人民法院（2018）粤01刑终1039号刑事裁定书

2. 案由：故意伤害罪、寻衅滋事罪、开设赌场罪等

【基本案情】

一、恶势力犯罪集团犯罪

（一）故意伤害犯罪

2015年12月8日1时许，被告人谢某兵因与被害人钟某威有私人恩怨，找到对被害人钟某威开设赌场不满的被告人何某光，被告人何某光遂带领被告人王某勇与被告人谢某兵、樊某腾等人一起，来到广州市荔湾区西塱裕安围北约36号一楼，使用刀具、棍棒、砖头等工具殴打屋内的被害人钟某威、曹某波、黄某钊等人，致使被害人黄某钊头部双侧顶骨、右侧枕骨多发骨折，双侧顶部、右侧枕部多发硬膜外血肿，左尺骨鹰嘴及近段粉碎性骨折（经法医鉴定，其损伤程度属轻伤一级），致被害人钟某威、曹某波轻微伤。

（二）寻衅滋事犯罪

1. 2014年9月，被告人何某光指使被告人何某雨、王某勇向在广州市荔湾区

西塱裕安围北约36号留香市场停车场开设赌场的被害人钟某威收取每日500元的“保护费”，被害人钟某威由于害怕该恶势力组织而被迫答应。2014年9月12日，被告人何某光再次指使被告人何某雨、王某勇向被害人钟某威索要“保护费”时遭拒，被告人王某勇遂使用随身携带的匕首刺伤被害人钟某威颈部（经法医鉴定，其损伤程度属轻微伤）。

2. 2015年1月7日23时许，被告人何某光、何某雨、王某勇等人去到广州市荔湾区花地大道坑口牌坊旁边的新天地饭店内，与正在向陈某标追讨欠款的被害人何某洪发生纠纷，被告人王某勇用碗打伤被害人何某洪头部（经法医鉴定，其损伤程度属轻微伤）。后被害人何某洪与陈某标达成调解，由陈某标赔偿被害人何某洪医药费12000元。

3. 2016年5月27日23时57分，被告人何某光伙同同案人程某新去到“会聚KTV”，因同案人程某新骚扰女顾客而与“会聚KTV”保安发生纠纷。被告人何某光、何某雨、王某勇及同案人程某新等人对保安员陈某、郑某松拳打脚踢，致使被害人陈某头面部软组织损伤，并致鼻骨不完全性骨折（经法医鉴定，其损伤程度属轻微伤）。后被害人陈某与同案人程某新达成调解，由同案人程某新赔偿被害人陈某1500元。

4. 2016年7月14日6时许，被告人何某光、何某雨、王某勇等人遇见“会聚KTV”员工陈某、邵某媚两人在本市荔湾区坑口新村六巷12号的早餐店吃早餐，遂无事生非，上前肆意滋扰，并对被害人陈某以拳脚殴打。

5. 2016年10月2日晚，被告人何某光带领被告人何某雨、王某勇及同案人张某等人去到“会聚KTV”喝酒娱乐，后被告人何某光肆意挑衅，任意打砸财物，致使“会聚KTV”的麦克风、无线话筒、垃圾桶、玻璃酒杯等物品损毁，经鉴定，造成“会聚KTV”财产损失2016元。至次日零时许，“会聚KTV”员工郑某松、荣某锋、金某泉等人上前制止，遭到被告人何某光、何某雨、王某勇及同案人张某等多人围殴，致使被害人郑某松左侧颞部血肿、左侧额部皮下软组织稍肿胀（经法医鉴定，其损伤程度属轻微伤）。

（三）开设赌场犯罪

2016年5月开始，被告人吴某辉为谋取非法暴利，在广州市荔湾区新爵村新胜巷7号二楼开设赌场并从中抽头渔利。2016年12月开始，被告人何某光、同案人田某安入股被告人吴某辉的赌场，安排专门人员在上述赌场工作，并从中获取非法经济利益。其中，被告人李某林负责在赌场内分派每局赌客输赢赌资和“抽水”（抽头渔利），被告人林某华、曾某培、田某船、王某勇等人负责在赌场内“看场”（维护赌场秩序），被告人练某三携带对讲机在赌场外负责“望风”（通风报信），被告人姚某珍、陈某洪、田某生、田某山、尚某等人负责在赌场内为参赌人员提供资金，被告人陈某敏负责在赌场内提供钥匙开门和参赌人员的快餐。2017年3月3日，该赌场被公安机关查获，现场抓获被告人田某船、练某三、陈某敏、姚某珍、陈某洪、田某生、田某山、尚某和参赌人员孙某成、辛某威、谢某莲等人，并缴获赌资、赌具、对讲机等涉案财物一批。该赌场开设期间，其中被告人吴某辉抽头渔利共计263260元。

二、其他个人犯罪

公诉机关认为被告人何某光为实现对本市荔湾区坑口村、新爵村一带地下赌场以及休闲娱乐场所“内保权”的控制和垄断，先后纠集多名社会闲散人员通过有组织、有计划的实施故意伤害、寻衅滋事、强迫交易、非法拘禁、开设赌场等违法犯罪，逐步垄断、控制广州市荔湾区坑口村、新爵村以及荔湾区其他村落的地下赌场，通过开设赌场抽头渔利以及违法放高利贷为该组织聚敛财富，并将非法敛财渠道伸向娱乐场所“保护费”“摆场收数”等，逐步形成了以被告人何某光、田某安为组织、领导者，以被告人何某雨、王某勇和张某等人为积极参加者，被告人李某林、樊某腾、谢某兵、吴某辉、林某华、曾某培、田某船、练某三、田某生、田某山、陈某洪、陈某敏、姚某珍、尚某等人为一般参加者的黑社会性质组织，各被告人分别构成组织、领导、参加黑社会性质组织罪。各被告人及辩护人均辩称涉案犯罪团伙不符合黑社会性质组织的四个特征，不应认定为黑社会性质组织。

【案件焦点】

以被告人何某光为首的犯罪团伙如何定性，是黑社会性质组织，还是恶势力、恶势力犯罪集团。

【法院裁判要旨】

广州市荔湾区人民法院经审理认为：黑社会性质组织必须同时具备组织特征、经济特征、行为特征、非法控制特征。

1. 组织特征方面。根据查明的事实，本案涉案组织仅有被告人何某光、何某雨、王某勇较为固定，其中被告人何某光、王某勇参与了故意伤害、寻衅滋事、开设赌场犯罪，被告人何某雨亦参与了全部的寻衅滋事犯罪，而其余被告人均仅参与了部分的犯罪事实。现有证据无法证实被告人何某光、何某雨、王某勇与其他被告人之间属组织、领导与被领导、积极参加与一般参加的关系。

根据相关规定，黑社会性质组织的组织纪律、活动规约，是指为了增强实施违法犯罪活动的组织性、隐蔽性而制定或自发形成，并用以明确组织内部人员管理、职责分工、行为规范、利益分配、行动准则等事项的成文或不成文的规定、约定。现有证据也无法证实涉案组织有符合上述特征的组织纪律、活动规约。

2. 经济特征方面。黑社会性质组织的经济特征，是指通过违法犯罪活动或者其他手段获取经济利益，具有一定的经济实力。是否最终将所获经济利益全部或部分用于违法犯罪活动或者维系犯罪组织的生存、发展，是认定经济特征的重要依据。本案中，唯一能认定涉案组织存在经济来源仅为开设赌场犯罪，但现有证据无法证实涉案赌场与涉案组织的具体关系，也无法认定涉案赌场所获经济利益全部或部分用于违法犯罪活动或者维系犯罪组织的生存、发展。

3. 行为特征方面。暴力或以暴力相威胁始终是黑社会性质组织实施违法犯罪活动的基本手段，并随时可能付诸实施。本案涉及暴力特征的犯罪事实有故意伤害和寻衅滋事犯罪，除其中故意伤害犯罪致一人轻伤外，其余五宗寻衅滋事事实的损伤程度均为轻微伤，涉案组织行为特征的暴力性不强，与黑社会性质组织的暴力特征有较明显的区别。

4. 非法控制特征方面。黑社会性质组织的非法控制特征，要求在一定区域或者行业范围内，以暴力、威胁、滋扰等手段，大肆进行敲诈勒索、欺行霸市、聚众斗殴、寻衅滋事、故意伤害等违法犯罪活动，严重破坏经济、社会生活秩序。从现有犯罪事实和证据分析，本案不足以认定涉案组织在一定区域或者行业范围内形成非法控制，并称霸一方和严重破坏经济、社会生活秩序。

综上，根据公诉机关提供的现有证据和指控的相关违法犯罪事实，无法证实以被告人何某光为首的犯罪团伙同时具有我国刑法所规定的黑社会性质组织的四个特征，不能认定该团伙为黑社会性质组织。公诉机关关于被告人何某光为首的犯罪团伙是黑社会性质组织以及被告人何某光、何某雨、王某勇等人构成组织、领导、参加黑社会性质组织罪的指控，证据不足，不予支持。各被告人及辩护人关于各被告人不构成黑社会性质组织犯罪的辩解和辩护意见有理，予以采纳。

以被告人何某光为首的犯罪团伙，虽不能认定为黑社会性质组织，但被告人何某光纠集被告人王某勇、何某雨等人，以暴力、威胁或者其他手段，在一定区域内多次实施故意伤害、寻衅滋事、开设赌场等犯罪，为非作恶，扰乱经济、社会生活秩序，造成较为恶劣的社会影响，是恶势力犯罪集团。被告人何某光作为组织、领导犯罪集团的首要分子，应按照集团所犯的全部罪行进行处罚。

广东省广州市荔湾区人民法院依照《中华人民共和国刑法》第二百三十四条第一款、第二百九十三条、第三百零三条第二款、第二十五条、第二十六条、第二十七条、第五十二条、第五十三条、第六十五条第一款、第六十九条、第六十四条，作出如下判决：

一、被告人何某光犯故意伤害罪，判处有期徒刑二年；犯寻衅滋事罪，判处有期徒刑四年；犯开设赌场罪，判处有期徒刑二年三个月，并处罚金二十万元；决定执行有期徒刑八年，并处罚金二十万元；

二、被告人王某勇犯故意伤害罪，判处有期徒刑一年十个月；犯寻衅滋事罪，判处有期徒刑三年六个月；犯开设赌场罪，判处有期徒刑一年十个月，并处罚金五万元；决定执行有期徒刑七年，并处罚金五万元；

三、被告人何某雨犯寻衅滋事罪，判处有期徒刑三年六个月。

一审宣判后，被告人何某光等人提起上诉。广东省广州市中级人民法院经审理认为：一审判决认定事实清楚，定罪和适用法律准确，审判程序合法，量刑适当，应予维持。各上诉人的上诉意见及其辩护人的辩护意见均据理不足，均不予采纳。

广州市中级人民法院依照《中华人民共和国刑事诉讼法》第二百三十六条第一款第（一）项的规定，作出如下裁定：

驳回上诉，维持原判。

【法官后语】

本案处理重点主要在于对以被告人何某光为首的犯罪团伙如何定性，是黑社会性质组织，还是恶势力、恶势力犯罪集团。自中央开展扫黑除恶专项斗争以来，《中华人民共和国刑法》第二百九十四条明确规定黑社会性质组织应当具备的四个特征外，最高人民法院、最高人民检察院、公安部、司法部分别制定了《关于办理黑恶势力犯罪案件若干问题的指定意见》《关于办理恶势力刑事案件若干问题的意见》，为如何准确认定黑社会性质组织与恶势力、恶势力犯罪集团指明了方向。

根据《中华人民共和国刑法》第二百九十四条第五款的规定，“黑社会性质组织”应当同时具备以下特征：（一）形成较稳定的犯罪组织，人数较多，有明确的组织者、领导者，骨干成员基本固定；（二）有组织地通过违法犯罪活动或者其他手段获取经济利益，具有一定的经济实力，以支持该组织的活动；（三）以暴力、威胁或者其他手段，有组织地多次进行违法犯罪活动，为非作歹，欺压、残害群众；（四）通过实施违法犯罪活动，或者利用国家工作人员的包庇或者纵容，称霸一方，在一定区域或者行业内，形成非法控制或者重大影响，严重破坏经济、社会生活秩序。综上，黑社会性质组织必须同时具备组织特征、经济特征、行为特征、非法控制特征。

《关于办理黑恶势力犯罪案件若干问题的指定意见》第三条指出，由于实践中许多黑社会性质组织并非“四个特征”都很明显，在具体认定时，应根据立法本意，认真审查、分析黑社会性质组织“四个特征”相互间的内在联系，准确评价涉案犯罪组织所造成的社会危害，做到不枉不纵。

《关于办理恶势力刑事案件若干问题的意见》第四条、第十一条分别明确规定，恶势力是指经常纠集在一起，以暴力、威胁或者其他手段，在一定区域或者行业内多次实施违法犯罪活动，为非作恶，欺压百姓，扰乱经济、社会生活秩序，造成较为恶劣的社会影响，但尚未形成黑社会性质组织的违法犯罪组织。而恶势力犯罪集团是指符合恶势力全部认定条件，同时又符合犯罪集团法定条件的犯罪组织。

具体到本案中，以被告人何某光为首的犯罪团伙，其组织的“四个特征”均不明显，或者说与黑社会性质组织的“四个特征”有着较明显的区别。同时，也无法认定其“四个特征”相互间的内在联系。相反，以被告人何某光为首的犯罪团伙，符合恶势力犯罪集团的表现特征：有三名以上的组织成员，有明显的首要分子，重要成员较为固定，组成成员经查纠集在一起，共同故意实施三次以上恶势力惯常实施的犯罪活动或者其他违法犯罪行为。

在司法实践中，对待黑恶势力犯罪，我们要坚持依法严惩方针，坚决严厉打击黑恶势力犯罪。但同时也要避免人为拔高现象，不能把尚未形成黑社会性质组织的恶势力、恶势力犯罪集团也认定为黑社会性质组织。公正是司法的生命线，在任何时候、任何情况下，都要坚持严格依法办案，要始终坚持以事实为依据，以法律为准绳，确保每一起案件都经得起历史和法律的检验，努力让人民群众在每一个司法案件中感受到公平正义。

编写人：广东省广州市荔湾区人民法院　廖秋平

64

上诉不加刑原则与罪刑法定原则相冲突之选择适用

——蔡某运输毒品、故意伤害案

【案件基本信息】

1. 裁判书字号

江西省吉安市中级人民法院（2018）赣08刑再9号刑事判决书

2. 案由：运输毒品罪、故意伤害罪

【基本案情】

2015年2月22日20时30分许，被告人李某军驾驶汽车与行人曹某英发生碰撞，造成曹某英当场死亡。案发后，李某军主动投案，如实供述了犯罪事实。同年3月19日早上5时许，被告人蔡某（吸毒者）从李某军处购买了3000粒甲基苯丙胺片剂。蔡某准备将该毒品运往景德镇，驾车途经万年服务区休息时，被民警当场抓获。民警在其所驾车扶手箱内查获该3000粒甲基苯丙胺片剂（净重285.4克）。蔡某归案后，揭发了李某军涉嫌交通肇事犯罪的事实（即前述李某军已投案自首的事实）。2016年6月1日，蔡某因琐事与看守所在押人员彭某明发生打架互殴，造成彭某明为轻伤一级。经调解，蔡某与彭某明就民事赔偿达成调解协议，且已履行到位。

【案件焦点】

江西省新干县人民法院重审时，确认被告人蔡某不构成立功表现，亦未同时满足“有新的犯罪事实”和“人民检察院补充起诉”两个条件，而根据罪刑法定原则对蔡某在原审中被认定罪名判处高于原判刑罚的自由刑和财产刑是否有违上诉不加刑原则，如确实有违上诉不加刑原则，应如何取舍。

【法院裁判要旨】

江西省新干县人民法院经审理认为：被告人李某军犯贩卖、运输毒品罪和交通肇事罪，应数罪并罚。被告人蔡某犯运输毒品罪，鉴于其归案后，主动检举、揭发司法机关尚未掌握他人犯罪的重要线索，经查证属实，对其可认定有立功表现，依法对其可减轻处罚。遂判决如下：

一、被告人李某军犯贩卖、运输毒品罪，判处有期徒刑十五年，并处没收财产人民币十万元，犯交通肇事罪，判处有期徒刑六个月，决定执行有期徒刑十五年，并处没收财产人民币十万元；

二、被告人蔡某犯运输毒品罪，判处有期徒刑十三年十一个月，并处没收财产人民币八万元；

三、查获的毒品、手机、银行卡等，依法予以没收。

被告人李某军、蔡某均不服一审判决，提出上诉。江西省吉安市中级人民法院经审理认为：原判认定蔡某具有立功表现和将李某军的行为定性为贩卖、运输毒品罪均属错误。该院遂裁定如下：

一、撤销江西省新干县人民法院（2015）干刑初字第82号刑事判决；

二、发回江西省新干县人民法院重新审判。

江西省新干县人民法院经重审认为，被告人李某军的行为已构成贩卖、运输毒品罪和交通肇事罪，应数罪并罚。被告人李某军系累犯，应对其贩卖毒品罪从重处罚。在交通肇事罪中，李某军有自首情节和悔罪表现，且取得了被害方谅解，对该罪可从轻处罚。被告人蔡某是吸毒者，明知是毒品而使用交通工具非法运输毒品甲基苯丙胺片剂净重285.4克，其行为已构成运输毒品罪，且在看守所羁押期间，与被害人彭某明发生打架，致彭某明轻伤一级，其行为已构成故意伤害罪，应数罪并罚。鉴于故意伤害罪案发后，蔡某能如实供述自己的犯罪事实，自愿当庭认罪，又有悔罪表现，并与被害人彭某明达成了赔偿协议。此外，被害人彭某明对故意伤害案件的发生亦存在过错，可适当减轻被告人蔡某的法律责任，故可对该罪酌情从轻处罚。该院判决如下：

一、被告人李某军犯贩卖毒品罪，判处有期徒刑十五年，并处没收财产人民币十万元；犯交通肇事罪，判处有期徒刑六个月；决定执行有期徒刑十五年，并处没收财产人民币十万元（未缴）；

二、被告人蔡某犯运输毒品罪，判处有期徒刑十五年，并处没收财产人民币十万元；犯故意伤害罪，判处有期徒刑十个月；决定执行有期徒刑十五年六个月，并处没收财产人民币十万元；

三、对随案移送的手机、手表、银行卡等物品，依法予以没收。

李某军、蔡某均未上诉，该判决发生法律效力并交付执行。服刑期间，蔡某向江西省新干县人民法院提出申诉，该院驳回蔡某的申诉。蔡某仍不服，向江西省吉安市中级人民法院提出申诉。该院决定提审该案。

江西省吉安市中级人民法院经再审认为，本案最初由新干县人民法院作出一审判决，对被告人蔡某犯运输毒品罪判处有期徒刑十三年十一个月，并处没收财产人民币八万元。因李某军、蔡某不服，提出上诉。江西省吉安市中级人民法院裁定撤销原判，发回重审。重审过程中，检察机关虽因蔡某涉嫌故意伤害罪而补充起诉，但就蔡某涉嫌的运输毒品罪并没有新的犯罪事实，检察机关亦未对此补充起诉，故江西省新干县人民法院就蔡某涉嫌的运输毒品罪在重审量刑时，不应加重对蔡某的刑罚。同时，蔡某及其辩护人提出的蔡某只构成非法持有毒品罪的意见，因违背了最高人民法院2015年印发的《全国法院毒品犯罪审判工作座谈会纪要》关于毒品案件罪名确定的精神，故不予采纳。此外，蔡某及其辩护人提出原判对蔡某所犯故意伤害罪应免于刑事处罚的意见没有法律依据，亦不予采纳。根据原审被告人蔡某的犯罪事实、性质、情节、社会危害性以及在监狱服刑期间的改造情况，可综合考虑对其量刑。该院再审判决如下：

一、维持江西省新干县人民法院（2016）赣0824刑初83号刑事判决第一项，即被告人李某军犯贩卖毒品罪，判处有期徒刑十五年，并处没收财产人民币十万元；犯交通肇事罪，判处有期徒刑六个月；决定执行有期徒刑十五年，并处没收财产人民币十万元；

二、维持江西省新干县人民法院（2016）赣0824刑初83号刑事判决第二项中对原审被告人蔡某的定罪部分及故意伤害罪的定罪、量刑部分，即被告人蔡某犯运输毒品罪；犯故意伤害罪，判处有期徒刑十个月；

三、维持江西省新干县人民法院（2016）赣0824刑初83号刑事判决第三项，即对随案移送的手机、手表、银行卡等物品，依法予以没收；

四、撤销江西省新干县人民法院（2016）赣0824刑初83号刑事判决第二项中对原审被告人蔡某运输毒品罪的量刑部分及合并量刑部分，即判处有期徒刑十五年，并处没收财产人民币十万元；决定执行有期徒刑十五年六个月，并处没收财产人民币十万元；

五、原审被告人蔡某犯运输毒品罪，判处有期徒刑十三年十一个月，并处没收财产人民币八万元；犯故意伤害罪，判处有期徒刑十个月；决定执行有期徒刑十四年，并处没收财产人民币八万元。

【法官后语】

本案处理的重点主要在于上诉不加刑原则与罪刑法定原则相冲突时，如何选择适用。实践中，常有被告人在一审时因被认定具有立功表现等法定减轻处罚情节而被判处低于法定最低刑的刑罚，但被告人仍可能因其他原因不服而上诉。第二审人民法院有时会以原判事实认定不清为由，将案件发回重审。一审人民法院重审时，如果检察机关没有补充起诉新的犯罪事实，能否对被告人判处高于原判刑罚的法定最低刑？第一种观点认为，依照罪刑法定原则，判处法定最低刑并无不当。第二种观点认为，不能判处高于原判刑罚的法定最低刑，否则违反了上诉不加刑原则。笔者同意第二种观点，理由如下：

一、重审依罪刑法定原则加重被告人刑罚违反了上诉不加刑原则

2018年修正的《中华人民共和国刑事诉讼法》第二百三十七条第一款规定："第二审人民法院审理被告人或者他的法定代理人、辩护人、近亲属上诉的案件，不得加重被告人的刑罚。第二审人民法院发回原审人民法院重新审判的案件，除有新的犯罪事实，人民检察院补充起诉的以外，原审人民法院也不得加重被告人的刑罚。"本条明确的是刑事诉讼中的上诉不加刑原则。根据该原则，第二审人民法院发回重审的案件，只有在同时满足"有新的犯罪事实"和"人民检察院补充起诉"两个条件时，一审人民法院才能加重被告人在原判中被认定罪名的刑罚，或是改判增加罪名和加重刑罚。否则，即便一审人民法院重审时，确认被告人不具有立功表现等法定减轻处罚情节，亦不能依照罪刑法定原则，对被告人判处法定最低刑。对此，《最高人民法院研究室关于上诉发回重审案件重审判决后确需改判的应当通过

何种程序进行的答复》中亦已明确规定："对被告人上诉、人民检察院未提出抗诉的案件，第二审人民法院发回一审人民法院重新审判的，只要人民检察院没有补充起诉新的犯罪事实，一审人民法院不得加重被告人的刑罚。一审人民法院对上诉发回重新审判的案件依法作出维持原判的判决后，人民检察院抗诉的，第二审人民法院也不得改判加重被告人的刑罚。"

二、优先适用上诉不加刑原则，有利于保障被告人的辩护权和上级人民法院正确行使审判监督权

辩护权是犯罪嫌疑人、被告人诉讼权利的核心，贯穿于整个诉讼程序和各审级，上诉权是辩护权的重要内容，之所以规定人民法院必须依法保障上诉权的正常行使，不能以任何借口放弃适用上诉不加刑原则，就是为了消除被告人及其法定代理人、辩护人和近亲属担心加重刑罚而不敢提出上诉的顾虑，使他们敢于依法上诉，充分行使宪法和法律赋予的辩护权，从而有利于上一级人民法院对下一级人民法院行使审判监督权，有利于查明案件事实，以最大可能避免出现冤假错案。相反，一审人民法院重审时，如果依照罪刑法定原则加重被告人原判刑罚，于被告人而言就等同于上诉加刑，无异于默认罪刑法定原则适用是上诉不加刑原则适用之例外。这既不利于发挥上诉制度的作用，更可能导致上诉制度流于形式形同虚设。

三、优先适用上诉不加刑原则，存疑利益归于被告人，有利于促使办案人员认真履行职责

确认一审人民法院重审判决应优先适用上诉不加刑原则对被告人在法定刑以下判处刑罚，实质上就是对一审原判结果的否认。一审原判的错误，不仅仅是审判机关的问题，而且也与检察机关有关。一审判决后，对于立功等法定减轻处罚情节不成立，检察机关没有发现和提出抗诉，导致二审人民法院只能依法发回重审。二审人民法院发回重审既确认了一审人民法院原判审判人员裁判的失误，从而促使其进一步加强责任心提高审判工作质量，又可促使检察机关从二审发回重审的结果中总结公诉和抗诉的经验和教训，对确有错误而对被告人判刑失当的判决及时提出抗诉，以使其受到应有的惩罚。

综上，当适用上诉不加刑原则与罪刑法定原则相冲突时，应当优先适用上诉不加刑原则。

编写人：江西省吉安市中级人民法院　吴富强　涂强

65

审查判断精神病学司法鉴定意见应结合在案证据

——刘某亮故意杀人案

【案件基本信息】

1. 裁判书字号

江西省高级人民法院（2019）赣刑终36号刑事判决书

2. 案由：故意杀人罪

【基本案情】

2016年12月30日16时许，瑞昌市武山学校初二学生刘某放学经过武蛟乡南桥新村到瑞码路的三岔路口时，被告人刘某亮拿着一根钢管跟在后面击打刘某头顶的正上方，将刘某打倒在地，接着继续用钢管击打刘某的头部三四下。在确认刘某死亡后，刘某亮拿着钢管离开现场回到家中。接到报警的公安人员在被告人刘某亮家中将其抓获归案。经鉴定，刘某亮实施杀人行为时具有限定刑事责任能力。

【案件焦点】

1. 人民法院、人民检察院有权自行启动重新鉴定程序；2. 对精神病学司法鉴定意见，如何结合在案证据审查判断。

【法院裁判要旨】

江西省九江市中级人民法院审理九江市人民检察院指控被告人刘某亮犯故意杀人罪一案，于2017年9月5日作出（2017）赣04刑初13号刑事附带民事判决，以故意杀人罪判处刘某亮死刑，剥夺政治权利终身；刘某亮赔偿附带民事诉讼原告人刘某伦、何某霞丧葬费26068.5元。宣判后，刘某亮不服，提出上诉。江西省高级人民法院于2018年3月1日以（2017）赣刑终265号刑事裁定，认定原判认定的事实不清，撤销江西省九江市中级人民法院（2017）赣04刑初13号定罪量刑部分，将本案发回重新审判。

江西省九江市中级人民法院经审理认为：被告人刘某亮实施了杀害他人的行为，但经法定程序鉴定，其系无刑事责任能力人，依法不负刑事责任。依照《中华人民共和国刑法》第十八条第一款之规定，于2018年10月31日作出（2018）赣04刑初5号刑事判决，判处被告人刘某亮不负刑事责任。同时，认为被告人刘某亮实施暴力行为，严重危害公民人身安全，且有继续危害社会可能，依照《中华人民共和国刑法》第十八条第一款、《中华人民共和国刑事诉讼法》第二百八十四条、第二百八十五条第一款、《最高人民法院关于适用〈中华人民共和国刑事诉讼法〉的解释》第五百三十二条、第五百三十三条之规定，决定对被告人刘某亮强制医疗。

宣判后，九江市人民检察院提出抗诉，江西省人民检察院支持抗诉。二审期间，江西省人民检察院委托湖北同济法医学司法鉴定中心精神病学重新鉴定。经鉴定，被告人刘某亮在2016年12月30日作案时具有限定刑事责任能力。

江西省高级人民法院经审理认为：被告人刘某亮因对家人不满而心生怨恨，在公众场合，采用暴力手段杀害无辜的未成年学生，其行为已构成故意杀人罪，影响恶劣，后果严重，应依法惩处。原审判决未结合在案证据，对精神病学司法鉴定意见评定的被告人作案时精神状态判断不准确，认定刘某亮无刑事责任能力的事实错误，应予纠正，认定的其他事实清楚，证据确实、充分，应予维持。原审判决适用法律错误，判处刘某亮不负刑事责任不当，应予纠正。审判程序合法。鉴于刘某亮实施杀人行为时具有限定刑事责任能力，且有坦白情节，可依法对其从轻处罚。九江市人民检察院关于原审判决量刑错误的抗诉意见和江西省人民检察院的支持抗诉意见、出庭意见正确，予以支持。辩护人请求驳回抗诉、维持原判的辩护意见不成立，不予采纳。据此，遂于2019年12月30日作出（2019）赣刑终36号刑事判决，认定被告人刘某亮犯故意杀人罪，判处有期徒刑十五年。

【法官后语】

精神疾病主要指在各种生物学、心理学以及社会环境因素影响下，人脑功能失调，导致认知、情感、意志和行为等精神活动出现不同程度障碍为临床表现的疾病。我国刑法中的精神病人，应该是指患有以下三类严重精神疾病者：（1）各种明确诊断的精神病；(2) 严重的智能缺陷，或者达到中度（痴愚）或比中度更重的精神发育不全（如白痴）；(3) 精神病等位状态，包括有严重意识障碍的癔症（也称癔症性精神病或癔症性精神错乱）和“病理性醉酒”“病理性半醒状态”“病理性激情”“一过性梢神模糊”（现称短暂的精神病性障碍）四种罕见的例外状态。常见的精神病有精神分裂症、躁狂抑郁性精神障碍、更年期精神障碍、偏执性精神障碍及各种器质性病变伴发的精神障碍等。

刑事责任能力，是指行为人构成犯罪和承担刑事责任所必需的、行为人具备的刑法意义上辨认和控制自己行为的能力。如果存在精神障碍尤其是存在精神病性精神障碍，就可能影响行为人的责任能力，而使责任能力减弱甚至不具备，从而使其实施危害行为时的刑事责任也受到一定的影响。

由于精神病人精神障碍的类别和程度不同，从而影响到其是否承担刑事责任，或是承担部分还是全部刑事责任。司法实践中，判断行为人是否患有精神病，患有何种精神病及其轻重程度，有无刑事责任能力，需经过司法精神病学专家的鉴定和审判人员的审查才能确认。本案出现三种不同鉴定机构作出三种不同的司法精神病学鉴定意见，需要我们结合在案所有证据，对所有鉴定意见全面审查、认真分析，才能作出准确的认定。在第二审开庭审理时，我院通知不同的鉴定机构出庭作证，作出解释、说明，接受检察员和被告人、法定代理人、辩护人的询问，回答法庭提出的问题。

（一）人民法院、人民检察院可自行重新鉴定

1.《最高人民法院、最高人民检察院、公安部、国家安全部、司法部关于办理死刑案件审查判断证据若干问题的规定》（法发〔2010〕20号）第二十四条第一款规定了鉴定意见不能作为定案的几种情形，如鉴定程序、方法有错误的；鉴定对象与送检材料、样本不一致的；送检材料、样本来源不明或者确实被污染且不具备鉴定条件的；违反有关鉴定特定标准的等，第二款又规定：“对于鉴定意见有疑问的，人民法院应当依法通知鉴定人出庭作证或者由其出具相关说明，也可以依法补充鉴定或者重新鉴定。”由此可知，人民法院依法可以自行重新鉴定。2.《人民检察院刑事诉讼规则（试行)》第二百五十二条规定“对鉴定意见，检察人员应当进行审查，必要的时候，可以提出补充鉴定或者重新鉴定的意见，报检察长批准后进行补充鉴定或者重新鉴定。检察长也可以直接决定进行补充鉴定或者重新鉴定。”由此

可知，人民检察院依法可以自行重新鉴定。因此，认为第一审法院只是决定是否许可的主体，不能作为提起并重新鉴定的主体，自行重新鉴定程序不合法，以及人民检察院无权提起重新鉴定的意见，是不能成立的。

（二）应结合在案证据，对数份鉴定结果迥然不同的鉴定意见进行审查判断，对被告人的刑事责任能力作出精准的认定

1. 九江精神病学司法鉴定所司法鉴定意见评定被鉴定人刘某亮在本案中实施危害行为时有完全刑事责任能力（九精鉴所〔2017〕精鉴字第008号，2017年1月19日）

合议庭审理分析认为：（1）九江精神病学司法鉴定所出具的司法鉴定意见书中对于刘某亮刑事责任能力的评定分析，应适用司法部发布的《精神障碍者刑事责任能力评定指南（SF/Z JD0104002－2016）》，而适用2011年版本，适用标准错误。（2）司法精神病鉴定中，鉴定人通常通过被鉴定人的近亲属和知情人了解被鉴定人日常的表现和异常情况，仅靠办案人员的询（讯）问笔录往往专业性、针对性不强。该鉴定意见书缺少刘某亮父母对其病情的介绍、生活工作情况等相关材料。（3）九江精神病学司法鉴定所鉴定时未深挖可能存在的精神病性症状，未考虑因病可能对辨认、控制能力产生的影响，不能排除作案时受疾病影响的因素。精神检查时对作案的动机没有深入检查，特别是没有对作案时的辨认、控制能力进行详细检查，以致对刘某亮的控制能力分析不足。综上，该鉴定意见评定刘某亮作案时为完全刑事责任能力不当，不得作为定案的根据。

2. 江西精神病学司法鉴定所精神医学司法鉴定意见认为被鉴定人刘某亮患有精神分裂症，作案时处于发病期，辨认和控制能力丧失，评定为无刑事责任能力（赣精司法鉴定所〔2018〕精鉴字第136号，2018年6月28日）

合议庭审理分析认为：（1）江西精神病学司法鉴定所司法鉴定意见书对刘某亮作案的动机检查不够细致，对刘某亮作案时的现实因素（认为母亲对自己不好，想吃东西，母亲不做，他生气，要报复）检查不全面，对既往的人格特征（冲动）检查亦不全面、不详细。（2）对刘某亮作案时辨认、控制能力检查不全面、不详细。根据刘某亮作案（约16时）后的当天第一次供述（18时29分至20时40分，离作案时间短）的内容，刘某亮对选择作案凶器、作案对象、作案的地点、打击的部位、力度以及确定被害人是否死亡有一定的辨别能力，具体如下：①作案凶器为

致命的钢管（“我本来是想去学校拿刀杀人的，但我怕用刀杀不死”“我就从家里拿了一根铁棍出来，因为我认为用铁棍更能打死人”）；②作案对象为小孩（“因为学生小一点，我好打一点，如果是打大人，我怕他跑，我追不上，打不死我会后悔”）；③就近寻找作案对象（“正好我在我家后门看到学校放学，有学生在走路”“所以我就用铁棍去打那个学生”“因为我拿铁棍到那个路口的时候，是那个学生离我最近，我就把他打死了”）；④打击的部位［“我从后面偷袭了一下（即先打被害人后面头部），他就晕了，反抗不了”］；⑤打击的力度（“我是用了全力去打那个学生的，我怕用小了力气打不死他”）；⑥确认被害人被他打死（“因为那个学生的头部被我打烂了，我认为已经不可能活了，如果没死，我就要打到他死为止”）。目击证人（余某香、凌某清）证称，刘某亮用凶器击打被害人时被路过的司机喝住，说“你们去报警，我不怕”，拿着凶器往家方向走，这说明刘某亮作案时知道与人沟通，知晓有人可能会报警。(3) 本案案发后，侦查人员找到刘某亮同监室人员朱某富、张某岳，二人证明刘某亮在监室关押期间特别是案发后刚关押时没有什么异常表现，作证时（2017 年 1 月 4 日）距作案时间（2016 年 12 月 30 日）较近，该鉴定意见没有引用朱某富、张某岳在侦查阶段的证言，亦未审阅讯问同步录音录像，引述材料不全面、不客观。因此，该鉴定意见作出的根据并不全面。(4) 该鉴定意见对刘某亮作案后的交代、作案时是否存在妄想，危害行为是否系妄想直接支配等因素分析不充分。(5) 一审法院同时询问证人刘某水、张某荣，违反了询问应个别进行的规定，且未经过核对确认，因此，依照《中华人民共和国刑事诉讼法》第一百二十四条第二款之规定，刘某水、张某荣的该次证言不得作为定案的根据。黄某生（刘某亮管教民警）、冯某坤、张某岳（均为刘某亮同监在押人员）的证言未经过证人核对确认，且未记录告知证人作证的权利义务和法律责任，未填写询问起止时间，因此，依照《最高人民法院关于适用〈中华人民共和国刑事诉讼法〉的解释》第七十六条、第七十七条之规定，该三名证人的该次证言不得作为定案的根据。上述五名证人的证言因违反法定程序，依法不得作为定案的根据，但该鉴定意见将五人的证言作为鉴定的根据，是不妥当的。综上，江西精神病学司法鉴定所鉴定意见书不得作为本案定案的根据。

3. 湖北同济法医学司法鉴定中心精神病学司法鉴定意见评定被鉴定人刘某亮诊断为“精神分裂症（慢性）”、对 2016 年 12 月 30 日的作案行为应具有限定刑事

责任能力（同济司鉴中心〔2019〕精鉴字第0034号，2019年12月1日）

合议庭审理分析认为：（1）2009年、2010年、2016年三次住院病历证明刘某亮患精神分裂症十余年，未能规范系统治疗，致其精神症状迁延未愈，案发前不与人交流，埋怨家人不关心自己，打骂家人，缺乏亲情感，作案后认错但无悔过之心等症状，说明刘某亮已存在明显的人格改变，损害其对自身行为的辨认能力和控制能力。（2）刘某亮作案行为有一定的现实诱因，认为家里人不像以前那样关心自己，不吃药就抓去住院，心烦想跳楼、坐牢，想吃萝卜母亲没做，其作案行为系精神分裂症人格改变与现实诱因共同支配导致（混合动机），具有一定的报复泄愤色彩。（3）刘某亮不认识被害人，也无矛盾，作案手段残忍，行为公开暴露，作案后不逃跑，具有不同于普通暴力作案行为人的特征，但是，如前述分析，刘某亮2016年12月30日作案时对选择作案凶器、作案对象、作案的地点、打击的部位、力度以及确定被害人是否死亡有一定的辨别能力，作案目的明确，案发后多次讯问能清楚供述其作案行为及相关细节，否认受幻觉妄想等精神症状影响作案，对他人说不怕报警、坐在家门口等警察来抓，承认打人不对，冲动了，自己有责任，应该赔偿，服从判决，说明刘某亮在案发过程中意识清楚，记忆力无明显损害，对作案的性质及后果具有一定的认识能力，并未完全丧失对其作案行为的辨认能力和控制能力。

湖北同济法医学司法鉴定中心鉴定意见由具有法定资质的鉴定机构和鉴定人作出，检材充足、可靠，鉴定程序符合法律、有关规定，鉴定过程和方法符合专业规范要求。鉴定意见对刘某亮作案时的现实因素（动机）、已存在明显的人格改变和作案时的辨认、控制能力进行了全面、详细的检查，分析论证科学、有效，且与在案证据能相互印证。因此，湖北同济法医学司法鉴定中心的鉴定意见可作为定案的根据。

编写人：江西省高级人民法院　詹兆园

图书在版编目（CIP）数据

中国法院2020年度案例. 刑事案例. 一 / 国家法官学院，最高人民法院司法案例研究院编. —北京：中国法制出版社，2020. 3

ISBN 978－7－5216－0919－6

Ⅰ. ①中… Ⅱ. ①国…②最… Ⅲ. ①刑事犯罪－案例－汇编－中国 Ⅳ. ①D920. 5

中国版本图书馆CIP数据核字（2020）第034108号

策划编辑：李小草（lixiaocao2008@sina. cn）
责任编辑：韩璐玮 白天园　　封面设计：温培英 李宁

中国法院2020年度案例·刑事案例一

ZHONGGUO FAYUAN 2020 NIANDU ANLI · XINGSHI ANLI YI

编者/国家法官学院，最高人民法院司法案例研究院
经销/新华书店
印刷/三河市紫恒印装有限公司
开本/730毫米×1030毫米 16开　　印张/14. 75 字数/188千
版次/2020年3月第1版　　2020年3月第1次印刷

中国法制出版社出版
书号 ISBN 978－7－5216－0919－6　　定价：52. 00元

北京西单横二条2号
邮政编码 100031　　传真：010－66031119
网址：http：//www. zgfzs. com　　**编辑部电话：010－66071862**
市场营销部电话：010－66033393　　**邮购部电话：010－66033288**

（如有印装质量问题，请与本社印务部联系调换。电话：010－66032926）

中国法院2012～2020年度案例系列

国家法官学院　最高人民法院司法案例研究院　编

简便易用、权威实用——打造“好读有用”的案例

1. 权威的作者：国家法官学院案例开发研究中心持续20余年编辑了享誉海内外的《中国审判案例要览》丛书，2012年起推出《中国法院年度案例》丛书，旨在探索编辑案例的新方法、新模式，以弥补当前各种案例书的不足。

2. 强大的规模：2012、2013年各推出15本，2014年推出18本，2015年推出19本，2016年推出20本，2017年推出21本，2018、2019、2020年推出23本，含传统和新近的所有热点纠纷，所有案例均是从全国各地法院收集到的上一年度审结的近万件典型案例中挑选出来的，具有广泛的选编基础和较强的代表性。

3. 独特的内容：不再有繁杂的案情，高度提炼案情和裁判要旨，突出争议焦点问题。不再有冗长的分析，主审法官撰写“法官后语”，展现裁判思路方法。

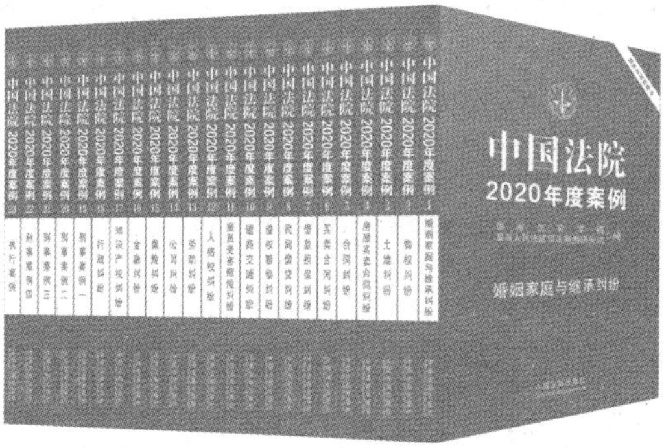

1. 婚姻家庭与继承纠纷
2. 物权纠纷
3. 土地纠纷（含林地纠纷）
4. 房屋买卖合同纠纷
5. 合同纠纷
6. 买卖合同纠纷
7. 借款担保纠纷
8. 民间借贷纠纷
9. 侵权赔偿纠纷
10. 道路交通纠纷
11. 雇员受害赔偿纠纷（含帮工受害纠纷）
12. 人格权纠纷（含生命、健康、身体、姓名、肖像、名誉权纠纷）
13. 劳动纠纷（含社会保险纠纷）
14. 公司纠纷
15. 保险纠纷
16. 金融纠纷
17. 知识产权纠纷
18. 行政纠纷
19. 刑事案例一
20. 刑事案例二
21. 刑事案例三
22. 刑事案例四
23. 执行案例

最高人民法院指导性案例裁判规则理解与适用系列

公司卷二	98 元	物权卷	88 元
公司卷（第三版）（上下册）	139 元	婚姻家庭卷（第二版）	68 元
民事诉讼卷（第二版）（上下册）	145 元	合同卷四（第二版）	98 元
侵权赔偿卷二	69 元	合同卷三（第二版）	98 元
侵权赔偿卷一	69 元	合同卷二（第二版）	108 元
房地产卷	98 元	合同卷一（第二版）	108 元
劳动争议卷	58 元	担保卷（第二版）（上下册）	139 元

最高人民法院知识产权审判实务系列

最高人民法院知识产权审判案例指导（第 11 辑）	86 元
最高人民法院知识产权审判案例指导（第 10 辑）	98 元
最高人民法院知识产权审判案例指导（第 9 辑）	88 元
最高人民法院知识产权审判案例指导（第 8 辑）	88 元
最高人民法院知识产权审判案例指导（第 7 辑）	98 元
最高人民法院知识产权审判案例指导（第 6 辑）	78 元
最高人民法院知识产权审判案例指导（第 5 辑）	88 元
最高人民法院知识产权审判案例指导（第 4 辑）	78 元
最高人民法院知识产权审判案例指导（第 3 辑）	78 元
最高人民法院知识产权审判案例指导（第 2 辑）	78 元
最高人民法院知识产权审判案例指导（第 1 辑）	48 元
中国知识产权指导案例评注（第 10 辑）	128 元
中国知识产权指导案例评注（第 9 辑）	108 元
中国知识产权指导案例评注（第 8 辑）	98 元
中国知识产权指导案例评注（第 7 辑）	118 元
中国知识产权指导案例评注（第 6 辑）	128 元
中国知识产权指导案例评注（第 5 辑）	118 元
中国知识产权指导案例评注（第 4 辑）	98 元
中国知识产权指导案例评注（第 3 辑）	98 元
中国知识产权指导案例评注（上、下卷）	188 元
商标法适用的基本问题（增订版）	78 元
反不正当竞争法的创新性适用【精装】	68 元
知识产权法律适用的基本问题——司法哲学、司法政策与裁判方法	168 元
最高人民法院知识产权司法解释理解与适用（最新增订版）	69 元
最高人民法院知识产权案件年度报告（2008 ~ 2015）（中英文版）	198 元
知识产权司法实务新型疑难问题：专利、商标与著作权热点问题	138 元
知识产权司法实务新型疑难问题：知识产权司法保护与产业发展	120 元

最高人民法院审判指导书系

执行规范理解与适用——最新民事诉讼法与民诉法解释保全、执行条文关联解读（增订 2 版）	159 元
最高人民法院民事立案业务指导	108 元
最高人民法院审判监督业务指导	128 元
最高人民法院执行业务指导	128 元